René Diekstra * Wenn das Leben schmerzt

René Diekstra

Wenn das **Leben** schmerzt

Wie wir an Verlusterfahrungen wachsen können

In Zusammenarbeit mit Sol Gordon

Kösel

Übersetzung aus dem Niederländischen:
Erdmute Klein, Amsterdam.
Die Originalausgabe erschien unter dem Titel »Als leven pijn doet. Weerbaar en waardig omgaan met de verliezen in je leven« bei Karakter Uitgevers B.V., Uithoorn/Holland © 2003

Druck und Bindung: Kösel, Krugzell
Umschlag: 2005 Werbung, München
Umschlagmotiv: Microzoa/Getty Images
ISBN 3-466-34482-4

Gedruckt auf umweltfreundlich hergestelltem Werkdruckpapier (säurefrei und chlorfrei gebleicht)

»Es gibt nur ein wirklich ernstes psychologisches Problem: den Selbstmord. Sich entscheiden, ob das Leben es wert ist, gelebt zu werden oder nicht, heißt, auf die Grundfrage der Psychologie antworten. Alles andere – ob Intelligenz drei oder vier Dimensionen hat und Liebe eine mütterliche und eine väterliche Variante – kommt später. Das sind nur Spielereien, nicht mehr als Geplänkel; erst muss man antworten. Und wenn es wahr ist, dass – wie Nietzsche es verlangt – der Philosoph, um Achtung zu genießen, selbst ein Vorbild sein muss, dann gilt dies in mindestens ebenso großem Maße für den Psychologen. Mehr als jeder andere muss er Vorbild sein. Er muss antworten, dass ein Mensch, jeder Mensch, immer die Mühe wert ist. Dass der Wert eines Menschen in der Tatsache besteht, dass er besteht. Wenn er die Bedeutung dieser Antwort begreift, dann versteht er auch, welche entscheidende Tat hierauf folgen muss.«

Nach Albert Camus, Der Mythos des Sisyphos

Inhalt

Vorwort 11

Teil 1

Was Sie persönlich angeht 13

1 Die Notwendigkeit von Zerstörung 15
2 Emotionale Weisheit 20
3 Die wichtigste Fähigkeit: Verluste ertragen können 32
4 Depression und der schwerste Verlust 40
5 Zum psychologischen Kern einer Depression 51
6 Was macht man, wenn man selbst oder jemand, der einem lieb ist, aus dem Leben scheiden will? 56
7 Selbstmord als Fiasko 61
8 Hannelore Kohl: Äußerste Freiheit und äußerste Einsamkeit 79
9 Manchmal ist Aufgeben die liebevollste Art des Gebens 84
10 Das Spalten des Depressionskerns 91

11 Wieso ist Depression eine Frage der eigenen Entscheidung? 98
12 Haben depressive Eltern depressive Kinder? 104
13 Das Selbstbild formt sich ganz am Anfang 112

Teil 2

Beziehungen: Glück und Scherereien, Himmel und Hölle

127

1 Wir und der andere 133
2 Eltern und Kinder, Kinder und Eltern 139
3 Enttäuschte Eltern 149
4 Eltern in der Erinnerung 163
5 Männer ohne Väter 175
6 Väter und Söhne 180
7 Verlorene Söhne 185
8 Die Geschichte Ihrer Eltern, Ihre eigene Geschichte 191
9 Im Gespräch mit den Eltern 194
10 Vier essenzielle Werte 203
11 Richtlinien für Eltern 231
12 Richtlinien für Kinder 237
13 Eltern und Kinder: Der Kampf um den ersten Platz 241

Teil 3

Über Freundschaft und Paarbeziehungen 247

1 »What is love?« 254
2 »Als-ob«-Beziehungen 265
3 Kompromissbeziehungen 270
4 Beziehung versus Familie? 277
5 Beziehungsregeln für Paare 287
6 Beziehung: Instandhaltung und Pflege 292
7 Die Kunst, loszulassen 302
8 Wenn die Liebe schmerzt 308
9 Jung anstelle von Alt 312
10 Vertrauen oder nicht: Das ist die Frage 316
11 Das Vertrauen aufkündigen 323
12 Das schwierigste Wort: Lebewohl 326
Nachwort 330

Anhang 335

Anmerkungen 336

Vorwort

Sie waren zwei Männer und sie trafen ihre Entscheidung etwa zur gleichen Zeit.[1] Der eine, der sein Leben beendete. Der andere, der beschloss, dies nicht zu tun. Dieser unterschiedliche Entschluss hatte wenig mit Mut oder Gesundheit zu tun. Mit Wissen hingegen umso mehr. Der andere wusste mehr über Selbstmord als der eine. Er hatte das Thema jahrelang studiert, wie ein Dompteur sein Raubtier. Er hatte sich selbst gezwungen, dessen Nähe immer wieder neu aufzusuchen. Während dieses gefährlichen Tanzes hatte er Narben davongetragen. Obwohl er sich der Tatsache bewusst war, dass er immer verletzlich bleiben würde, hatte die Erfahrung ihn gelehrt, welche Bewegungen ihm die größte Chance boten, sich nicht überraschen zu lassen. Der eine hatte keinerlei Erfahrung in dieser Hinsicht. Als er eines Tages plötzlich damit konfrontiert wurde, war er hilflos, ohne Hoffnung. Eine Reaktion, die nicht ohne Folgen bleiben konnte. Von Verzweiflung überwältigt, ließ er jede Hoffnung fahren. Tief verletzt legte er Hand an sich selbst.

Der andere weigerte sich, den Freitod zu wählen. Er glaubte, sein Ich aufgeben zu können, ohne zu sterben. Er verließ sich darauf, dass die Aufgabe seines alten Ichs der Beginn eines neuen Lebens sein konnte. Ein gewagtes Spiel. Der eine ging auf Nummer sicher. Er setzte seinem Leben mit einer dramatischen Geste ein Ende und entledigte sich auf diese Weise seines Schmerzes. Der andere entschied sich dafür, weiterzuleben, doch damit gleichzeitig für den Schmerz. Das war, wie schon gesagt, keine Frage des Verdienstes. Und ebenso wenig von Mut. Es war eine Frage der Geübtheit, um die Verzweiflung zu zähmen. Niemand erwirbt diese aufgrund von Talent oder freier Wahl. Höchstens zufällig. So einfach ist der Unterschied zwischen wissen und nicht wissen.

René Diekstra
Leiden, März 2003

Teil 1

Was Sie persönlich angeht

1

Die Notwendigkeit von Zerstörung

»Dieses Mandala«, sagt er, »wird zerstört werden. Muss zerstört werden. Dieses Mandala muss zerstört werden und dann wieder neu gemacht werden, denn dies entspricht dem Kreislauf des Lebens.« In meiner Vorstellung sehe ich eine Hand, die mit einer einzigen Geste die wunderbare Schöpfung, die da vor mir liegt, wegfegt.

Basel, Sonntagmittag. Im *Kulturmuseum* folge ich mit einer Gruppe anderer Besucher dem tibetischen Führer. Die Ausstellung, wegen der ich gekommen bin, wurde zwei Tage zuvor vom Dalai Lama persönlich eröffnet und handelt von Buddhas, Göttern und Heiligen in Tibet. Seit der Besetzung Tibets durch China befindet sich die religiöse Kultur des Landes in einem Prozess des Niedergangs. Irgendwie strahlt die Ausstellung dies auch aus. Sie atmet eine geradezu traurig-melancholische Atmosphäre. Plötzlich betreten wir einen Raum, in dessen Mitte ein großer viereckiger Quader in Hüfthöhe aufgestellt ist. Um den Quader herum stehen die üblichen hüfthohen verchromten Pfosten, dazwischen hängen dicke dunkelrote Seile, die signalisieren, dass Besucher nicht dichter herankommen dürfen. Genau über dem Zentrum des Quaders hängt ein Spotlight. Sein Licht fällt auf ein blendend schönes Mandala, das auf dem Quader liegt.

Ein Mandala ist ein zirkelförmiges Diagramm, das bei der Meditation als Hilfsmittel dient. Es besteht aus einer Reihe breiterer und schmalerer Ringe, von denen jeder seine eigene symbolische Bedeutung besitzt. Die Ringe sind häufig mit Schriftzeichen oder Figuren versehen, die Buddhas, Götter und Heilige darstellen, und mit Formen, die für die fünf Elemente stehen: Erde, Feuer, Wasser, Luft und Äther. Der innerste Ring umfasst etwas, das einem Innenhof gleicht, der von vier Eingängen, von denen jeweils zwei einander gegenüberliegen, erreicht werden kann. Sie symbolisieren die vier Himmelsrichtungen (Süden, Westen, Norden, Osten), die in der »fünften Richtung« zusammentreffen, dem Mittelpunkt des Mandalas. Es ist das »göttliche« Zentrum, der Ort, an dem alles zusammenfließt, wo alle Unterschiede und Gegensätze aufgehoben sind. Ein Mandala enthält auch die fünf Grundfarben (Gelb, Rot, Grün, Blau, Weiß).

Dieses Mandala, das einen Durchmesser von zirka zwei Metern besitzt, ist aus Streusand gefertigt, der so fein ist, dass es dem Auge beinahe erscheint, als handele es sich um ein auf den Quader aufgebrachtes farbiges Gemälde. Die Farbkomposition ist so wunderbar, wie ein Kreis strahlend weißen Sands, in den zartgrüne Symbole und ein blauer Kreis mit vier leuchtend roten Rädern eingefügt sind, dass es beinahe unmöglich ist, sich davon loszureißen.

Plötzlich sagt der tibetische Führer etwas, was auf mich und offensichtlich auch auf einige andere Anwesende die Wirkung eines Schocks ausübt. »Dieses Mandala«, sagt er, »wird vernichtet werden. Muss vernichtet werden. Das Mandala muss vernichtet und dann wieder neu gemacht werden, denn dies entspricht dem Kreislauf des Lebens.«

In meiner Vorstellung sehe ich eine Hand, die mit einer einzigen Geste die wunderbare Schöpfung, die da vor mir liegt, wegfegt. Der Gedanke nimmt mir für einen Augenblick den Atem und ruft ein kurzfristiges, doch intensives Gefühl von Trauer hervor. Gemischt mit einem unbestimmten Gefühl von Zorn. »Nirwana oder der Zustand der Erleuchtung«, verfolgt der Führer in diesem Augenblick seine Rede, »ist die letzte Phase geistiger Entwicklung, in der eine vollständige Bejahung des Kreislaufs existiert. Leiden und lachen, Schönheit und Hässlichkeit, Gut und Böse, Vernichtung und Schöpfung, Tod und Wiedergeburt bilden keine Gegensätze mehr, zerreißen den Menschen nicht mehr von innen heraus.«

Während der Führer weiterredet, nehmen meine Gedanken ihren eigenen Lauf. In meiner Fantasie sehe ich eine Gruppe Mönche vor mir, die nach der Vernichtung dieses Mandalas ein neues machen, »streuen«, und an diesem Schöpfungsakt Freude erleben, Sinn. Und auf einmal wird mir, zum ersten Mal in meinem Leben, fühlbar bewusst, dass ich Vernichtung eigentlich immer mit Verlust und Kummer gleichgesetzt habe. Die Verluste, die ich in meinem Leben erlitten habe, sind für mich bis jetzt immer »Dinge« gewesen, die mir nicht hätten zustoßen sollen, mir nicht hätten geschehen dürfen. Der Gedanke, »Vernichtung« als eine Phase im Kreislauf des Lebens zu sehen und damit als das Tor, das einzig mögliche, zu einer folgenden Phase, einer Phase der Erneuerung, der Kreativität, der Umgestaltung meines Selbst und meines Lebens, ist einfach nie in mir aufgekommen.

Eine Weile später spaziere ich in der Gegend des Museums durch einen Park.

Mein Blick fällt auf die Rhododendronsträucher, die links und rechts des von mir eingeschlagenen Wegs blühen. In Gedanken ziehe ich einen Vergleich zwischen dem Mandala dort im Museum und den Blüten an diesen Sträuchern hier. Beide leuchten jetzt in ihrer Schönheit. Beide werden in Kürze vernichtet werden. Aber gerade dadurch werden sie aufs Neue geschaffen werden können, aufs Neue blühen können.

Natürlich wird das folgende Mandala, wird die folgende Blüte nicht genau dieselbe sein wie die vorherige. Aber es ist diesem Umstand zu danken, dass Veränderung, dass Entwicklung möglich wird. Ohne Vernichtung keine Entwicklung, keine Veränderung. Im Kreislauf des Lebens ist Vernichtung nicht bloß Verlust, sondern auch Chance. In diesem Augenblick begreife ich plötzlich, dass das, was für Vernichtung gilt, auch für Blüte gültig ist. Auch Blüte ist »nur« eine Phase innerhalb des Kreislaufs. Blüte ist nicht einfach bloß Gewinn oder Chance, sondern auch Verlust oder dessen Vorphase. Was jung ist, wird alt, was schön ist, hässlich, was lebt, stirbt, wer gewinnt, verliert, wenn der Mond voll ist, nimmt er ab.

Aus einem Grund, der mir nicht sofort verständlich ist, muss ich an meine Lieblingsschauspielerin, Romy Schneider, denken. Der erste Kinofilm meines Lebens – ich war elf Jahre alt – war *Sissi*, worin sie die Hauptrolle spielte. Die Bilder der wunderschönen jungen Kaiserin ergriffen mich nicht bloß, sie bewirkten auch ein Gefühl von Verliebtheit, das nie wieder ganz weggegangen ist. Ich habe so gut wie alle Filme, in denen sie spielte, gesehen. Deswegen war ich zutiefst erschüttert, als sie ihr Leben 1982 in Paris mittels einer Überdosis Medikamente und Alkohol beendete. Während ich dies schreibe, wird mir bewusst, dass ihr Sterbetag der 29. Mai war, dasselbe Datum wie dasjenige, an dem ich die Tibet-Ausstellung besuchte.

Warum beging Romy Selbstmord? Meine Erklärung lautet, weil ihr Leben in einer bestimmten Periode ein Schnittpunkt von Verlusten geworden war: des Verlusts ihres Sohns, des Verlusts einer Liebesbeziehung und, möglicherweise das Wichtigste, des Verlusts ihrer äußeren Schönheit als Frau und Filmstar und damit des Zentrums ihrer Identität. Romy gelang es nicht, sowohl ihren Ruhm und seine Blüte als auch seinen Verlust als Phasen ein und desselben Kreislaufs zu sehen. Sie sagte einmal, man habe ein Recht darauf, das zu behalten, was man besitzt. Ich denke, dass diese Einstellung die Voraussetzung für Verbitterung ist. Wer meint, dass es sein Recht sei, zu behalten, was er besitzt, und ein Unrecht, zu verlieren, was er hat, der wird unausweichlich zum Verlierer. Da Veränderungen nicht angenommen werden und eine Weigerung stattfindet, in die folgende Phase einzutreten, stagniert die persönliche Entwicklung.

Damit will ich nicht sagen, dass Menschen alles einfach nur hinnehmen müssen, was ihnen angetan und abgenommen wird. Kämpfen, um die erlittenen Verluste so weit wie möglich ungeschehen zu machen, kann durchaus sehr gesund und sogar weise sein.

Doch der Akzent liegt hier auf »so weit wie möglich«. Unrecht oder Leid kann niemals vollständig rückgängig gemacht werden. Was geschehen ist, ist geschehen. Was vergangen ist, bleibt vergangen. Wer ins Leben zurückkehrt, um sich selbst neu zu erfinden, um in einer Welt, in der man ihm mit allerlei gemeinen Scherzen übel mitgespielt hat und noch stets mitspielen kann, dennoch kreativ und liebevoll leben zu können, der akzeptiert den Kreislauf und entwickelt sich. Ich ziehe es daher vor, zu glauben, dass, wenn keine Vernichtung stattgefunden hätte, ich nun noch immer täte und dächte, was ich fünfundzwanzig Jahre lang getan und gedacht habe.

Man muss sich selbst verlieren, um sich wiederzufinden. Doch ganz aus eigener Kraft wird man selten oder nie die Veränderungen vornehmen, zu denen Verluste uns gleichsam zwingen. Sie bereiten den Raum, schaffen die Leere, um dem Leben einen wesentlich neuen Inhalt zu geben. Man wäre demnach sehr unvernünftig, die dargebotenen Chancen nicht wahrzunehmen.

2

Emotionale Weisheit

»Ich denke zuweilen, dass Verluste vielleicht genau deswegen existieren: als Chancen für Menschen, emotional weiser zu werden.«

Aber es ist nicht einfach, die eigenen Verluste, die Menschen oder Dinge, die im eigenen Leben verloren gehen, als Chancen oder, genauer gesagt, auch als Chancen zu betrachten.

Manchmal gelingt das einfach nicht oder ist das zu viel verlangt. Denn wie soll man den Tod seines Kindes, wie es Romy Schneider geschah, oder die Tatsache, dass man vom eigenen Partner im Stich gelassen wurde, oder den Verlust der eigenen Gesundheit jemals als Chance betrachten können? Eine Chance in Bezug worauf?

Und doch stellt sich dann die Frage, wie lebt man weiter, wenn man sich dafür entscheidet, sein Leben fortzusetzen. Wie gibt man seinem Leben Sinn und Inhalt und wie formt man möglicherweise aus bestimmten Aspekten der Tragödie etwas Neues, vielleicht sogar einen kleinen Triumph?

Manchen Leuten gelingt dies. Wie schaffen sie das? Liegt es daran, dass sie außergewöhnlich sind? Liegt es daran, dass sie ihren Schmerz einfach ignorieren, verdrängen?

Manchmal handelt es sich tatsächlich um besondere Menschen. Häufiger jedoch sind es Menschen, die erst durch ihren Verlust außergewöhnlich wurden. Weil es ihnen gelang, einen Teil ihrer Energie in etwas Neues zu stecken. In etwas, was ihrem eigenen Leben und dem anderer neuen Sinn gab. Einen

Teil der Energie des Verlusts, denn ein anderer Teil bleibt oft mit dem Verlust verbunden. Viele Verluste fordern zuweilen ihren Tribut in Form von Zorn oder Angst. Bleiben schmerzliche Erinnerungen, die immer wieder hervorbrechen können. So, wie Narben immer wieder aufbrechen können. Es ist wichtig, dem Verlust gebührend Aufmerksamkeit zu widmen. Doch nicht zu viel und nicht zu wenig. Dies ist der Kern emotionaler Weisheit.

Ich bin in den letzten Jahren, wahrscheinlich auch aufgrund meiner eigenen Verluste, mit einer Anzahl »normaler« Leute in Kontakt gekommen, die durch die Art und Weise, wie sie mit einem großen Verlust umgingen, besondere Menschen geworden sind. Sie sind nicht bitter, sondern emotional weiser geworden. Ich denke zuweilen, dass Verluste vielleicht deswegen existieren: Sie bieten Menschen die Chance, emotional weiser zu werden.

Ein Musiker und andere emotional Weise

»Wir leben, weil wir uns ständig selbst heilen, und die Weisheit unseres Ichs liefert uns hierfür das notwendige Wissen.«

George Vaillant

Ein 30-jähriger Musiker schrieb an seinen Freund: »Ich führe ein unglückliches Leben, weil ich mich mit der Natur und ihrem Schöpfer überworfen habe, und ich verfluche Letzteren, weil er seine Geschöpfe dem blanken Zufall anheim gibt, der oft die schönsten Früchte verdirbt.«

Anlass für diesen Brief war die zunehmende Taubheit, die ihn nach und nach von vielen sozialen Kontakten und Ereignissen ausschloss. Stets häufiger dachte er darüber nach, seinem Leben selbst ein Ende zu setzen. Ein Jahr später machte er sein

Testament, ein Zeugnis reiner Verzweiflung: »Was für eine Erniedrigung für mich, neben jemandem zu stehen, der schon von Ferne die Töne einer Flöte hören kann –, und ich, ich höre nichts ... Mit Freude eile ich, dem Tod zu begegnen.«

Doch ein Vierteljahrhundert später lebte dieser Musiker, wie der deutsche Psychologe Heiko Ernst in einem Artikel mit dem Titel *Das Immunsystem der Psyche*[1] beschreibt, noch immer. Mehr noch, im Alter von 53 Jahren stand er auf dem Podium des Hoftheaters in Wien und dirigierte die erste Aufführung des Musikstücks, das sein berühmtestes Werk werden sollte und eines der beeindruckendsten musikalischen Kunstwerke, die der menschliche Geist jemals hervorgebracht hat: seine Neunte Sinfonie.

In dem Film *Immortal Beloved* über das Leben Ludwig van Beethovens, mit Jeroen Krabbé in einer der Hauptrollen, gibt es eine prächtige Szene, in der der stocktaube Beethoven, nachdem die erste Aufführung bereits zu Ende ist, noch auf seine Partitur schaut, während einer der Solisten ihn am Arm zupft. Um seine Aufmerksamkeit auf das Publikum in seinem Rücken zu lenken, damit er sehen kann, was er nicht hören kann: den unbändigen Enthusiasmus, den überwältigenden Applaus, die in die Luft geworfenen Hüte und Blumen.

Heiko Ernst schreibt, ein größerer Gegensatz als der zwischen dem 30-jährigen suizidalen Beethoven und dem 53-jährigen Beethoven des Schlusschors der Neunten Sinfonie, notabene »Ode an die Freude« betitelt, sei kaum denkbar. Schon gar nicht, wenn man bedenkt, dass einer der Sätze aus diesem Schlusschor lautet: »Brüder. Überm Sternenzelt muss ein lieber Vater wohnen.« Denn Beethovens eigener Vater war Alkoholiker, den er oft verflucht hat, und sein göttlicher Vater war derjenige, der ihn, zumindest sah er selbst es so, mit Taubheit geschlagen hatte.

Aber Beethoven versank nicht in Selbstmitleid, er beging keinen Selbstmord. Mithilfe seiner musikalischen Begabung siegte er, lernte er, mit seinen körperlichen und psychischen Problemen zu leben.

Wie gelang ihm das? Und wie glückte es so vielen anderen Menschen, ungeachtet traumatischer Ereignisse oder schwer wiegender Probleme und Verluste, die sich in ihren Leben ereigneten, nicht nur aufrecht zu bleiben, sondern sogar gesünder, weiser, kreativer aus ihrer Not hervorzugehen?

Ich habe selbst einen Großteil meiner Arbeit in den letzten sechs Jahren auf die Suche nach Antworten auf diese Frage verwendet. Neben Interviews und therapeutischen Gesprächen mit Dutzenden Frauen und Männern mit drohenden oder in der Vergangenheit erlittenen schweren Verlusten habe ich auch die verfügbare psychologische Forschung auf diesem Gebiet ausführlich studiert.

Während dieser Suche stieß ich unter anderem auf Folgendes, auf Sasha.

Eine Hand voll Weisheit: Leben mit Sasha

1938 wurde an der Harvard-University mit einer ganz besonderen Untersuchung begonnen. Studenten im ersten Studienjahr wurden gefragt, ob sie bereit seien, sich für den Rest ihres Lebens in bestimmten Zeitabständen von Psychiatern und Psychologen untersuchen zu lassen. In Bezug auf ihre Gesundheit, ihr Verhalten und die Erfolge und Probleme in ihrem Leben. In den darauf folgenden sechzig Jahren beteiligten sich mehr als 800 männliche Studenten an der Untersuchung. Die Fülle an Untersuchungsdaten, die in diesem Zeitraum zusammengetragen wurden, wurde vor allem gebraucht, um die folgende Frage zu beantworten: Welche Faktoren bieten Anhaltspunkte, ob junge Männer sich zu gesunden, emotional ausgeglichenen und funktionstüchtigen Männern mittleren und höheren Alters entwickeln? George Vaillant, Untersuchungsleiter des Projekts in den vergangenen dreißig Jahren, hat dem Thema drei Bücher gewidmet mit so aufschlussreichen Titeln wie *Adaption to Life*[2] (Anpassung an das Leben), *The Wisdom of the Ego* (Die Weisheit des Ichs) und *Aging Well* (Auf gute Weise alt werden).

Eine Schlussfolgerung, die sich wie ein roter Faden durch alle drei Bücher zieht, ist die folgende: Psychische Gesundheit hängt von der Frage ab, wie man auf Probleme reagiert, nicht von der Abwesenheit von Problemen. Die Antwort auf die Frage, was dann psychisch gesunde Reaktionen auf Probleme sind, kann man in einem Satz zusammenfassen: Verwende so viel wie möglich *Sasha*. Wer oder was ist Sasha? Jeder Buchstabe von Sasha bildet jeweils den Anfangsbuchstaben einer der fünf gesündesten Weisen, auf Lebensprobleme zu reagieren. Vaillant nennt die Methoden *psychische Abwehrmechanismen*. Dem komplizierten Ausdruck liegt eine tiefere Bedeutung zugrunde. Unser Körper wird ständig angegriffen. Von Krankheitserregern wie Bakterien und Viren, von Schadstoffen aus der Umwelt und von Gegenständen, variierend vom Messer, mit dem wir uns in den Finger schneiden, bis zum Auto, das uns anfährt. Der Körper reagiert darauf auf zweierlei Arten. Er baut ein Abwehrsystem auf, um Krankheitserreger unschädlich zu machen, bevor sie Krankheiten verursachen können. Doch Krankheiten und Beschädigungen sind nicht immer zu vermeiden. So ist unser Körper neben der Abwehr auch unablässig mit Heilen beschäftigt.

Was für unseren Körper gilt, gilt auch für unsere Psyche, unseren Geist. Auch auf unsere Psyche, unser emotionales Gleichgewicht, werden ständig Anschläge verübt.

Durch Ereignisse innerhalb unserer Beziehungen, auf unserem Arbeitsplatz, in unserer Wohnumgebung, in der uns umgebenden Welt. Wir haben deswegen auch ein psychisches Abwehr- und Heilungssystem nötig, um psychische Probleme zu verhindern oder um von emotionalen Problemen wie Ängsten, Depressionen und Stressreaktionen zu genesen. »Leben«, sagt Vaillant treffend, »bedeutet, sich selbst permanent heilen. Mehr noch, wir leben, weil wir uns heilen.« Aus seiner Untersuchung geht hervor, dass sich diejenigen, die sich im mittleren und höheren Alter zu relativ glücklichen und gesunden Menschen entwickeln – den »happy-well« –, durch folgende sechs feste Gewohnheiten unterscheiden: wenig oder nicht rauchen, mäßiger Alkoholgenuss, »sparsame« körperliche Aktivitäten, kein Übergewicht, eine stabile Paarbeziehung und der Gebrauch von Sasha. Sasha erweist sich als wichtigste der sechs Gewohnheiten. Denn es ist nicht nur von großem Einfluss auf die Art, wie Männer, und späteren Untersuchungen zufolge auch Frauen, mit ihrem Körper und ihren Beziehungen umgehen, es steht auch in direktem Zusammenhang mit ihren Gefühlen und emotionalen Problemen. Sasha steht, wie bereits gesagt, für die fünf effektivsten psychischen Abwehr- und Heilungsmechanismen. Ich werde sie nachfolgend einzeln beschreiben.

UMWANDELN

Der erste Buchstabe verweist auf die Fähigkeit, seinen Schmerz oder zumindest einen wesentlichen Bestandteil des Schmerzes in etwas umzuwandeln, was nicht allein bloß ausschließlich Schmerz ist oder Schmerz bereitet, sondern ihm einen gewissen Sinn oder sogar einen neuen Inhalt oder eine neue Bedeutung verleiht. Vaillant nennt diese Fähigkeit *Sublimierung*, den wichtigsten psychischen Abwehrmechanismus. Sublimierung oder das Umwandeln von Schmerz bedeutet, dass man den Schmerz, der die (drohenden) Verluste oder Probleme verursacht, nicht verdrängt oder leugnet, sondern anerkennt.

Aber es bedeutet auch, dass man einen wichtigen Bestandteil des Schmerzes auf eine andere, weniger schädliche und häufig sogar positive Art ausdrückt. Es ist die Fähigkeit, mit einem Teil seines Schmerzes etwas zu erschaffen, zu kreieren, etwas, was dem eigenen Leben und dem anderer etwas hinzufügt. Das kann so etwas Einfaches wie ein Tagebuch sein, eine Beziehung mit Schicksalsgenossen, ein Bild, Musik, eine Bewegung, eine Stiftung, eine ehrenamtliche Tätigkeit. Es ist das Umwandeln des Schmerzes und daraus ergibt sich nicht selten etwas »Sublimes«. Darum ist Sublimierung das Abwehr- oder Heilungssystem, dem wir zahllose wertvolle, ergreifende, die Welt verbessernde, »sublime« Kunstwerke verdanken. Wie es Künstler, die ihren Seelenschmerz oder ihre Erschütterung in Musik umgesetzt haben, oder Schriftsteller, die dasselbe in ihren Büchern getan haben, vor uns getan haben. Eigentlich lautet die zentrale Frage in Bezug auf Umwandlung oder Sublimation folgendermaßen: »Was kann ich noch mehr mit meinem Schmerz anfangen, als darunter zu leiden?«

Ein beeindruckendes soziales Vorbild ist Jan Kloppenburg. 1996 wurde Jans Sohn Joes plötzlich ermordet, weil er sich auf der Straße mutig und zu Recht für jemanden eingesetzt hatte. Jan setzte einen Teil seines tiefen Schmerzes über den Mord um, indem er etwas initiierte, was inzwischen eine nationale Bewegung geworden ist: die Stiftung *Schluss jetzt* gegen sinnlose Gewalt. Jan wurde auf diese Art nicht bloß Opfer, sondern auch Schöpfer aus seinem Schmerz heraus.

ALTRUISMUS

Dies führt mich zum zweiten Buchstaben in Sasha. Das »a« von andere oder von, wie Vaillant es nennt, *Altruismus*. Das ist die Fähigkeit, sich über den eigenen Schmerz hinweg anderen zuzuwenden, die möglicherweise denselben Schmerz erleben oder erleben werden. Altruismus ist der Wunsch und der Entschluss, Dinge zu tun, die dazu beitragen, den emotionalen Schmerz, den man selbst erlebt hat oder noch erlebt, bei anderen Menschen zu verhindern oder zu lindern. Altruismus ist eine Art Sublimation, doch nicht jede Sublimation ist altruistisch. Ein ungeheurer »Vorteil« des Altruismus, abgesehen davon, dass er gut für andere sein kann, ist, dass er einem hilft, nicht in Selbstmitleid zu verfallen und außerhalb der Opferrolle zu bleiben. Wer der Opferrolle verhaftet ist, denkt oder glaubt, dass er speziell vom Leben ausgewählt wurde, um diesen Schmerz zu erleben. Der Schmerz wird dann gleichsam ein »Lösungsmittel« für Beziehungen, verhindert Identifikation. Mit dem eigenen Schmerz altruistisch umgehen, bedeutet, dass der Schmerz ein Bindemittel ist, ein Ansporn zur Solidarität mit anderen.

Doch bleibt es gleichzeitig wichtig, sich selbst zu bestimmten Zeiten die Erlaubnis zu geben, beim eigenen Schmerz innezuhalten, ihm Aufmerksamkeit zu schenken und Aufmerksamkeit dafür zu erbitten. Das ermöglicht einem, zu anderen Zeiten nicht allzu sehr vom eigenen Schmerz gehindert oder sabotiert zu werden.

BEWUSST INNEHALTEN

Auf diese Fähigkeit verweist der dritte Buchstabe von Sasha. Vaillant nennt sie *Suppression*. Er beschreibt Suppression als die Fähigkeit, nur in ganz bestimmten Momenten bewusst und intensiv den Schmerz oder die Gefühle zuzulassen, die ein Ereignis oder ein Verlust in einem ausgelöst haben, und in anderen Momenten die Aufmerksamkeit bewusst auf andere Dinge zu verlagern. Suppression ist ein wichtiger Grund für den Vorteil, den es bringt, sich »in Therapie zu begeben« oder an einer Gesprächsgruppe teilzunehmen oder seinen Partner oder Freunde um Aufmerksamkeit zu bitten oder ein Buch wie dieses zu lesen. Denn indem Sie dies tun, verordnen Sie sich selbst, Ihren emotionalen Verletzungen zu bestimmten Zeiten gezielt Beachtung zu schenken. Dadurch wird es möglich, in anderen Augenblicken, in denen Ihnen Ihre Verletzungen zu schaffen machen, zu sich selbst zu sagen, dass Sie doch Ihre gegenwärtige

Beschäftigung fortsetzen, da Sie später, während der Therapie, dem (Gruppen-)Gespräch oder dem Lesen die Gelegenheit haben und nutzen werden, sich intensiv mit Ihrem Schmerz zu beschäftigen.

Suppression ist eine gesunde Alternative für zwei andere, ungesündere Reaktionsweisen, nämlich Depression und Repression. Depression bedeutet, dass man zu viel Aufmerksamkeit auf seine Verluste oder Probleme richtet und den Schmerz, den diese bereiten. Man kann an nichts anderes mehr denken und läuft total fest. Repression bedeutet, dass man den Emotionen seiner Verluste oder Probleme zu wenig Aufmerksamkeit widmet. Man radiert sie gleichsam aus seinem Bewusstsein. »Sie sind sozusagen nicht vorhanden.« Da man sie nicht mehr fühlt, nimmt man, häufig zu Unrecht, an, dass sie nicht mehr da sind und keine Rolle mehr spielen.

WEINEN UND LACHEN

Dies führt mich zum vierten Buchstaben von Sasha. Weinen Sie zu bestimmten Zeiten um Ihren Verlust, aber versäumen Sie nicht, in anderen Augenblicken auch zu lachen. Geben Sie dem *Humor* einen Platz. Nicht unbedingt Humor in Bezug auf Ihren Schmerz oder Verlust als solchen, obwohl auch damit manchmal (aber lange nicht immer) eine traurig-humoristische Seite verbunden sein kann. Doch in jedem Fall Humor in Bezug auf Dinge, die das Lachen oder Lächeln wert sind.

Ich war beispielsweise immer tief beeindruckt von der Geschichte Norman Cousins', Redakteur der Zeitschrift *Saturday Review*, der, als er mit einer lebensbedrohlichen Krankheit konfrontiert war und voraussichtlich bloß noch ein paar Monate zu leben hatte, beschloss, die Bedrohung als Herausforderung zu betrachten. Er entließ sich selbst aus dem Krankenhaus und verschrieb sich eine bestimmte Diät und Lebensführung. Ein wichtiges Element bestand darin, dass er sich zwang, Komödien und komische Filme anzuschauen. Anders ausgedrückt, er mischte seinen Schmerz und seine Angst mit Humor. Als er seine Krankheit überwunden hatte, schrieb er über diesen Prozess ein Buch mit dem Titel *The Anatomy of an Illness.*[3] Aber noch beeindruckender ist für mich die Tatsache, dass Cousins das Kunststück noch einmal zu wiederholen wusste. Fünfzehn Jahre später bekam er einen Herzanfall, der ihn beinahe das Leben kostete. Und wieder behandelte er sich selbst auf dieselbe Weise. Seinen Bericht publizierte er in dem Buch *The Healing Heart.*[4] Erst zehn Jahre später, mit 75 Jahren, starb Cousins.

Humor ist die Fähigkeit, Verlustschmerz oder die Spannung, die Probleme verursachen, aus einer anderen, relativierenden Perspektive sehen zu können. Das bedeutet gelegentlich auch, vielleicht sogar die ironischen, komischen Aspekte einer Sache zu sehen anstatt bloß die traurigen. Vaillant schreibt über einen Mann, der einem Mitarbeiter zu Unrecht die Schuld an einem kapitalen Fehler in einer Kalkulation gegeben hatte, durch den seinem Betrieb viel Geld verloren zu gehen drohte. Dies hatte zu einem heftigen und sehr unangenehmen Prozess geführt, der im Beisein eines großen Teils des Personals ausgetragen wurde. Als er dann entdeckte, dass er selbst den Rechenfehler gemacht hatte, hatte er im Beisein des Mitarbeiters und des Personals über sich selbst gesagt: »Irren ist menschlich – einem anderen die Schuld in die Schuhe schieben offenbar noch menschlicher.«

Es empfiehlt sich übrigens, Acht zu geben, wenn man Humor als Abwehrmechanismus gebraucht. Er eignet sich nicht für jeden Schmerz und kann gelegentlich auch verletzend sein.

AUFMERKSAMKEIT FÜR ZUKÜNFTIGEN SCHMERZ

Der letzte Buchstabe von Sasha schließlich verweist auf die Bedeutung der Fähigkeit, Schmerz und Verlust antizipieren zu können und zu wollen. *Antizipation* ist die Fähigkeit, sich in Gedanken und Gesprächen mit anderen oder durch Lesen bzw. das Sammeln von Informationen auf Verlust oder Schmerz vorzubereiten, von dem man sicher weiß, dass er früher oder später kommen wird. Wenn man weiß, dass man seine Stelle verlieren wird, ist es wichtig, diesen Verlust zu antizipieren, sowohl den Schmerz, der damit verbunden sein kann, als auch die praktischen Aspekte und deren adäquate Behandlung. Dasselbe gilt für den Fall, dass Ihr Partner sich einem schweren medizinischen Eingriff unterziehen muss. Das gemeinsame Besprechen der unterschiedlichen Risiken und das Teilen der Gefühle, die die jeweilige Situation mit sich bringt, ist nicht nur gesund, sondern auch liebevoll.

Die Bedeutung dieses Abwehrmechanismus steht im Gegensatz zu »klassischen« Auffassungen wie »Es ist genug, dass jeder Tag seine eigene Sorge hat« und »Kommt Zeit, kommt Rat«. Natürlich besteht immer die Gefahr, dass man sich über einen künftigen Verlust so stark Sorgen macht, dass man an nichts anderes mehr denken kann. Und dann kommen wir vom Regen in die Traufe. Deswegen ist es wichtig, die fünf psychischen Abwehrmechanismen von Sasha zu kombinieren. Verwendet man sowohl Antizipation, um sich auf einen bevorstehenden Verlust vorzubereiten, als auch Suppression, was beinhaltet, dass man drohendem Verlust nur zu ganz bestimmten Zeiten Aufmerksamkeit widmet, dann schützt man sein Glück und seine Gesundheit optimal. Doch wird Antizipation ohne Suppression sehr schnell Obsession.

Die Moral: Es ist für alle Menschen auf dieser Welt zu hoffen, dass sie *Sasha* persönlich auf ihr Leben abstimmen.

(Siehe nachfolgende Übersicht.)

❖ **Sublimierung**	Formen Sie einen Teil Ihres Schmerzes und Ihres Verlusts in kreative Energie um, veredeln Sie ihn. Schaffen Sie etwas aus Ihrer Tragödie heraus, einen kleinen Triumph, wenn möglich. Fragen Sie sich selbst regelmäßig: Was kann ich noch weiter mit meinem Schmerz und meinem Verlust anfangen, als darunter zu leiden?
❖ **Altruismus**	Wenden Sie sich unabhängig von Ihrem eigenen Schmerz anderen zu. Helfen Sie ihnen, vergleichbaren Schmerz zu lindern oder zu verhindern.
❖ **Suppression**	Konzentrieren Sie sich bewusst zu bestimmten Zeiten auf Ihren Schmerz oder Verlust und widmen Sie ihm Aufmerksamkeit oder bitten Sie um Aufmerksamkeit dafür – und verzichten Sie zu anderen Zeiten bewusst darauf, Ihrem Schmerz Aufmerksamkeit zu widmen.
❖ **Humor**	Weinen Sie um Ihren Schmerz oder Verlust, aber bringen Sie sich selbst auch dazu, ihn in bestimmten Augenblicken zu relativieren und vielleicht sogar »humoristische« Aspekte in ihm zu entdecken. Versuchen Sie, Schmerz oder Verlust als etwas zu sehen, was nicht exklusiv für Sie geschaffen wurde. Bringen Sie sich selbst ab und zu zum Lachen oder Lächeln, wenn schon nicht über Ihren eigenen Schmerz und Verlust, so doch über die Absurdität des Lebens und das Verhalten der Menschen. Nutzen Sie dabei eventuell Komödien als »Hilfsmittel«.
❖ **Antizipation**	Antizipieren Sie, bereiten Sie sich selbst zu festgesetzten Zeiten auf Schmerzen oder Verluste vor, von denen Sie wissen, dass sie für Sie oder Ihre Angehörigen kommen werden. Zwingen Sie sich selbst, die drohende Vergänglichkeit und Endlichkeit Ihrer Existenz und Ihrer Beziehungen vorwegzunehmen und sich mit dem zu beschäftigen, was Sie dann spüren werden und was Sie dann zu tun haben werden.

3

Die wichtigste Fähigkeit: Verluste ertragen können

Die Studie Vaillants und seiner Mitarbeiter dreht sich im Grunde um die folgende Frage: Was muss ein Mensch gut können? Als die Frage einmal dem Psychologen Sigmund Freud gestellt wurde, antwortete er: »Lieben und arbeiten.« Dies ist eine Antwort, mit der man schwer uneins sein kann. Aber sie ist unvollständig. Die vollständige Antwort auf die Frage, was ein Mensch gut können muss, muss lauten: lieben, arbeiten und Verluste ertragen können. Auch Freud wusste dies bereits, nicht umsonst schrieb er viel über Humor als Methode, mit Schmerz umzugehen. Und doch erwähnte er diesen letzten Punkt nicht. Er war genau wie so viele andere Leute jemand, der Verluste schwer verkraftete und auch so wenig wie möglich an seine Verluste erinnert werden wollte. Dies jedoch war unvernünftig von ihm, denn bei Licht besehen ist unser Leben eine Aneinanderreihung von Verlusten. Allerdings sind wir uns dessen den größten Teil unseres Lebens nicht wirklich bewusst oder wollen das nicht sehen.

Dafür gibt es ein paar »gute« Gründe. Einer ist, dass wir es uns oft sehr lange erlauben können, dies nicht zu tun. Solange die Verluste in unserem Leben nicht zu groß sind, solange es uns überwiegend gut geht, warum sollten wir? Da gibt es sicherlich angenehmere Dinge für uns zu tun. Nur ist dies nicht besonders klug oder zumindest nicht besonders weise. So, wie ein Schachspieler oder ein Fußballspieler die Spiele, die er verloren hat, noch einmal nachspielt oder auf dem Video anschaut, so ist es auch weise, die Verluste, die wir anderweitig im Leben erlitten haben, oder die Dinge, die wir nicht gut angepackt haben, ab und zu nochmals Revue passieren zu lassen. Wir lernen nun einmal mehr von unseren Verlusten als von unseren Siegen.

Außerdem werden die meisten von uns früher oder später selbst mit großen Verlusten konfrontiert oder haben mit dem Verlust von Menschen, die ihnen nahe stehen, zu tun: einem Partner, der einen Bruder, der Selbstmord begeht, verliert; einer Freundin, die schwerbehindert wird; einer Schwester, deren Mann ein schweres Verbrechen begeht.

Dies bringt mich auf einen anderen Grund, warum wir uns meist lieber nicht allzu viel Rechenschaft über die Verlustlisten in unserem Leben oder die anderer, uns nahe stehender Menschen ablegen möchten. Wir besitzen eine instinktive Abwehr in Bezug auf »Looser«. Am liebsten meiden wir ihre Gesellschaft, wünschen, damit so wenig wie möglich assoziiert zu werden, uns nicht so zu fühlen und sicherlich nicht von anderen dazu gezählt zu werden. Die Redensart »Ein Sieg hat viele Väter, aber die Niederlage ist ein Waisenkind« bringt daher eine brutale soziale Wahrheit zum Ausdruck.

Oberflächlich betrachtet, scheint das auch tatsächlich logisch zu sein. Denn ein Sieg bringt dem Sieger meist eine Anzahl persönlicher und gesellschaftlicher Vorteile. Demzufolge ist bei einem Sieger auch für andere mehr zu holen als bei einem Verlierer. Doch demjenigen, der bereit ist, hinter die Fassade zu schauen, wird schnell klar, dass dies absolut nicht alles sein kann. Denken wir nur an die merkwürdige Sitte, nun aus psychologischer Sicht betrachtet, Siegern Glück zu wünschen. Genau betrachtet, ist das merkwürdig, denn Sieger haben bereits Glück gehabt, sie haben ja gewonnen. Es wäre demnach viel psycho-»logischer«, den Verlierern Glück zu wünschen, denn sie haben es noch nötig. Der Grund, warum wir doch die Sieger beglückwünschen, ist denn auch nicht, dass sie es nötig haben, sondern dass wir das nötig haben. Wir haben es nötig, uns so viel wie möglich mit Siegern zu identifizieren. Denn auf einer elementaren Ebene sind wir uns bewusst, dass wir alle, ohne Ausnahme, »am Ende unserer Tage« selbst Verlierer, selbst »Looser« sein werden.

Übrigens beginnt der Prozess des Verlierens bereits »am ersten unserer Tage«, ab dem Zeitpunkt unserer Geburt, oder eigentlich noch früher, ab unserer Empfängnis. Von diesem Augenblick an haben wir eine bestimmte Lebenszeit zur Verfügung, die bei jedem folgenden Herzschlag abnimmt. Wir verlieren fortwährend Zeit und demzufolge Leben.

Es gab Zeiten, da hatten wir mit dem Verlust der »irdischen Lebenszeit« weniger Probleme als jetzt. Solange wir an die Ewigkeit glaubten, an ein ewiges Leben in einem Jenseits, wurde der Verlust unseres irdischen Lebens dadurch noch zum Teil kompensiert. Ziemlich viele Leute betrachteten es sogar nicht als wirklichen Verlust. Je weniger Zeit sie hier hatten, desto mehr hatten sie dort. Für bestimmte Leute geht diese Rechnung immer noch auf.

Doch für die Mehrzahl der Menschen ist alt werden gleichbedeutend mit verlieren, auf mehreren Ebenen. Deswegen beginnt bei vielen Leuten, die spüren, dass sie älter werden, auch ihre Selbstachtung abzubröckeln. So, wie bei dem Filmstar Romy Schneider, über die ich an anderer Stelle schrieb.[5] Dies ist, ich wiederhole es an dieser Stelle nochmals, eine unvernünftige Reaktion. Denn es steht uns von unseren allerersten Anfängen an auf die Stirn geschrieben: Wir sind alle »Looser«, wir gehen alle verloren. Kurzum, wie stark wir auch lieben und wie effizient wir auch arbeiten, was für unser kurzes Lebensglück vor allem entscheidend ist, ist unsere Fähigkeit, verlieren zu können.

Position in Bezug auf die eigenen Verluste beziehen

Sich ab und zu auf die Verluste konzentrieren, die man erlitten hat, und den Schmerz, den man deswegen ertragen hat und möglicherweise noch erträgt oder ertragen wird, bedeutet, dass man sich selbst emotional einen Dienst erweist. Dies ist die deutliche Schlussfolgerung, dies ist die Suppressionsstrategie aus Vaillants Studie, über die wir eingangs sprachen. Sie macht einen emotional widerstandsfähiger und weiser.

Hin und wieder gedanklich im Bewusstsein unvermeidlicher Verluste und dem Schmerz, den diese bringen werden, zu verweilen, bedeutet ebenso, dass man sich einen Dienst erweist. Dies ist die Strategie der Antizipation. Sie nimmt den Schmerz nicht fort, wenn der Verlust sich ankündigt. Aber sie macht einen sehr wohl widerstandsfähiger und weiser, wenn er kommt.

Das, was man immer meidet, wovor man immer flieht, davon lässt man sich selbst unter Druck setzen. Und macht es auf diese Art größer und stärker als das eigene Selbst.

Doch ab und zu innehalten, sich aussetzen, den Schmerz kon*front*ieren bedeutet im wörtlichen und im übertragenen Sinne dies: eine Frontlinie dem Schmerz gegenüber errichten, eine Grenze ziehen. Dadurch verschwindet er nicht, nimmt jedoch emotional weniger Raum ein. Wodurch mehr Raum für andere Emotionen und Erfahrungen entsteht. Dadurch wird es wieder möglich, die Energie des Schmerzes mit anderen Energien wie Talenten und kreativen Fähigkeiten zu vermischen. Schmerz wird auf diese Weise teilweise kreative Energie, die einen dazu bringt, den eigenen Schmerz zu überwinden, anderen zu helfen, etwas Schönes zu gestalten, zu komponieren, zu schreiben, etwas zu tun oder zu sagen, was einem anderen Menschen helfen kann. Es ist wunderbar, wenn man das aus seinem Schmerz macht. Das ist Sublimation. Und Altruismus.

Und noch etwas geschieht: Jedes Mal, wenn wir nicht vor unseren eigenen Gefühlen davonlaufen, sondern Grenzgefechte mit ihnen angehen, ergibt sich eine Chance, unser Selbstvertrauen, den Glauben an uns selbst, zu vergrößern (so, wie jedes Mal, wenn wir uns zu schnell geschlagen geben, ein Augenblick ist, in dem unser Selbstvertrauen kleiner wird).

Selbst wenn es einem manchmal zu viel wird und man sich eine Zeit lang zurückziehen muss (Suppression!), so ist man dem Gefecht jedenfalls nicht ausgewichen. So, wie der amerikanische Präsident John Quincy Adams es einmal treffend formulierte: »Die erste Frage bei einem Kampf ist nicht die, ob man gewinnt oder verliert, sondern, warum man ihn angefangen hat.«

Eine Verlustliste

Aus eigener Erfahrung weiß ich nur allzu gut, dass es viel von einem verlangt, sich seinen Verlusten oder drohenden Verlusten zu stellen. Um eine Aufstellung zu machen, wer oder was im eigenen Leben verloren gegangen ist oder noch verloren gehen wird.

Auf meiner Liste beispielsweise steht der durch den Tod meines Vaters, meiner Mutter, eines Bruders und eines Schwagers ausgelöste Verlust. Da steht auch der Verlust, der durch den Tod dreier persönlicher, eigentlich muss ich sagen, meiner besten Freunde entstanden ist. Während ich dies schreibe, wird mir bewusst, dass ihr Tod in gewisser Weise einen größeren Verlust darstellt als der Tod meiner Eltern. Als gehöre der Tod der eigenen Eltern mehr zum Leben als der Tod von Freunden.

Einer meiner Freunde war auch Fachmann auf dem Gebiet des Selbstmords. Er setzte seinem Leben ein Ende. Die Lektüre seines an mich gerichteten Abschiedsbriefs, den ich in Abständen immer wieder lese, berührt mich jedes Mal wieder neu wie ein Dolchstoß. Aber es ist ein Schmerz, den ich fühlen will, weil er zu dem passt, was er mir bedeutete und was Freundschaft beinhaltet. Es ist auch ein Schmerz, der zur Ambiguität seines Todes passt. Ich verstehe seinen Entschluss und ich trauere um ihn.

Der andere Freund war auch Lehrer, mein Gesangslehrer, mehr als zwölf Jahre. Er litt an Magenkrebs und wollte absolut nicht sterben. Zwei Tage, bevor er starb, hielt er mich noch fest, als könne er dadurch auch das Leben festhalten, und rief weinend wie ein verzweifeltes Kind: »René, ich will nicht sterben, ich will nicht ...« Es brach mir das Herz. Und tut es noch, jedes Mal wieder neu, wenn ich daran denke.

Der dritte Freund starb an ALS (amyotrophe laterale Sklerose), eine furchtbare Muskelkrankheit, die unten an den Füßen beginnt und langsam nach oben wandert, Muskel um Muskel lahm legend. Wie Kerzen, die nacheinander ausgeblasen werden. Ich habe den Prozess an seiner Seite bis zur letzten Kerze begleitet, bis sein Atem verlöschte. An die letzten Nächte, während derer ich zu Hause bei ihm am Bett saß, das Beatmungsgerät dröhnend in einer Zimmerecke, denke ich noch regelmäßig zurück. Es sind Bilder, die Kummer hervorrufen, doch eigenartigerweise ist das auch ein gutes Gefühl. Als sei ich noch immer mit ihm verbunden. Vielleicht klingt das arrogant, das nehme ich gern in Kauf, denn ich fühle auch ein wenig Stolz. Den Stolz, wie ihn jemand empfindet, der nicht aufgegeben hat, der geblieben ist, solange es ging. Zwei Männer, die im tiefsten Dunkel so lange und so dicht wie möglich beieinander bleiben, weil sie wissen, dass es nicht mehr lange möglich ist. In meiner Erinnerung ist dies der besondere Gewinn eines schrecklichen Verlusts.

Auf meiner Liste steht auch der Verlust einiger Freunde und Freundinnen, von denen ich annahm, dass sie dies seien, bis es in meinem Leben eine Zeit lang schlecht lief. Sie haben sich damals von mir abgewandt. Einige von ihnen haben sogar probiert, persönlich von meinem Abgang zu profitieren. Waren sie deswegen keine wirklichen Freunde? Zumindest glaubte ich vor dieser Zeit, dass sie es seien. Dadurch, dass ich hin und wieder zurückschaue, erinnere ich mich selbst daran, dass ich mich häufiger fragen muss, warum Leute Kontakt mit mir suchen, ohne ihnen jedoch sofort mit Misstrauen zu begegnen.

Auf meiner Liste steht auch der Verlust einiger Arbeitsplätze, gesellschaftlicher Positionen, von Renommee. Die Erinnerung hieran ruft neben Kummer auch Wut hervor. Mir selbst gegenüber, weil ich es mir habe gefallen lassen und mich damals nicht genügend gewehrt habe. Anderen gegenüber, weil sie mir Schlimmes angetan haben und auch noch gut damit weggekommen sind. Doch Kummer und Wut bilden inzwischen keinen Nährboden mehr für Depressionen. Es ist mir gelungen, sie in die Energie umzuwandeln, die ich benötige, um zum Gegenangriff überzugehen. Das gelegentliche Zurückkehren zum Schmerz regt meine Kampflust an. Inspiriert sie sogar. Für mich persönlich nenne ich dies »das Monte-Christo-Gefühl«.[6]

Auf meiner Liste steht auch der Verlust einiger Ideen oder Überzeugungen. Manche davon sind zweifellos kindlich-naiv. So, wie der Gedanke, dass Menschen einander letztendlich doch eher gut als schlecht gesinnt sind. Die Erfahrung, dass es Leute gibt, die unter bestimmten Umständen fanatisch auf den Ruin anderer Menschen lauern, hat daran wenig intakt gelassen. Peter Gay traf in seinem Buch *The Cultivation of Hatred* (Die Kultivierung des Hasses)[7] den Nagel auf den Kopf, als er schrieb: »Dieselbe Kultur, die Liebe erzeugt, erzeugt zugleich Hass. Denn Liebe und Hass sind untrennbar. Der Naivling, der immer hoffte, das eine ohne das andere haben zu können, wird eines Tages, es sei denn, sein Glück dauerte endlos, wach von der Alarmglocke des Hasses. Und er wird glauben, er habe die Welt verloren. Dass er etwas verloren hat, ist wahr, jedoch nicht die Welt. Sie hat sich bloß deutlicher kenntlich gemacht.«

Genau das ist es, was das Erstellen Ihrer Verlustliste bewirken kann. Dass die Welt, Ihre emotionale Welt inbegriffen, sich deutlicher kenntlich macht. Je besser Sie beide Welten kennen, umso widerstandsfähiger sind Sie oder können es werden. Wissen ist Macht. Emotionales Wissen ist emotionale Macht.

4

Depression und der schwerste Verlust

Erst als ich mit dem Schreiben des letzten Kapitels fertig war, wurde mir etwas Wichtiges klar. Unbewusst hatte ich es unterlassen (oder vermieden?), den für mich beängstigendsten Verlust auf meine Liste zu setzen. Das ist der Kontrollverlust über meine Gefühle und Gedanken und damit über mein Verhalten. Ich spreche über die Zeiten, in denen ich zutiefst depressiv war.

Genau das ist es, was psychische Störungen – ob es sich nun um Depression oder eine Angststörung, Phobie oder Sucht handelt – so entsetzlich, so existenziell bedrohlich macht: der Kontrollverlust über die eigenen Gefühle, die Gedanken und das eigene Verhalten. Das ist übrigens komischerweise dasselbe, was auch Verliebtheit so beängstigend, so schmerzhaft machen kann. Denn auch da verliert man oft die Kontrolle über seine Gefühle, Gedanken und sein Verhalten.

Das ist nicht nur für die depressive, ängstliche oder verliebte Person selbst bedrohlich, sondern auch für die Leute in der direkten Umgebung. Man muss einmal mit einem depressiven suizidalen Partner, der nicht mehr für sich selbst einstehen kann, konfrontiert sein. Oder mit einem verliebten Partner, der mit seinen Gefühlen und Gedanken fortwährend bei einem anderen ist.

Es ist übrigens typisch, dass diejenigen, die in eine tiefe Depression verfallen, häufig auch diejenigen sind, die die wahnsinnigste ekstatische Verliebtheit kennen. Das berühmte Buch

Die Leiden des jungen Werther,[8] 1774 von dem deutschen Genie Johann Wolfgang von Goethe geschrieben, handelt eigentlich davon. Ein rasend verliebter junger Mann, der, als er seine Geliebte nicht bekommen kann, in Verzweiflung und tiefe Depression verfällt und seinem Leben ein Ende setzt. Selbstmord als letztes Mittel, einen außer Kontrolle geratenen Schmerz zu beenden. Doch brauchen wir für dieses Vorbild eines existenziell beängstigenden Kontrollverlusts nicht zwei Jahrhunderte zurückzugehen.

Die Sonnen- und die Schattenseite des Berges

Die junge Frau, die an jenem bewussten Morgen mein Behandlungszimmer betrat, schien dem Titelblatt einer der eleganten Modezeitschriften wie *Vogue* oder *Elle* entsprungen zu sein. Gewissermaßen war sie das auch. Sie hatte bereits eine Karriere als Mannequin hinter sich und leitete jetzt selbst eine Modellagentur. In der Psychoklinik in New York[9], wo ich mich zu jener Zeit in Ausbildung befand, hatte ich mich inzwischen an die merkwürdigen Probleme, die Leute aus Manhattan haben können, gewöhnt. Ihr Problem bildete in dieser Hinsicht keine Ausnahme.

Kurz zusammengefasst, lief es auf das Folgende hinaus. Als 29-Jährige hatte sie bereits vier Beziehungen hinter sich, die alle mit einer nahezu wahnsinnigen Verliebtheit begonnen hatten. Aber nachdem sie ein Jahr oder länger auf den Wellen der Ekstase geritten war, war es jedes Mal eines Tages schlagartig aus und vorbei. Danach begann für sie eine Phase intensiven Kummers, Niedergeschlagenheit und Fresssucht. Da die Gefühle oft erst wieder verschwanden, wenn sie einem neuen Partner begegnete, hatte sie einerseits bei sich selbst die Vorstellung entwickelt, dass die neue Beziehung Medizin für die vorherige war, andererseits spürte sie auch genau, dass sie auf diese Weise nicht endlos weitermachen konnte. Deswegen hatte sie auf Anraten einer Freundin den Entschluss gefasst, einen Psychologen aufzusuchen.

Ihre Bitte an mich war schlichtweg folgende: »Lehren Sie mich, mich hinterher nicht so traurig und niedergeschlagen zu fühlen und nur die fantastischen Erinnerungen zu bewahren.«

Es kostete mich einige Mühe, ihr klar zu machen, dass nicht ihre Reaktion auf den Verlust einer Liebesbeziehung, sondern ihre Bitte an mich »gestört« war. Denn ein Berg ist genau so hoch wie das Tal tief. Ein Mensch, der keinen Schmerz oder Kummer fühlen kann, kennt auch kein wirkliches Glück. Beim Verlust von etwas, was uns wirklich glücklich gemacht hat, sind sicherlich, wenn der Verlust plötzlich stattfindet, Kummer und Niedergeschlagenheit, und manchmal sogar ein bestimmtes Maß an Depression normal. Deswegen konnte sich meine Patientin auch nur so ekstatisch verlieben, weil sie auch die traurige und depressive Seite des Lebens kannte. Offenbar verkauft das Leben uns beide Gefühle bloß als Gesamtpaket. Einzeln sind sie so gut wie nicht erhältlich.

Die dahinter liegende tiefere Wahrheit ist, dass etwas nur durch seinen Gegenpol existiert. Es kann nur Nacht werden, weil es einen Tag gibt. Und umgekehrt kann es bloß hell werden, wenn es zuvor dunkel ist. Ein Blumenzüchter, dem es offensichtlich nicht an Lebensweisheit mangelte, drückte es einmal folgendermaßen aus: »Um eine schöne, herrlich duftende Rose zu züchten, muss man ziemlich viel Mist anführen.«

Derjenige, der sowohl mit der Rose als auch mit dem Mist leben kann, ist ein »harmonischer« Mensch in der ursprünglichen Bedeutung des Wortes. Die Griechen der Antike hatten nämlich in ihrem übervölkerten Götterolymp auch eine Göttin namens Harmonia. Der Überlieferung zufolge war sie die Tochter des Kriegsgottes Ares und der Göttin der Liebe, Aphrodite.

Für die Griechen war Harmonie also nicht der Zustand eines heiteren innerlichen und äußerlichen Gleichgewichts, sondern ein Prozess ständiger Wechselbeziehung zwischen Streit oder Uneinigkeit und Liebe oder »Einswerdung«. Harmonische Menschen liegen das eine Mal mit sich selbst oder mit anderen im Kampf und beim nächsten Mal ist alles eitel Sonnenschein. Es ist nie nur und nie immer das eine oder das andere.

Wir können uns Harmonie ungefähr als einen Tanz vorstellen, bei dem sich beide Partner einmal aufeinander zu- und dann wieder voneinander weg bewegen. Beide Bewegungen sind für den Tanz essenziell und wenn eine fehlt, gibt es keine Bewegung, keine Entwicklung und demnach keinen Tanz.

Tao und Harmonie

Bemerkenswert ist die Übereinstimmung hinsichtlich der Betrachtung des Lebens als Wechselspiel zwischen den Griechen der Antike und der alten chinesischen Kultur, wie sie in der taoistischen Lehre dargelegt wird. Taoismus bedeutet das Folgen des Tao, dem Wort für »Weg« oder »rechter Weg«. Das Tao ist der Ursprung der Schöpfung und die Kraft, die wir nicht direkt erkennen, sondern nur auf dem Weg ihrer Manifestationen hinter allen Erscheinungsformen und im Wandel der Natur wahrnehmen können. Im Tao, auf dem rechten Weg, existieren keine Gegensätze, herrscht Harmonie, sind alle Gegensätze aufgehoben. So, wie die Aufhebung der Gegensätze zwischen Yin und Yang, zwei taoistische Begriffe, die so gut wie jeder hier im Westen kennt, ohne zu wissen, dass sie taoistischen Ursprungs sind. Meist denken wir, dass sie auf das weibliche (Yin) und das männliche (Yang) verweisen, doch ist dies eine viel zu eingeschränkte Interpretation. Die ursprüngliche Bedeutung von Yin ist »Schattenseite eines Bergs«, die von Yang »Sonnenseite eines Bergs«. Yin und Yang verweisen auf das Spiel der Gegensätze, das unsere konkrete, wahrnehmbare Welt bildet, wie hell und dunkel, positiv und negativ, Tag und Nacht, Sommer und Winter, klein und groß, männlich und weiblich, schön und hässlich, Hass und Liebe. Dem Weg folgen bedeutet, dass wir Gegensätze als unsere Vorstellungen anstatt als fundamentale Gegensätze betrachten können. Im Tao, auf dem essenziellsten Niveau, existieren sie nicht. Ein Berg ist immer so hoch wie sein Tal tief.

Auf dieselbe Art ist der harmonische Umgang mit sich selbst oder mit anderen ein andauerndes rhythmisches Wechselspiel zwischen Zufriedenheit und Unzufriedenheit, Glück und Niedergeschlagenheit, Lob und Kritik. Nie nur das eine oder das andere. Permanent Kritik sich selbst oder einem anderen gegenüber zu üben, ohne jegliches Zeichen von Wertschätzung oder Zuneigung, ist gleichbedeutend mit Feindseligkeit. Immer nur Anerkennung oder Lob verteilen, ohne jegliche Kritik, ist Schwärmerei, Manipulation oder Theater.

Die Tragik so vieler Leben ist, dass sie saft- und kraftlos, langweilig, unangenehm oder unglücklich werden, dass sie völlig stagnieren, weil die Menschen nur eine Seite der Wirklichkeit akzeptieren wollen.

Offenbar können wir Harmonie bloß durch innerlichen Kampf erobern. Das bedeutet unter anderem: zugeben dürfen, dass wir uns selbst in bestimmten Augenblicken nicht gewachsen sind, dass wir die Kontrolle über uns verloren haben, dass wir uns aus ganzem Herzen hassen, unsere Eltern, unsere Kinder und unsere Partner, dass wir uns deswegen schuldig fühlen können, doch dass dies nicht verhindert, dass es manchmal einfach so ist und manchmal aus gutem Grund so ist. Wie schmerzlich es auch sein mag, für uns selbst und alle anderen.

Glück ist also nicht einfach eine Frage von Erfolg oder positiven Gefühlen. Es ist vor allem eine Frage, das Spiel der Gegensätze spielen zu können, gut mit Gegensätzen umgehen zu können, ein gutes Verhältnis pflegen und sich flexibel zwischen den Polen des Lebens hin- und herbewegen zu können. Depression, die »unseligste« Gefühlsstörung, in die wir hineingeraten können, beinhaltet festzusitzen, festzusitzen in einem Zustand innerer Einsamkeit. Festzusitzen im Bewusstsein, die Kontrolle über den eigenen Gemütszustand verloren zu haben. Depression bedeutet emotionale Gefangenschaft. Selbstmord ist ein Versuch, dem zu entkommen.

Warum Depression so schlimm ist

»Ich will dir jetzt einmal etwas über meinen Zustand berichten. Nichts und niemand kann mich mehr kümmern. Jeder Tag gleicht einem langen endlosen Tunnel. Ich ersticke in seinem Eingang, sobald ich erwache, und doch muss ich da hinein. Hätte ich die Schwindsucht, könntest du mich trösten, mir helfen, zu genesen. Doch jetzt kannst du nichts für mich tun. Dies ist das Elend. Dies ist die Hölle unerreichbarer Einsamkeit, vollkommener Verlassenheit.«

Mit diesen Worten verlieh die Schriftstellerin Carry van Bruggen[10] einmal der geistigen Folterung, an der sie aufgrund ihrer tiefen Depression litt, Ausdruck. Diese Sätze bloß aufzuzeichnen, muss sie enorme Mühe gekostet haben. Denn eines der Kennzeichen für eine ernsthafte Depression ist, wie gesagt, vollständig festsitzen, komplette Passivität, selbst vor der kleinsten Anstrengung zurückschrecken wie vor einer zentnerschweren Aufgabe. Für Leute, die so etwas selbst nie erlebt haben und die aktiv im Leben stehen, ist es deswegen beinahe unmöglich, sich in den Zustand einer ernsthaften Depression einzufühlen. Nicht alle Depressionen sind so schwer wie die der Carry van Bruggen, aber alle Depressionen sind gefährlich. Und müssen deswegen ernst genommen werden, sowohl von einem selbst, wenn man daran leidet oder Gefahr läuft, daran zu leiden, wie auch von allen anderen.

Leider geschieht dies häufig nicht. Die Weltgesundheitsorganisation[11] warnte, dass Depression um das Jahr 2020 eines der größten Probleme der Menschheit darstellen wird. Aber die Warnung wurde bis zum heutigen Tag von derselben Menschheit, oder jedenfalls einer überwiegenden Mehrheit davon, nicht besonders ernst genommen.

Ich finde das Besorgnis erregend. Denn Depression kommt immer häufiger vor. Etwa einer von vier bis fünf Menschen wird einmal oder mehrmals darunter leiden. Depression kommt auch stets öfter in jungen Jahren vor. Depressive Kinder im Alter von zehn oder elf Jahren sind ganz gewiss keine Ausnahme mehr. Depression ist gefährlich und nicht selten tödlich. Von den Menschen, die an einer Depression leiden, setzen zehn bis zwanzig Prozent früher oder später ihrem Leben ein Ende. Darunter auch Kinder. Depression verbirgt sich außerdem hinter einer großen Zahl anderer Probleme, beispielsweise hinter Sucht, Beziehungsproblemen, Problemen in der Schule oder auf der Arbeitsstelle. Selbst Verbrechen wie das Ermorden der eigenen Kinder oder des (Ex-)Partners geschehen nicht selten in einem Zustand der Depression.

Es gibt verschiedene Depressionsarten oder -typen. Und für alle Depressionen gilt, dass sie entschieden etwas anderes sind als ein stark empfundener Kummer über irgendetwas oder eine irgendwie deprimierte oder pessimistische Stimmung. Jemand, der durch ein Examen fällt, einen Nahestehenden verliert oder zu hören bekommt, dass er an einer schweren Krankheit leidet, kann zu Recht darüber ein Zeit lang bekümmert oder düster gestimmt sein. Doch von einer echten Depression ist erst die Rede, wenn die Gefühle andauern (einige Wochen oder länger) oder wenn man die Kontrolle darüber verliert (man nicht mehr in der Lage ist, sich selbst abzulenken oder auf andere Gedanken zu bringen) und sie einen sowohl körperlich, emotional wie sozial lahm legen.

Beantworten Sie für sich persönlich einmal folgende Fragen:

* Ich habe mich während der letzten vierzehn Tage trübsinnig, traurig oder verzweifelt gefühlt.
* Ich habe seit vierzehn Tagen kein Interesse mehr an den Menschen und Dingen meiner Umgebung.

Müssen Sie eine dieser Fragen deutlich mit »Ja« beantworten, dann bildet dies einen guten Grund, um selbst zu untersuchen, ob Sie tatsächlich an einer Depression leiden. Wesentliche Symptome einer Depression sind: eine düstere, negative Stimmung und/oder ein Gefühl von Desinteresse in Bezug auf Menschen oder Dinge, die Sie früher durchaus ansprachen. Weiterhin Gefühle intensiver Müdigkeit und Lustlosigkeit, Appetitverlust oder, im Gegenteil, enorme Fressanfälle, die Tendenz, sich sozial zurückzuziehen. Auch Schlafstörungen, schwer einschlafen können und viel zu früh aufwachen oder, umgekehrt, viel zu viel schlafen, sind Symptome. Des Weiteren Konzentrationsprobleme. Es gelingt Ihnen nicht oder kaum mehr, etwas zu lesen, einer Fernsehsendung zu folgen oder bei einem Gespräch zu bleiben. Außerdem ist Grübeln ein Symptom. Viele depressive Menschen haben die Erfahrung, dass immer dieselben Gedanken in ihrem Kopf herumwirbeln und sie fühlen sich unfähig, diese zu stoppen.

Charakteristisch sind auch Gefühle von Nutzlosigkeit, Wertlosigkeit und Minderwertigkeit. »Ich bin nichts, ich kann nichts, ich bin jedem eine Last.« Verständlich sind dann häufig auch starke Schuldgefühle oder Selbstvorwürfe. Todesgedanken, Todeswünsche oder Selbstmordgedanken sind Symptome einer Depression.

Bei bestimmten Depressionen können starke Angstgefühle auftreten, ohne dass man genau sagen kann, wovor man Angst hat. Auch Panikanfälle können ein Symptom von Depression sein. Ein Kennzeichen von Depression kann schließlich noch eine sehr starke Neigung zu Zweifeln sein, keine Entscheidungen mehr treffen zu können oder bloß noch mit großer Mühe.

Die Schwere der Symptome kann sich von Depression zu Depression unterscheiden, aber bei so gut wie allen Depressionen kommen sechs oder mehr der genannten Symptome vor.

Mitunter ist eine Depression so schwer, dass die betroffene Person in eine Psychose gerät. Er oder sie hat dann Wahnbilder oder Halluzinationen, in denen Dinge gesehen oder erlebt werden, die absolut nicht auf Tatsachen beruhen oder die für andere nicht wahrnehmbar sind. Ein Beispiel ist ein Patient, der sein Bett nicht mehr zu verlassen wagte, weil da ihm zufolge der Teufel drunter saß, der ihn packen und wegen seiner Sünden in die Hölle schleppen würde, sobald er den Boden beträte.

Bei ernsten Depressionen ohne Psychose können die Symptome viele Monate dauern, es sei denn, es gelingt, mittels einer bestimmten Behandlung die Depression aufzuhellen. Bei milderen Formen von Depression dauern die Beschwerden manchmal nur wenige Wochen.

Es gibt jedoch auch Personen, bei denen die Symptome jahrelang existieren oder sogar nie ganz verschwinden. Perioden, in denen es ihnen einigermaßen gut geht, wechseln dann mit mehr oder weniger schweren Phasen. In solchen Fällen spricht man von Dysthymie (chronischer Verstimmtheit), von einer depressiven Persönlichkeit oder einer depressiven Persönlichkeitsstörung.

Es ist gut zu wissen, dass Depression nach außen hin manchmal überhaupt nicht sichtbar zu sein braucht und sich hinter Eigentümlichkeiten, die scheinbar nichts mit Trübsinn zu tun haben, verbergen. Viele Depressive haben einen düsteren Gesichtsausdruck, der so starr oder unveränderlich sein kann, dass es scheint, als sei er aus Granit gehauen.

Umgekehrt haben manche Depressive wiederum ein mehr oder weniger vages Lächeln aufgesetzt. Das erweckt den Eindruck, als sei ihre Stimmung gut. Doch wenn man genau hinschaut, sieht man, dass auch das Lächeln in Wirklichkeit festgefroren auf dem Gesicht liegt. Es ist eine äußerliche Maske, hinter der sich der innere Trübsinn verbirgt. Psychologen sprechen in solchen Fällen darum auch von einer »maskierten« oder einer »lächelnden« Depression.

Depressive, die gleichzeitig ängstlich sind, sind oft in übertriebener Weise um ihre Gesundheit besorgt. Wenn sie bestimmte Wehwehchen oder Beschwerden haben, glauben sie schnell, ernstlich krank zu sein. Sie können dann so intensiv und »sachverständig« mit ihren körperlichen Beschwerden beschäftigt sein, dass andere, selbst Ärzte, nicht realisieren, dass diese eigentlich Symptome einer Depression sind und dass die Depression – nicht die körperlichen Beschwerden – behandelt werden muss.

Viele Depressive versuchen, ihre Traurigkeit, ihren Pessimismus und ihre Angst mithilfe von Alkohol oder anderen abhängig machenden Substanzen, wie weichen oder harten Drogen, zu vertreiben. Es ist deswegen wichtig, herauszufinden, ob jemand (die eigene Person mit eingeschlossen), der die Tendenz hat, in einer bestimmten Periode viel zu viel zu trinken oder zu kiffen, an einer Depression leidet.[12]

Über die Entstehung von Depressionen wurde ziemlich viel geforscht und es wurde und wird eine Menge darüber diskutiert. Auf der einen Seite gibt es eine Gruppe von Wissenschaftlern, die glauben, dass Depressionen vor allem biologisch bedingt sind. Die biologischen Ursachen werden vor allem in bestimmten Stoffwechselstörungen und in den Substanzen, die für die Weiterleitung von Nervenreizen im Gehirn verantwortlich sind, gesucht. Der Gebrauch von Antidepressiva, um die Störungen aufzulösen oder zu vermindern, ist dann die am besten geeignete Behandlungsform.

Auf der anderen Seite gibt es eine Gruppe Sachverständiger, die davon ausgeht, dass Depression (oder zumindest die meisten Ausprägungen von Depression) psychologische Ursachen hat. Darin spielen stress- oder verlustbehaftete Ereignisse und bestimmte Methoden, darauf zu reagieren, die Hauptrolle. So, wie die Sache nun aussieht, scheinen beide Gruppen zum Teil das Recht auf ihrer Seite zu haben. Psychologische Faktoren können biologische Veränderungen verursachen und sie können zusammen Depression bewirken. Und umgekehrt. Biologische Faktoren können psychologische Veränderungen verursachen und ihr Zusammenwirken kann, abermals, Depression sein.

Doch die Feststellung, dass biologische und psychologische Faktoren bei Depressionen eine Rolle spielen, ist natürlich nicht sehr überraschend. Als wichtiger erweist sich die Frage, um welche biologischen und psychologischen Faktoren es sich genau handelt und wie damit umgegangen werden muss. Entweder um Depression zu heilen oder zu lindern oder um sie zu verhindern.

Ich werde in diesem Buch vor allem über die psychologischen Charakteristika und Begleitumstände von Depression sprechen und dem damit einhergehenden emotionalen Schmerz. Meine berufliche und persönliche Erfahrung ist, dass deren Kenntnis und die Anwendung dieser Kenntnis – Wissen ist ja Macht – für die meisten Leute den Unterschied zwischen dem Gefühl von Hilflosigkeit/Hoffnungslosigkeit und realistischem Optimismus bedeuten kann. George Vaillant, der »Entdecker« von *Sasha*, hat diese Information in einem seiner Bücher sehr treffend ausgedrückt:[13] »Geistige Gesundheit bedeutet, angemessen auf Probleme zu reagieren, nicht die Abwesenheit von Problemen.«

5

Zum psychologischen Kern einer Depression

Wenn die »Lösung« für eine Depression, wie wir im letzten Kapitel sahen, zu einem Großteil im Erkennen und Umgehenlernen mit ihrer Psychologie liegt, was genau ist dann der psychologische Kern einer Depression? Einige Aspekte haben wir bereits kennen gelernt. Doch jetzt geht es darum, den gesamten Kern zu untersuchen und zu begreifen.

Man kann sich den psychologischen Kern am besten als ein aus drei konzentrischen Kreisen bestehendes Diagramm vorstellen.

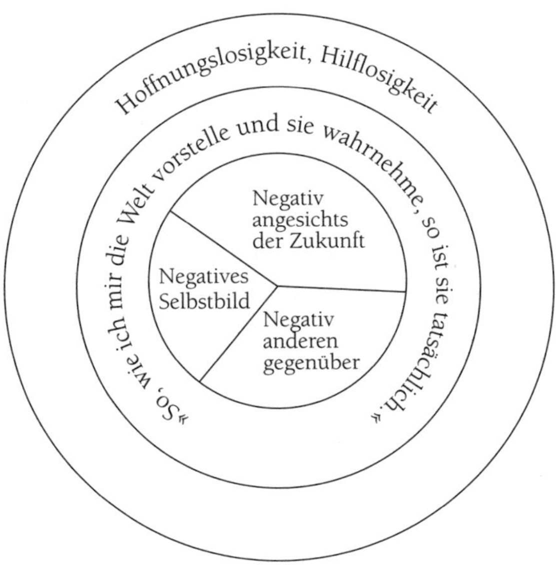

Im innersten Kreis, dem eigentlichen Kern, befinden sich drei Elemente, nämlich:

* ein negatives Selbstbild (Minderwertigkeitsgefühle, Selbstkritik, Misstrauen sich selbst gegenüber);
* ein negatives Bild von anderen (Angst vor Abweisung und Verlassenwerden, aber auch wenig Vertrauen in Bezug auf das, was sie einem bedeuten können, und den Wert, den sie einem beimessen, deswegen auch nicht selten feindselige Gefühle gegenüber anderen);
* ein negatives Bild, was die eigene Zukunft anbetrifft (und nicht selten auch die Zukunft der Gesellschaft oder der Welt).

Nochmals in aller Deutlichkeit: Die drei »Bilder« sind meist nicht bloße »Einbildungen«, das heißt Vorstellungen, die man selbst ersonnen hat, die jedoch in Wirklichkeit jeglicher Grundlage entbehren. Sehr oft verbergen sich unter oder hinter diesen Bildern Erlebnisse, die man mit Eltern, Partnern oder Kollegen teilte. Es gibt also häufig sehr verständliche oder sogar gute Gründe dafür.

Es ist normalerweise auch kein Drama, wenn Menschen wie auch immer geartete negative Vorstellungen von sich selbst, von anderen oder der Zukunft haben, solange sie offen bleiben für Einflüsse von außen. Für neue Erfahrungen oder Kontakte oder Anschauungen. Doch im Falle einer Depression sind die inneren Bilder meist verschüttet oder überhaupt nicht mehr zugänglich.

Das liegt daran, dass um den Zirkel, in dem sie sich befinden, ein zweiter Zirkel liegt. In dem zweiten Zirkel steht, wie in Stein gehauen, folgender Satz: So wie ich die Welt betrachte und empfinde, so ist sie tatsächlich.

Einer meiner depressiven Patienten drückte es mir gegenüber einmal treffend aus: »Ich denke, ich bin minderwertig, weil ich es bin.«

Kennzeichnend für eine Depression ist, dass man nicht (in ausreichendem Maße) fähig ist, die eigenen Vorstellungen zu relativieren. Das Wort »relativieren« muss man wörtlich nehmen. In einer Depression ist man nicht mehr in der Lage, Zugang zur eigenen Vorstellungswelt zu finden. Eine Beziehung kann man einfach beenden, aber für einen depressiven Menschen sind das keine Vorstellungen. Für ihn sind es Tatsachen. Demzufolge kann er die Identifikation mit seinen inneren Bildern auch nicht einfach so beenden. Er kann ihnen kein »Nein« entgegensetzen.

Deswegen bleibt das »Nein« anderer (»das, was du denkst, stimmt einfach nicht«, »du siehst das viel zu pessimistisch«) auch oft ohne Einfluss.

Es kommt natürlich öfter vor, dass Leute die Welt, so, wie sie sie wahrnehmen und empfinden, mit der »objektiven« Welt verwechseln. Für jemand, der verliebt ist, ist beispielsweise – wir sprachen hierüber bereits an anderer Stelle – der andere wirklich der Einzige, mit dem er oder sie jemals glücklich werden kann. Doch außer, dass die betreffende Person dann keine Schwierigkeiten mit den eigenen Vorstellungen im innersten Zirkel der Depression zu haben braucht und meist auch nicht hat, unterscheidet sie sich auch noch in anderer Hinsicht. Sie wird sich meist aktiv bemühen, den Geliebten zu erobern, an sich zu binden. Dies tut die depressive Persönlichkeit zumeist nicht. Sie wird nicht aktiv. Sie bleibt vor allem passiv. Der Grund hierfür ist der dritte und äußerste Zirkel. Darin stehen zwei Worte: Hoffnungslosigkeit und Hilflosigkeit. Hoffnungslosigkeit wurde von einem meiner Kollegen einmal umschrieben als »das Gefühl, dass dieses Gefühl nie wieder weggeht«. Hilflosigkeit ist das Gefühl, dass ich oder andere nichts tun können, um dieses Gefühl verschwinden zu lassen. Es ist im Grunde das Gleiche wie das, was wir zuvor »Kontrollverlust von Empfindungen und Gedanken« genannt haben. Doch ist es eigentlich richtiger, vom »Glauben, keine

Kontrolle über Empfindungen und Gedanken zu haben«, zu sprechen.

Auf diese Weise wird verständlich, warum Depressionen unter bestimmten Umständen eine so gefährliche Krankheit sind. Denn manchmal entdeckt jemand, der depressiv ist, dass er nicht gänzlich hilflos ist. Dass es einen Weg gibt, mit einem Schlag die Kette des äußersten Zirkels zu durchbrechen. Ein Selbstmord im Fernsehen, in der Zeitung oder der unmittelbaren Umgebung löst bei depressiven Menschen nicht selten eine existenzielle Krise aus, wodurch sich die Kräfte vom Kern aus plötzlich einen Weg nach außen bahnen können. Ein darauf folgender Selbstmord oder Selbstmordversuch ist häufig die Folge.

Die »Rettung« für Depressive liegt demnach nicht im Folgen des Wegs von außen nach innen, sondern im Folgen des Wegs von innen nach außen. Im »Nein« sagen lernen gegenüber negativen Gefühlen in Bezug auf sich selbst, auf die Minderwertigkeitsgefühle. Im »Nein« sagen lernen gegenüber den negativen Gefühlen im Hinblick auf andere; zumindest, insoweit die Gefühle allgemeiner Art sind. Und meist auch im »Nein« sagen lernen gegenüber negativen Gefühlen hinsichtlich der eigenen Zukunft oder der der Welt. Doch geben Sie Acht, was diesen letzten Punkt betrifft: »meistens«. Nicht immer.

Die Ehrlichkeit gebietet mir, zu sagen, dass für einige Leute die Zukunft einfach hoffnungslos, aussichtslos ist. Sie sind zu Recht traurig darüber, leiden darunter. Und zu Recht beschließen sie in einem bestimmten Augenblick, dass es genug gewesen ist, dass sie nicht weiter leben wollen. Auch das ist »Nein« sagen.

Worum es geht, auch dann, ist, dass sie würdig, dass sie auf gute Weise aus dem Leben scheiden können. Ohne Minderwertigkeitsgefühle sich selbst oder Feindseligkeit anderen gegenüber. Selbstmord, ohne depressive Gefühle, ohne innere Aufgelöstheit, mit an der Wirklichkeit orientierter Hoffnungslosigkeit, was die Zukunft betrifft? Ist das möglich? Ja, das ist möglich, wie wir später noch sehen werden.

Doch zum Glück ist in viel mehr Fällen auch das negative Gefühl angesichts der Zukunft nicht wirklich, nicht unnötigerweise hoffnungslos. Worauf es dann ankommt, ist, auch diesem Gefühl gegenüber »Nein« sagen zu lernen. Aber das geht natürlich nur, solange man noch lebt. Im direkten und im übertragenen Sinne gibt es bloß Hoffnung, solange es noch Leben gibt (obwohl das Umgekehrte nicht wahr ist, nämlich dass es dort, wo Leben ist, immer auch Hoffnung gibt). Die erste Frage, die wir uns demnach stellen müssen, ist die folgende: Wie hält man den Selbstmord auf Abstand, solange nicht klar ist, ob die Zukunft tatsächlich aussichtslos ist?

Lassen Sie uns deshalb erst einmal über eine Frage sprechen, mit der das folgende Kapitel beginnt.

6

Was macht man, wenn man selbst oder jemand, der einem lieb ist, aus dem Leben scheiden will?

»Warum will sich jemand selbst umbringen?«, fragt sich Klaus Mann, der Sohn des großen deutschen Schriftstellers Thomas Mann, in seiner Autobiografie *Der Wendepunkt*.[14] Um darauf selbst die Antwort zu geben: »Weil man die nächste halbe Stunde, die nächsten fünf Minuten nicht mehr ertragen will, nicht mehr ertragen kann. Plötzlich befindet man sich auf einem toten Punkt, dem Todespunkt. Die Grenze ist erreicht ...«

Selbstmord oder Selbstmordversuch ist ein Versuch, eine als unerträglich empfundene Situation zu beenden, begangen in einer Gemütsverfassung, in der es keine Rolle mehr spielt, ob alles wirklich verloren, wirklich aussichtslos ist. Es ist bloß noch das Gefühl der Hoffnungslosigkeit, das zählt. Das Gefühl ist meist von kurzer Dauer – eine Stunde, ein paar Stunden, einen Abend, vielleicht ein paar Tage –, doch für einige unter uns ist das so schwer, dass sie tatsächlich bis zum Äußersten gehen, um sich davon zu befreien. Manchmal dauert die Hoffnungslosigkeit auch lange, Monate oder Jahre.

Jedes Jahr nehmen sich weltweit etwa 1 Million Menschen das Leben. In Deutschland sind es jährlich zwischen 11.000 bis 12.000, in den Niederlanden ungefähr 1.500 pro Jahr. Aber eine solche Zahl sagt für sich genommen nicht so viel. Denn die Anzahl der Menschen, die einen Selbstmordversuch unternehmen, ist um ein Vielfaches höher: Pro Jahr sind es 15 bis 20 Millionen, allein in Deutschland ca. 200.000 Menschen pro Jahr. Glücklicherweise sterben sie (meistens) nicht. Demzufolge sterben »nur« vier oder fünf von hundert Menschen, die einen Versuch unternehmen, an dessen Folgen.

Wie steht es mit den fünfundneunzig anderen? Meist nehmen sie früher oder später ihr früheres Leben wieder auf. Finden sie einen Grund – eine Beziehung, ein Projekt –, um weiterzumachen. Ihr Selbstmordversuch war eine Explosion aufeinander gestapelter Frustrationen, Wut, Enttäuschung, Trauer über den Zustand der Welt, über andere. Eine Sicherung, die durchbrennt, woraufhin es einen Moment lang dunkel wird. Meist dauert es ein Weilchen, bevor wir erkennen, was genau geschehen ist und wie wir das Licht wieder ankriegen. So ein »Kurzschluss« erweist sich oft am Ende als überhaupt nicht so schlecht, denn wir entdecken dadurch beispielsweise, dass zu viel Spannung auf dem »Beziehungsnetz« stand oder dass wir oder andere aus unserem Bekanntenkreis in mancher Hinsicht gefährliche Dinge taten. Es gibt nichts Schmerzhafteres, als miterleben zu müssen, dass wir, ohne wirklich achtsam gewesen zu sein, die Spannung zwischen uns und anderen so sehr haben anwachsen lassen, dass der Schlag, wenn er kommt, sofort tödlich ist. Vermutlich kennen Sie jemanden, der seinem Leben selbst ein Ende gesetzt hat. Dann wissen Sie auch, wie ungeheuer weh es tun kann, an die Person zu denken, sie sich zu vergegenwärtigen. Als würde in Ihrem Herzen ein Messer einmal herumgedreht. Schon dieses Gefühl ist Grund genug, fähig sein zu wollen, anderen zu helfen (einschließlich uns selbst), wenn wir oder andere aus unserem Bekanntenkreis ernsthaft an Selbstmord denken.

An Selbstmord denken ist normal

Über Selbstmord nachzudenken ist normal. Unzählige Menschen haben einmal oder mehrmals in ihrem Leben derartige Gedanken, meist in Augenblicken, in denen sie sich unglücklich fühlen, etwas Schlimmes erleben. Das bedeutet noch lange nicht immer, dass sie sich selbst etwas antun wollen oder dass sie sterben wollen oder für immer der Welt Adieu sagen wollen.

Das Spiel mit dem Gedanken an Selbstmord ist meist so etwas, wie mit der Idee zu spielen, wie (einfach) es wäre, wenn man einen Augenblick lang alles, was geschieht, nicht erleben müsste, wie die Welt aussähe, wenn man selbst nicht mehr dabei wäre, wie andere sich dann fühlen würden. Solche Gedanken kommen meist dann in uns auf, wenn es uns schlecht geht, wenn alles misslingt, wenn uns etwas Schlimmes oder Enttäuschendes zugestoßen ist. Manche Leute erschrecken über sich selbst, wenn sie merken, dass sie an »etwas so Bizarres« wie Selbstmord denken. Doch eigentlich ist es ganz normal, wenn man einen Ort, an dem es einem nicht gut geht, verlassen will oder seinem Schmerz entlaufen will und dabei an unterschiedliche Fluchtwege – unter anderem Selbstmord – denkt. Und ebenso begreiflich ist es, daran zu denken, eine Bank auszurauben, wenn man Geld braucht. Zwischen dem Gedanken an einen solchen Extremismus und der wirklichen Tat klafft für die meisten von uns ein so tiefer Abgrund, dass wir glücklicherweise meist darauf verzichten. So verhält es sich auch mit dem Gedanken an Selbstmord.

Aufmerksamkeit ist erst dann geboten, wenn der Gedanke an Selbstmord oder Suizid in regelmäßigen Abständen zurückkehrt, wenn wir ihn weiterspinnen, wenn wir anfangen, darüber nachzudenken, wie, wo und wann wir ihn möglicherweise ausführen werden und uns während dieses Prozesses anderen gegenüber stets mehr verschließen. Je häufiger wir dies tun, desto mehr kann der Gedanke von uns Besitz ergreifen und die Möglichkeit kreieren, unsere Erlebniswelt zu beherrschen. Deshalb gehen schwere Depressionen und ernsthafte Selbstmordgedanken oft Hand in Hand. Denn Depression ist ein Zustand, in dem Sie nicht oder kaum offen sind für das, was die Welt Ihnen zu bieten hat. Jemand, der depressiv ist, ist in sich gekehrt, hat wenig oder keinen Kontakt mehr zu seiner Umgebung, hat auf nichts Lust und sieht demzufolge auch keinen Sinn, keine Alternativen mehr. So kann der Gedanke entstehen, dass das einzig »Sinnvolle«, was zu tun ist, darin besteht, ein Ende zu machen. Je mehr Sie davon überzeugt sind und je mehr Sie die Welt mit den Augen jemandes sehen, der tatsächlich doch weggeht, desto weniger Sinn bekommen die verschiedenen Dinge (Ihre Arbeit, Ihre Ausbildung, Verabredungen, um mit anderen etwas zu unternehmen, zum Beispiel in Urlaub fahren). Sie befinden sich auf dem Rückzug und während Sie dies tun, wird der Abstand zwischen Ihnen und der Welt immer größer.

Manchmal kann das Gefühl, dass stets mehr Verbindungsdrähte abreißen, so beängstigend werden, dass das Bedürfnis, doch noch etwas mit anderen zu teilen, so groß wird, dass Sie in einen Zustand verzweifelter Panik geraten. Die Tendenz, dann etwas zu schlucken – zum Beispiel eine Überdosis Tabletten –, um so eine Art Notsignal »Hilf mir, ich will sterben« auszusenden, kann beinahe unbeherrschbar groß werden. Aber bitte, versuchen Sie, bevor Sie dies tun, erst noch ein anderes, deutlicheres Notsignal auszusenden. Sagen Sie jemandem, dem Sie vertrauen, genau dies: »Hilf mir, ich will sterben.«

Ich selbst habe einmal, als ich sechzehn war und eine Zeit lang absolut nicht mehr wusste, wie es weitergehen sollte, in einer Schule eine Fensterscheibe eingeschlagen. Das führte zu einer solchen Bestürzung, dass ich anschließend mit jemandem ins Gespräch kam, der mich dazu brachte, mein Herz auszuschütten. Ich sage nicht, dass Sie nun überall Fensterscheiben einschlagen sollen; ich sage lediglich, dass es andere, konstruktivere Signale auszusenden gibt als einen Selbstmordversuch.

Sie sind nicht verrückt, wenn Sie an Selbstmord denken; Sie sind nicht verrückt, wenn Sie anderen zu verstehen geben, dass Sie nicht mehr für sich selbst einstehen können. Sie sind es, wenn Sie es andere nicht wissen lassen, dass es Ihnen schlecht geht. Sie haben Recht, wenn Sie sagen, dass Sie nicht um dieses Leben gebeten haben. Aber bedenken Sie, dass andere, Ihre Eltern, Ihr Partner, Ihre Kinder auch nicht um ihr Leben gebeten haben. Und Sie machen auch einen Teil Ihres Lebens aus und was Sie tun, beeinflusst auch ihr Leben. Im Falle eines Selbstmords geschieht das auf eine Weise, um die sie nicht gebeten haben und die schwierig für sie zu bewältigen ist. Denn was sie auch noch mit Ihnen oder für Sie hätten tun wollen, es bleibt ungetan.

Sie haben Recht, wenn Sie sagen, dass es unsinnig ist, das eigene Leben fortzusetzen, ausschließlich weil andere das von einem verlangen. Aber es ist auch unsinnig, wenn Sie anderen keine Möglichkeit geben, Ihnen Gründe zu liefern, durch die Sie auf eine für Sie sinnvolle Weise weiterleben können. Und das ist natürlich bloß möglich, wenn Sie deutlich angeben, was Sie vorhaben.

Es gibt Menschen, die denken, dass sie, wenn sie schon in ihrem Leben nichts gut beherrschen, auf jeden Fall durch dessen Beendigung noch eine große Tat vollbringen. So im Sinne von: »Ende gut, alles gut.« Ihrem Gefühl nach ist das einzig Vernünftige, was ihnen noch zu tun bleibt, Folgendes: auf eine gute, sorgfältige Weise ein Ende machen. Es wird dann gewissermaßen die heroische Tat ihres Lebens. Allerdings ist mit dem Akt des Selbstmords zumeist nichts Gutes oder Heroisches verbunden.

7

Selbstmord als Fiasko

Selbstmord ist meist (übrigens nicht immer!) die Folge eines Scheiterns. Was scheitert, ist der Aufbau von Selbstvertrauen, von befriedigenden Beziehungen, und das Erleben positiver Erfahrungen im Kontakt zu anderen Menschen. Mit Menschen, die häufig durchaus »geben, glauben und lieben« wollten und könnten, die jedoch meist scheitern, selbst zu erfühlen, in welch emotionalem Zustand sich andere befinden.

Die meisten Leute aus dem Bekanntenkreis eines Menschen, der mit dem Gedanken an Selbstmord spielt, sind nicht schlecht oder böswillig. Sie sind oft nur so furchtbar mit sich selbst beschäftigt (mit ihrer Arbeit, ihrem Sport, ihren elektronischen Spielchen, ihrem Äußeren, ihren Einkäufen, ihren eigenen Problemen), dass ihnen kaum Zeit und Energie übrig bleibt, sich auch noch emotional in andere hineinzuversetzen. Sie werden sich der emotionalen Vernachlässigung meist erst dann bewusst, wenn etwas schief zu gehen droht. Aber selbst dann dauert es oft noch ziemlich lange, bevor sie auf gute Weise »Kontakt machen«, und während einer Krise kann man, darf man manchmal nicht darauf warten. Deshalb ist es in vielen Fällen ratsam, so rasch wie möglich professionelle Hilfe aufzusuchen.

Erste Hilfe im äußersten Notfall

Wenn Sie sich wirklich sehr elend fühlen oder mit dem Gedanken spielen, Ihr Leben zu beenden, sind Sie möglicherweise nicht in der Stimmung, ein ganzes Buch zu lesen. Lesen Sie dieses Kapitel, schlagen Sie anschließend das Inhaltsverzeichnis auf und lesen Sie die Texte, die auf Sie und Ihre Situation zutreffen. Ziehen Sie dann jemanden ins Vertrauen. Sagen Sie nicht, dass niemand da ist, denn in der Realität gibt es immer jemanden, wenn Sie nur selbst den ersten Schritt wagen. Sprechen Sie über das, was Sie beschäftigt. Das ist wichtig, auch wenn Sie verschiedene Leute ansprechen müssen, bevor Sie die Reaktion bekommen, die für Sie gut ist. Versuchen Sie es erst bei Ihrem Partner, einem Freund oder einer Freundin oder bei Ihren Eltern, notfalls auch denen eines anderen, auch dann, wenn Sie davon überzeugt sind, dass sie Sie nicht verstehen. Gehen Sie dann zu jemandem, mit dem Sie vertraulich sprechen können, einem Arzt, einem Lehrer, Mentor, Geistlichen, oder rufen Sie den telefonischen Notdienst an oder einen anderen Hilfsdienst. Die dort anwesenden Menschen werden mit Sicherheit reagieren.

Beginnen Sie einfach, indem Sie sagen: »Helfen Sie mir, ich fühle mich wirklich furchtbar schlecht.« Dies ist der erste Schritt, um Rettung zu finden: jemanden zu finden, der so reagiert, wie es für Sie im Augenblick am besten ist. Übrigens spielt es absolut keine Rolle, ob Sie diesen Rat bereits früher erhielten und er Ihnen damals nicht half. Diesmal könnte er Ihnen sehr wohl helfen. Und außerdem ist die Zeit auf Ihrer Seite. Mit der Zeit werden Sie Ihre Meinung in Bezug auf alle Dinge verändern.

Vor allem wenn Sie die Zeit nutzen, um jemanden zu treffen, der bereit ist, Sie bei der Hand zu nehmen und Ihnen zu zeigen, dass das, was Sie bedroht, nicht nur von außen, sondern (oft) auch von innen kommt. Oft weinen oder flüchten wir vor den Dingen, die unsere eigene Vorstellung uns eingibt. Vielleicht verstehen Sie besser, was ich hiermit sagen möchte, wenn Sie die folgende Geschichte gelesen haben.

DER HASE UND DER BUDDHA[15]

Ein Hase saß eines Tages unter einem Mangobaum und schlief. Plötzlich hörte er ein lautes Geräusch. Er glaubte, das Ende der Welt sei gekommen, und begann zu laufen. Als die anderen Hasen ihn laufen sahen, fragten sie: »Warum rennst du so schnell?« Er antwortete: »Die Welt geht unter.« Als sie dies vernahmen, schlossen sich alle seiner Flucht an. Als das Wild die Hasen laufen sah, fragten die Tiere: »Warum rennt ihr so?«, und die Hasen antworteten: »Die Welt geht unter«, worauf das Wild mitzulaufen begann. So gesellte sich eine Tiergattung nach der andern zu den schon rennenden Tieren, bis das ganze Tierreich auf panischer Flucht war, die mit seinem Untergang hätte enden müssen.

Als Buddha, der damals als weiser Mann lebte – eine seiner vielen Daseinsformen –, die Tiere in ihrer Panik rennen sah, fragte er die der letzten Gruppe, die sich der Flucht angeschlossen hatte, warum sie so rannten. »Weil die Welt untergeht«, sagten sie. »Das kann nicht wahr sein«, entgegnete Buddha. »Die Welt geht nicht unter. Lasst uns herausfinden, warum sie das glauben.« Nun forschte er bei einer Gattung nach der anderen nach und folgte der Spur des Gerüchts zurück bis zum Wild und schließlich zu den Hasen. Als diese ihm sagten, sie liefen, weil die Welt untergehe, fragte er, welcher bestimmte Hase ihnen das gesagt habe. Sie zeigten auf den einen, der diese Aussage gemacht hatte, und Buddha wandte sich zu ihm und fragte: »Wo warst du und was tatest du, als du dachtest, die Welt ginge unter?« Der Hase antwortete: »Ich saß unter einem Mangobaum und schlief.« – »Wahrscheinlich hast du eine Mangofrucht fallen hören. Das Geräusch weckte dich und du bekamst Angst und glaubtest, die Welt gehe unter. Wir wollen zu dem Baum zurückgehen, unter dem du saßest, und nachsehen, ob es so war.« Und sie gingen beide zu dem Baum. Da sahen sie, dass wirklich eine Mangofrucht herabgefallen war, wo der Hase gesessen hatte. So bewahrte Buddha das Tierreich vor dem Untergang.

Das Leben ist dazu da, um darüber nachzudenken

Die Geschichte vom Buddha und dem Hasen sollten Sie nicht interpretieren im Sinne von: »Es ist meine eigene Schuld, dass ich ängstlich oder depressiv bin.« Oder im Sinne von: »Die Ursache meines Unglücks bin ich selbst.« Interpretieren Sie sie als eine wichtige *second opinion*, die Notwendigkeit, mit den Augen anderer auf die eigene Situation zu schauen und zu sehen, ob noch andere Reaktionen oder alternative Lösungen möglich sind. Nicht selten werden Sie herausfinden, dass Ihre Wahl von voreiligem Pessimismus zeugt.

Es ist übrigens auch sehr gut möglich, dass Ihr Blick auf das Leben realistischer ist als die optimistische Sicht der Leute Ihrer Umgebung. Es geschieht zuweilen, dass andere uns eine Welt vorspiegeln, die rosiger ist als die Wirklichkeit.

Viele Eltern sagen zu ihren Kindern: »Es ist mir egal, was du mit deinem Leben anstellst, solange du bloß glücklich bist.« Wir sind nicht immer sicher, ob sie das wirklich so meinen, aber sie sagen es oft. Unsere Freunde, Bekannten und Kollegen grüßen uns häufig mit den Worten: »Na, wie geht's? Alles o. k.?« Was können wir dann anderes antworten als: »Ja, mit dir auch?«

Anzeigen probieren uns davon zu überzeugen, dass Produkte uns glücklich machen und von den Top-40 bekommen wir zu hören, *Life is Life* und *Don't worry be happy*.

Im Grunde genommen läuft es aber anders im Leben. Manchmal ist das Leben kein Leben, ist es voller Rückschläge, Enttäuschungen: Menschen, die wir lieben, sterben oder ziehen weg, es gibt schwere Krankheiten, ausgedehnte Schlechtwetterperioden, Untreue, Verrat, Minderwertigkeitsgefühle und Verzweiflung, Zeiten, in denen wir bloß noch verstört ausrufen können: »Warum ich?«, und wir uns in einem Pfuhl von Selbstmitleid wälzen. Doch die meisten Leute finden Wege, um mit derartigen deprimierenden Erfahrungen umzugehen, und überzeugen sich davon, dass bessere Zeiten kommen werden, selbst wenn das im Moment der Krise absolut nicht so aussieht.

Lassen Sie uns noch einmal die Unterschiede zwischen normaler Deprimiertheit und Depression der Reihe nach durchgehen.

Normale Deprimiertheit, die nicht in eine längerfristige Depression mündet, ist die Folge eines zerrüttenden Ereignisses, von etwas, was falsch gelaufen ist. Manchmal stellt sich heraus, dass das, was »verkehrt« ging, allein Ihrer Sicht auf ein Ereignis entsprach, Ihrer persönlichen Perspektive. Beispielsweise hatten Sie den Eindruck, dass Ihr Freund oder Ihre Freundin Sie betrog oder sich hinter Ihrem Rücken von Ihnen abwandte, und später fanden Sie heraus, dass dies nicht der Wahrheit entsprach. Sol Gordon sagte es folgendermaßen: »Normale Depressionen halten nicht sehr lange an. Die Trauer, die Sie nach dem Tod eines geliebten Menschen empfinden, kann scheinbar eine Ewigkeit dauern, aber wenn alles in Ordnung ist, akzeptieren Sie, dass Ihre Freunde, Eltern oder Kinder Ihnen zur Seite stehen und Sie trösten. Auch wenn Sie sich insgesamt schlecht fühlen, reagieren Sie mit der Zeit auf liebevolle Aufmerksamkeit und Unterstützung.«

Depressions-Sticker

Wenn Sie unter Depressionen leiden, tragen Sie in Ihrem Kopf gleichsam eine Art Druckpresse mit herum, die immer dieselbe Botschaft auf einen Sticker abdruckt. Die Botschaft lautet etwa folgendermaßen: »Das hat doch alles keinen Sinn.« »Ich habe schon so viel ausprobiert und es bringt alles nichts.« »Es geht ihnen ohne mich besser als mit mir.« »Der Mann hat leicht reden, aber er müsste einmal mitmachen, was ich mitmache.« Was andere Ihnen auch an Vorschlägen und Ratschlägen empfehlen mögen, Sie haben die Neigung, immer einen schwarzen Sticker darauf zu kleben.

Wenn Sie dies lesen, denken Sie möglicherweise auch: Einfach gesagt, aber was soll ich damit, es hat doch sowieso alles keinen Sinn mehr? Geben Sie Acht! In einem solchen Fall haben Sie ebenfalls so einen Sticker auf diese Seite oder dieses Buch geklebt. Und vielleicht schlussfolgern Sie nun gleich: »Jetzt ist das alles auch noch meine Schuld, dass ich mich so fühle.« Wenn Sie das denken, kleben Sie einen weiteren Sticker auf meinen vorletzten Satz. Vielleicht haben Sie das Gefühl, dass Sie in diesem Moment nicht anders können, dass Ihr Kopf nicht anders kann, als solche »selbstsabotierenden« Botschaften zu verbreiten. Dies könnte durchaus der Wahrheit entsprechen. Bitten Sie deswegen einen anderen, Sand zwischen die Räder der Druckpresse zu streuen. Jeder, der lebensmüde ist und Selbstmordgedanken hat, benötigt auf die eine oder andere Weise professionelle Hilfe und manchmal auch Medikamente. Doch Psychologen, Psychiater oder andere Sachverständige können einem Depressiven oft nicht genügend helfen, ohne die Hilfe von Freunden bzw. der Familie. Deswegen will ich jetzt vor allem über das, was sie tun können, sprechen.

Was macht man, wenn jemand, der einem nahe steht, Selbstmordabsichten hat?

Was tun Sie, wenn jemand, den Sie kennen, sagt, er wolle sich umbringen? Möglicherweise ist es jemand, den Sie mögen und der sich Ihnen anvertraut hat.

Befolgen Sie die Ratschläge Sol Gordons: »Seien Sie sich bewusst, dass Sie sich nicht ohne weiteres auf Ihr eigenes Urteil verlassen können, um zu entscheiden, ob derjenige es ernst gemeint hat oder nicht. Es ist gefährlich, wenn Sie Ihre Reaktion auf Gedanken gründen wie:

* Dafür ist er nicht der Typ.
* Sie macht das bloß, um die Aufmerksamkeit auf sich zu lenken.
* Ich kann nicht glauben, dass er so etwas ernst meint.
* Leute, die darüber reden, tun es nicht.
* Wenn sie es wirklich will, kann ich daran doch nichts ändern.

Machen Sie es anders. Argumentieren Sie nicht länger und versuchen Sie nicht zu beweisen, dass, was er oder sie tut, Unsinn ist, irreal ist, oder dass ›man so etwas einfach nicht tut‹«.

Öffnen Sie stattdessen dem andern Ihr Herz und hören Sie ihm zu, auch wenn Sie Angst haben vor dem, was Sie dann zu hören bekommen. Bitten Sie die betreffende Person, Gefühle und Probleme mit Ihnen durchzusprechen. Versuchen Sie vor allen Dingen, gut zuzuhören, und machen Sie deutlich, dass Sie bereit sind, den anderen verstehen zu wollen:

* Willst du mir erzählen, was passiert ist?
* Vielleicht hilft es dir und bringt es dir Erleichterung, wenn du mir erzählst, wie du dich fühlst.
* Wie lange geht es dir schon so schlecht?

Manchmal gelingt es nicht auf Anhieb, ein Gespräch in Gang zu bringen. Ermutigen Sie dann den anderen weiterhin:

* Es fällt mir auf, dass du in letzter Zeit unglücklich aussiehst.
* Wenn ich dich hier so sitzen sehe, bekomme ich den Eindruck, dass du die Probleme nicht mehr allein bewältigst.
* Es sieht so aus, als hättest du es in letzter Zeit sehr schwer gehabt.
* Was stört dich?
* Es scheint, als wärst du in letzter Zeit nicht mehr du selbst.
* Auch wenn deine Probleme etwas mit mir zu tun haben, werde ich versuchen, dir zuzuhören, ohne dich zu unterbrechen.

Auch wenn Sie merken, dass der andere eigentlich nicht reden will, bleiben Sie weiterhin offen. Fragen Sie mit Nachdruck, ob er daran denkt, sich selbst etwas anzutun:

* Geht es dir so schlecht, dass du glaubst, es nicht länger aushalten zu können?
* Hast du schon einmal daran gedacht, Selbstmord zu begehen?

Wenn die Antwort auf die letzte Frage »Ja« lautet, seien Sie dann nicht ängstlich, ausführlich über eventuelle Selbstmordabsichten zu sprechen. Selbstmord wird wirklich nicht provoziert, indem man offen darüber redet. Über Selbstmordgedanken zu sprechen, sie einem anderen anzuvertrauen, kann Erleichterung bringen. Fragen Sie also »ruhig«, wie die genauen Pläne aussehen. Je genauer der Plan, umso größer das Risiko, dass er auch tatsächlich ausgeführt wird.

SIGNALE

Oft geben Leute, die einen Selbstmordversuch unternehmen, vor dem Versuch genau an, wie hoffnungslos und hilflos sie sich fühlen. Doch auch wenn sie zuvor nichts andeuten, können Sie häufig an ihrem Verhalten spüren, dass der Tod als einziger Ausweg betrachtet wird oder dass Selbstmordpläne vorhanden sind. Bei einigen Leuten entwickelt sich der Plan ganz allmählich. Bei anderen, vor allem bei impulsiven Jüngeren oder Leuten, die sehr viel Alkohol oder Drogen konsumieren, wird der Entschluss, Selbstmord zu begehen, häufig sehr abrupt genommen. Sie können, indem Sie auf das Verhalten eines Freundes oder einer Freundin richtig reagieren, helfen, einen Selbstmordversuch zu verhindern.

Welche Äußerungen können aufschlussreich sein?

In erster Linie Äußerungen, die sich direkt auf Todeswünsche oder Selbstmordgedanken beziehen:

* Ich wünschte, ich wäre tot.
* Es läuft doch immer alles falsch, was habe ich eigentlich noch hier zu suchen?
* Ich ertrage es nicht mehr.
* Über mich brauchst du dir bald keine Sorgen mehr zu machen.
* Ich würde gern schlafen und nie wieder aufwachen.
* Manchmal denke ich, dass es besser für mich ist, einfach Schluss zu machen.
* Wenn ich tot bin, wird es ihnen (euch) noch Leid tun, wie sie (ihr) mich behandelt haben (habt) ...

Welche Verhaltensweisen können wichtig sein?

* Eine düstere, depressive, gedrückte Stimmung
* Die Neigung, Beziehungen abzubrechen
* Die Neigung, sich an Dingen, die er oder sie früher gern getan hat, nicht mehr zu erfreuen
* Stiller als zuvor zu sein und Gespräche zu meiden
* Das Weggeben persönlicher Dinge, die für ihn oder sie früher wertvoll waren
* Die Tendenz, sich in bestimmten Situationen aggressiv, feindselig und unangepasst zu verhalten oder sogar mit anderen eine Schlägerei anzufangen
* Die Tendenz, wirre, unlogische oder unvernünftige Dinge zu sagen
* Die Tendenz, Körper und Kleidung zu vernachlässigen
* Rasches Abnehmen bzw. Zunehmen
* Die Neigung, wegzulaufen
* Häufig von kleinen Unfällen betroffen sein und die Tendenz, unverantwortliche Risiken einzugehen
* Alkohol- und Drogenmissbrauch

In der Schule und auf dem Arbeitsplatz treten häufig gleichzeitig Veränderungen auf:

* Leistungsverschlechterung
* Häufigere Abwesenheit
* Schlechtes Konzentrationsvermögen, mangelhafte (Haus-) Arbeit, Schlafen oder Dösen
* Aggressiveres und unangepassteres Verhalten gegenüber Mitschülern bzw. Kollegen
* Das Schreiben eines Aufsatzes zum Thema Tod bzw. Selbstmord und die Faszination für Bücher, Filme oder Lieder, die von Tod bzw. Selbstmord handeln

Bei jedem Menschen mit Suizidabsichten wird in einem bestimmten Augenblick irgendeine der oben genannten Verhaltensweisen vorkommen. Es ist erst ein Grund zur Sorge, wenn mehrere Symptome gleichzeitig auftreten, wenn sie länger anhalten und wenn die Symptome das gesamte Leben beeinflussen. Meist gibt es dann auch deutlich erkennbare Probleme im Leben des anderen. Achten Sie darauf und nehmen Sie eventuelle Signale ernst.

WIE REAGIERT MAN AM BESTEN?

Neben dem Reden über Hintergrundprobleme ist es ebenfalls wichtig, nach konkreten Selbstmordplänen zu fragen. Stellen Sie die folgenden Fragen:

* Wie beabsichtigst du es zu tun?
* Wann willst du es tun?
* Wo willst du es tun?
* Hast du die Medikamente, um es zu tun (Tabletten oder anderes)?
* Hast du so etwas schon früher einmal gemacht? (Ein früherer Versuch ist ein wichtiger Hinweis für einen möglichen neuen Versuch.)

Schenken Sie während des Gesprächs dem Betreffenden weiterhin Aufmerksamkeit und bleiben Sie konzentriert. Machen Sie deutlich, dass Sie helfen wollen, für die Probleme eine Lösung zu finden. Es kann den anderen beruhigen, dass Sie über seine Gefühle von Hoffnungslosigkeit/Hilflosigkeit sprechen wollen und dass Sie mithelfen möchten, professionelle Hilfe zu finden.

Wenn Sie spüren, dass es dem andern sehr schlecht geht, lassen Sie ihn dann nicht allein. Manchmal kommen Sie in die Situation, jemandem helfen zu müssen, der selbstmordgefährdet ist und der jegliche Unterstützung ablehnt. In einem solchen Fall sorgen Sie selbst für Hilfe. Haben Sie keine Angst, nicht loyal zu sein. Viele Leute, die selbstmordgefährdet sind, haben die Hoffnung (zumindest zeitlich) aufgegeben. Sie glauben nicht mehr, dass ihnen jemand helfen kann. Sie haben das Gefühl, dass Hilfe sinnlos ist. Die Wahrheit lautet, dass ihnen meist doch geholfen werden kann. Die meisten unter uns, die heute Selbstmordgedanken haben, finden morgen, übermorgen, eines Tages ... wieder Möglichkeiten, ihrem Leben Sinn zu verleihen.

Aber in dem Augenblick, in dem sie sich absolut hoffnungslos fühlen, ist ihr Beurteilungsvermögen unzulänglich. In diesem Moment ist es an Ihnen, Ihr Beurteilungsvermögen einzusetzen, zu schauen, dass sie die Hilfe bekommen, die sie benötigen. Was jetzt wie ein Mangel an Loyalität oder ein Vertrauensmissbrauch aussehen kann, kann sich letztlich tatsächlich als Geschenk des Lebens herausstellen.

Manchmal müssen Sie einfach den Mut aufbringen, für kurze Zeit das Kommando über das Leben eines anderen zu übernehmen. Nicht, um ihn für unmündig zu erklären, zu zwingen, etwas zu tun, was er absolut nicht will, oder ihn irgendwohin zu zerren, wohin er nicht gehen will, sondern dadurch, dass Sie ihm Alternativen anbieten, von denen er profitieren kann. Dadurch, dass Sie für ihn die Türen öffnen, die er selbst verschlossen hält oder von denen er nicht einmal (mehr) weiß, dass sie geöffnet werden können.

Bedenken Sie, dass sich viele Menschen mit Selbstmordabsichten in schlechtem körperlichem Zustand befinden, unter anderem durch Spannungen und unruhigen Schlaf, und dass sie häufig einfach zu müde und zu erschöpft sind, um noch etwas zu wollen.

Doch geben Sie Acht: Manchmal ist jemand längere Zeit depressiv und lebensmüde gewesen und dann scheint er eines Tages Ruhe zu finden. Die Besserung kann trügerisch sein. Die Ruhe kann bedeuten, dass der definitive Entschluss für den

Selbstmord gefallen ist, wodurch innerlich Ruhe entsteht: Bald ist alles vorbei. Der Äußerste der drei Depressionskreise ist dann durchbrochen und die negativen Gefühle und Gedanken aus dem Kern verwandeln sich in Handlung. Erklären Sie in einem solchen Fall dem anderen Ihre Besorgnis ohne Umschweife. Fragen Sie ihn einfach, ob er wirklich beschlossen hat, zu sterben. Und bitten Sie ihn um Aufschub. Wenn schon nicht sich selbst zuliebe, dann auf jeden Fall Ihnen zuliebe.

Sol Gordon schreibt mit großem Nachdruck: »Es ist entscheidend, zu verstehen, dass der Plan eines Menschen, sein Leben beenden zu wollen, meist zeitlich begrenzt ist. Im Lauf der Zeit kann der Todeswunsch verschwinden.«

Wenn es Ihnen gelingt, den anderen zum Zuhören zu bewegen, dann gibt er Ihnen Zeit, oft die Zeit, die Sie brauchen, um in Aktion zu kommen. Aber für die meisten (verzweifelten) Menschen gilt, dass sie erst dann fähig sind, zuzuhören, wenn ihnen zuvor ein anderer zugehört hat.

WAS MAN NICHT (UND WAS MAN WOHL) TUN MUSS

* Unterschätzen Sie die Heftigkeit der Gefühle des anderen nicht. Versuchen Sie auch nicht, ihm seine Gefühle auszureden.
* Probieren Sie, nicht zu urteilen. Reden Sie dem anderen auch kein Schuldgefühl ein. Das Einzige, was Sie damit erreichen, ist, dass er sich noch verzweifelter fühlt. Das macht die Situation nur noch schlimmer. Depressive Menschen finden es ohnehin schwierig genug, einem anderen zu vertrauen. Auch, wenn der andere probiert, sie zu verstehen.
* Seien Sie ehrlich. Versprechen Sie nie, dass Sie mit niemandem darüber sprechen werden. Sagen Sie jedoch, dass Sie vertraulich mit der Ihnen anvertrauten Information umgehen werden.

* Lassen Sie den anderen nicht allein, solange keine adäquate Hilfe gefunden wurde.

Oft ist etwas geschehen, was die Krise ausgelöst hat: Zurückweisung in einer Liebesbeziehung, der Tod eines Nahestehenden, eine drohende Scheidung, (drohender) Verlust des Arbeitsplatzes. Es spielt keine Rolle, ob Sie finden, dass die Reaktion des anderen darauf übertrieben ist oder dass die Probleme geringfügig sind im Vergleich mit den Problemen, die Sie haben. Es geht in so einem Augenblick darum, wie derjenige, der Selbstmord begehen will, sich fühlt.

Von allen Anlässen, Selbstmord zu begehen, ist emotionale Einsamkeit – der Verlust einer Liebesbeziehung oder das Gefühl, von anderen, auf die man sich verlassen hatte, im Stich gelassen zu werden – der am häufigsten vorkommende. Reagieren Sie darauf, indem Sie den Schmerz des Verlassenseins anerkennen, und versuchen Sie unter Umständen erst danach, eine andere Sicht- oder Denkweise anzubieten. Hier einige Beispiele:

»Ich weiß, dass du das Gefühl hast, nicht ohne sie (ihn) leben zu können, aber du weißt auch, dass Menschen sich öfter als einmal verlieben können, dass sie unterschiedliche Partner lieben können. Es stimmt nicht, dass du dich für immer und ewig in eine einzige Person verliebst. Es ist nicht fair, einen anderen zu zwingen, dich zu lieben. Das gelingt übrigens auch nicht. Was wäre, wenn jemand, den du nicht mehr liebst, versuchen würde, dich zu zwingen, ihn weiterhin zu lieben? Versteh mich nicht falsch, ich weiß, dass es schwierig ist und dass du dich jetzt zu Recht elend und enttäuscht fühlst.«

Sie können auch sagen: »Es wäre gut, wenn du dir selbst einfach erlauben würdest, zu weinen.« Oder: »Ich weiß, dass deine Eltern dich nicht wirklich verstehen. Sie mögen dich, aber auf ihre Weise. Du darfst darüber gewiss böse oder traurig sein. Das bedeutet wirklich nicht, dass du dich von ihnen lossagst oder sie verrätst. Es bedeutet, dass sie nicht genau die Menschen sind, die du gerne um dich hättest, und das tut weh.«

Kommen Sie dem anderen bitte nicht auf moralische Tour im Sinne von: »Wenn du dich umbringst, bürdest du jedem, deinen Eltern, deinem Freund bzw. deiner Freundin und mir ein riesengroßes Schuldgefühl auf.« Die Hauptsache ist, dass Sie den anderen ermutigen, zu reden, sich zu äußern, sich Ihnen anzuvertrauen, auf Sie zu hören. Aber erzählen Sie keine Lügen im Sinne von: »Sie (er) liebt dich wirklich.« Oder: »Jeder mag dich unheimlich gern.«

Versuchen Sie, auch wenn Sie über Probleme reden, gleichzeitig noch andere Dinge gemeinsam zu tun.

Bleiben Sie so lange wie möglich bei dem anderen. Treffen Sie eine klare, definitive Verabredung für das nächste Mal. Sagen Sie: »Ruf mich an, wann immer du willst, selbst wenn es mitten in der Nacht ist.« Essen Sie etwas zusammen oder trinken Sie eine Tasse Kaffee. Gemeinsam mit jemandem eine Mahlzeit zu teilen, kann helfen, eine Depression aufzuhellen, auch wenn es bloß für einen Augenblick ist. Gehen Sie zusammen spazieren oder machen Sie etwas Vergleichbares. Sitzen Sie nicht zu lange rauchend und trinkend herum, denn Alkohol und Stillsitzen setzen bloß noch mehr depressive Gefühle frei. Gehen Sie eventuell zusammen joggen oder treiben Sie Sport.

Verleiten Sie die betreffende Person nicht, ihre Probleme zu lösen, indem Sie darüber lachen. Besuchen Sie keine Feste oder andere Orte, wohin Leute ausschließlich kommen, um sich zu vergnügen (die meisten depressiven Menschen werden dadurch nur noch depressiver). Wenn man dagegen gemeinsam einen Film anschaut und über bestimmte Szenen lacht, kann dies sehr wohl ausgesprochen »klärend« wirken.

Versuchen Sie nicht, allzu einfache oder rasche Lösungen anzubieten oder alle Probleme auf einmal aus der Welt zu schaffen.

Arbeiten Sie gemeinsam mit dem anderen an dem Problem, das ihm am meisten Schmerz bereitet. Fragen Sie beispielsweise: »Ist dies das Schlimmste, was dir jemals widerfahren ist?« (Das kann nämlich durchaus so sein.)

Gestatten Sie ihm oder ihr nicht, den Tod zu verherrlichen (das ist auch eine Art Lüge): »Hör mal, wenn du Schluss machst, ist es aus und vorbei. Bloß diejenigen, die zurückbleiben, werden etwas spüren.«

Seien Sie sich dessen bewusst und erklären Sie dem anderen, dass ein Suizidgefährdeter oft das Gefühl oder die Hoffnung hat, dass er im letzten Augenblick doch noch gerettet wird. Aber manchmal geschieht dies eben nicht und er stirbt doch. Oder sein Selbstmordversuch scheitert und er überlebt, wird jedoch invalide.

Wagen Sie es, wenn sich der Kontakt zwischen Ihnen gut entwickelt, auch nonkonformistische, ungewöhnliche Gedanken zur Sprache zu bringen.

Es ist erstaunlich, wie viel Erleichterung bereits eine (kleine) Veränderung innerhalb der eingefahrenen Bahnen zu reagieren bringen kann. Nicht anzuraten sind Vorwürfe, Groll und Feindseligkeit. Lassen Sie den anderen, auf welche Weise auch immer, spüren, dass Sie ihn mögen und dass Sie sich Sorgen machen. Jeder braucht jemanden, der an ihn glaubt. Reagieren Sie auf den »Schrei nach Rache« (viele Selbstmordversuche sind Ausdruck von Aggression gegenüber anderen) mit:

»Hör mal, es gibt nur eine wirklich wirksame Rache und die besteht darin, so gut wie möglich zu leben.«

Wagen Sie es, in einem bestimmten Augenblick zu sagen: »Ich verstehe, dass dies das Schlimmste ist, was du jemals erlebt hast. Aber könnte sich daraus nicht auch etwas Positives entwickeln? Kannst du etwas daraus lernen, was dir in Zukunft nützlich sein wird? Selbst tragische Ereignisse können uns etwas lehren. Warum solltest du den Dämonen der Vergangenheit die Erlaubnis geben, zu bestimmen, was du heute tust?«

VIER WEITERE WICHTIGE RATSCHLÄGE

1. Was tun Sie, wenn Ihnen im Vertrauen mitgeteilt wird, dass jemand, den Sie mögen, an Selbstmord denkt?
   Sprechen Sie mit einem anderen darüber? Die richtige Antwort lautet: Ja.
   Aber: Ermutigen Sie Ihre(n) suizidale(n) Freund(in), auch selbst mit einem anderen darüber zu sprechen. Geben Sie ihm oder ihr dieses Buch zu lesen. Versuchen Sie, einen Weg zu finden, andere, von denen Sie wissen, dass sie auf gute Weise engagiert sind, zu informieren.

2. Versäumen Sie nicht, Ihrem suizidalen Freund (Ihrer suizidalen Freundin) zu sagen, dass nicht jeder Sozialarbeiter/Therapeut für jeden gleich geeignet ist: Wenn er oder sie einen bestimmten Sozialarbeiter nicht mag oder ihm nicht vertraut (selbst wenn es der eigene Hausarzt ist), raten Sie ihm oder ihr, einen anderen aufzusuchen. Es macht nichts, wenn jemand den erstbesten Therapeuten, der verfügbar ist, nicht mag. Es spielt keine Rolle, wie wichtig oder bekannt er oder sie ist.

3. Trotz allem, was Sie und andere versucht haben, kann es doch geschehen, dass Sie die betreffende Person nicht haben überzeugen können, sich für das Leben zu entscheiden. Ein Selbstmord bedeutet für jeden, der zurückbleibt, eine enorme emotionale Belastung, deren Heilung sicherlich Monate, meist jedoch Jahre in Anspruch nimmt. Es stimmt nicht, dass diese Belastung immer größer ist als bei anderen Todesarten (Krankheit, Unfall, Mord), doch groß ist sie auf jeden Fall. Sie werden, wollen Sie sich von dem Schlag erholen, trauern müssen und sich selbst zugestehen müssen, dies auf eine »normale« Weise zu tun. »Normal« bedeutet in diesem Fall, dass Sie den Mut besitzen, genauso lange, heftig und aufrichtig zu trauern, wie Sie dies bei einer ande-

ren Todesursache getan hätten. Jeder, der bei einem Suizid betroffen gewesen ist, hat darauf ein Recht, egal, ob es sich nun um Ihren Partner, Ihr Kind, Ihren Vater oder Ihre Mutter oder »bloß« einen Freund oder eine Freundin handelte. Ich finde es deswegen ungesund und sogar diskriminierend, davon auszugehen, dass Trauer nach einem Selbstmord etwas ganz anderes ist als nach anderen Todesarten. Ich finde es auch diskriminierend, dafür getrennte Trauergruppen, Organisationen und dergleichen vorzusehen. Für manche Leute ist Suizid ein »natürlicher« Tod, ob wir das nun angenehm finden oder nicht. Mindestens ebenso natürlich ist es dann, dass die Nahestehenden auf »normale« Weise darüber trauern.

4. Falls Sie zu keiner anderen Schlussfolgerung kommen können als der, dass Selbstmord die »natürlichste« und vielleicht sogar die einzig natürliche Antwort auf die Situation ist, in der sich jemand befindet, dann bekommen Sie in jeder Hinsicht eine enorme Verantwortung aufgebürdet. Denn wie muss Ihre Antwort dann lauten?
   Meine Antwort lautet, dass Aufgeben manchmal die liebevollste Art zu geben ist. Aber wenn etwas schwierig zu geben ist in diesem Leben, dann wohl dieses Aufgeben. Denn man lässt jemandem die äußerste Freiheit, die Freiheit, zu gehen. Doch die äußerste Freiheit ist zugleich auch die äußerste Einsamkeit, denke ich. Bitte lesen Sie weiter.

8

Hannelore Kohl: Äußerste Freiheit und äußerste Einsamkeit

In der Nacht vom 4. Juli 2001 starb sie. Hannelore Kohl, die Frau des ehemaligen Bundeskanzlers Helmut Kohl, war 68 Jahre alt, als sie sich, allein zu Hause, in ihr Schlafzimmer zurückzog und auf dem Bett sitzend einen tödlichen Tabletten-Cocktail schluckte. Auf ihre Schlafzimmertür hatte sie einen gelben Aufkleber mit der Mitteilung geklebt, dass sie nicht gestört werden wolle, da sie ausschlafen wolle. Ihr Leichnam wurde von Hilde, der Haushälterin der Familie, gefunden. Sie fand auch einige Abschiedsbriefe, die Hannelore in den Stunden vor ihrem Tod an diejenigen geschrieben hatte, die ihr am nächsten gestanden hatten, ihren Mann, ihre Söhne, einige Freunde und Familienangehörige. Ich habe versucht, mir vorzustellen, wie es für ihren Mann Helmut gewesen sein muss, als er, Hals über Kopf aus Berlin nach Hause kommend, ihre letzten Worte an ihn las: »Ich habe dich immer geliebt. Ich danke dir für alles, was du mir geschenkt hast.« Es gibt Schmerz, über den man nicht sprechen kann. Nicht, weil Worte nicht ausreichen. Weil Worte unangemessen sind.

Ich habe auch versucht, mir vorzustellen, wie es für Hannelore gewesen sein muss, als sie an diesem Mittwochabend an ihrem Schreibtisch sitzend Satz für Satz für immer Abschied nahm von allem und allen, die sie liebte. In einem verlassenen Haus, in dem selbst keine Lampe mehr brennen durfte. Ihre Lichtallergie hatte in den vergangenen eineinhalb Jahren solche Ausmaße angenommen, dass sie keinen Sonnenstrahl, kein Lampenlicht, selbst kein Fernsehbild mehr ertragen konnte. Sie musste buchstäblich in nahezu absoluter Dunkelheit leben. Die einzigen Stunden, während derer sie ihr dunkles Zimmer verlassen konnte, waren die bei Nacht. Nur dann konnte sie nach draußen, in den Garten, auf die Straße, spazieren gehen, frische Luft atmen. Hannelore war ein Schemen in der Nacht geworden. Sie hatte erleben müssen, wie das Leben in der Sonne, im Licht, in der Fröhlichkeit ohne sie weitergegangen war. Im April wurde ihr jüngster Sohn Peter in Istanbul mit seiner türkischen Braut getraut. Ein Fest, das Tage gedauert hatte und für das viele Familienangehörige und Freunde hinübergeflogen waren. Ich sehe vor mir, wie sie auch damals allein in tiefster Dunkelheit über die Straße lief, ihre Gedanken in Istanbul, ihr Herz voller Tränen.

Ich sehe auch vor mir, wie sie in solchen Augenblicken ihre Zukunft vor sich sah. Weil die Ärzte ihr keine Hoffnung mehr geben konnten: zwanzig, vielleicht dreißig Jahre zu einem Leben in einem dunklen Zimmer verurteilt. Wie viel kann ein Mensch ertragen? Und doch, wie schneidend muss der Schmerz sein, wenn man da an seinem Schreibtisch sitzt und mit jedem Satz, den man schreibt, die Lebensbande weiter durchschneidet. Wie wählt man seine Worte, wenn man von geliebten Menschen Abschied nimmt, die nicht wissen und sicher nicht wollen, dass man geht? Jedes Wort bereitet dann auf mehrere Arten Schmerz. Schmerz angesichts dessen, was man verliert. Schmerz angesichts dessen, was der andere verliert. Und vor allem Schmerz angesichts des Schuldgefühls, dass man dem anderen, wie nahe er einem auch stand, beim entscheidendsten Entschluss, den man jemals nahm, Stillschweigen auferlegt. Man nimmt ihm sein Stimmrecht.

Die Erkenntnis, dass die Entscheidung, ihr Leben zu beenden, in letzter Instanz eine »egozentrische« Entscheidung war, da sie entschieden hatte, dass der Schmerz, den sie damit den anderen bereitete, den Schmerz, den sie damit für sich selbst beendete, nicht aufwog, muss als eine bleischwere Bürde auf Hannelore gelastet haben. Ihre Abschiedsbriefe, insoweit ihr Inhalt bekannt ist, spiegeln dies wider. Sie bekräftigen, was gut war, und nehmen damit den Gedanken an einen Abschied aufgrund von Auseinandersetzung oder Frustration fort. Aber sie bekräftigen auch die schrecklichste Wahrheit in Bezug auf unser Leben: Liebe ist nicht genug. Unsere Liebe dem anderen gegenüber und die Liebe des anderen uns gegenüber sind zusammen genommen nicht immer genug, um unsere Existenz in ausreichendem Maße erträglich zu machen. Es ist diese Einsicht, dieses Verständnis, auf das Menschen wie Hannelore, die auf dem Weg zu ihrem Selbstmord Abschiedsbriefe schreiben, bei denjenigen hoffen, die sie zurücklassen. Und das ist der Grund dafür, dass die meisten Abschiedsbriefe in so verständnisvollem, vernünftigem, zuweilen beinahe sachlichem Ton abgefasst sind. Wer einmal weiß, wer einmal erlebt hat, dass menschliche Liebe ihre Grenzen hat, nimmt andere nicht mehr pathetisch in Anspruch.

Ich denke deswegen, dass, wenn es Menschen gibt, von denen wir in Bezug auf die wirkliche Natur unseres Seins auf diesem Planeten wirklich etwas lernen können, es die Menschen sind, die auf eine sorgfältige Weise den Entschluss fassten, ihr Leben zu beenden. Doch offensichtlich wollen wir nicht auf sie hören. Stattdessen ziehen wir es vor, sie als gestört oder bedauernswert zur Seite zu schieben. Nico Speijer schrieb mir kurz vor seinem Selbstmord einen Abschiedsbrief, in dem er unter anderem bat, der Öffentlichkeit zu erklären, was seine Frau und ihn zu ihrem selbst gewählten Tod veranlasst hatte. Er befürchtete, dass allerlei unkontrollierte oder »unpassende« Erklärungen die Runde machen würden und dass, obwohl es ihn selbst nicht mehr treffen konnte, andere Leute mit ähnlichen Plänen emotional Schaden erleiden könnten. Ich habe erfahren, dass die Öffentlichkeit nicht an der wahren Geschichte interessiert war. Jeder Selbstmord ist ein Scheitern, eine Niederlage des Lebens im Streit mit sich selbst. Und obwohl wir für unsere zukünftigen Kämpfe mehr aus Niederlagen als aus Siegen lernen können, hat der Sieg immer viele Väter und ist die Niederlage ein Waisenkind.

Wenn ich die Frau vor mir sehe, dort in dem düsteren, verlassenen Haus in Ludwigshafen, mit ihrem Stift in der Hand, an ihrem letzten Brief schreibend, dann sehe ich die äußerste Einsamkeit. Ist dies ein Gang, den Menschen, wenn das Leben ihnen so mitspielt, tatsächlich allein hinter sich bringen müssen? Oder allein hinter sich bringen wollen? Aus allen Anzeichen geht hervor, dass Hannelore ihren Selbstmord sorgfältig vorbereitet hatte. Sie hatte dafür gesorgt, den Zeitpunkt so zu wählen, dass es unwahrscheinlich war, dass sie vorzeitig gefunden werden würde. Helmut war für ungefähr einen Tag nach Berlin gereist. Die Haushälterin sollte erst wieder am folgenden Tag kommen. Sie hatte sich die Zeit genommen, von jedem, von dem sie das wollte, schriftlich Abschied zu nehmen. Sie hatte dafür gesorgt, dass sie über Medikamente verfügte, deren Einnahme einen tödlichen Verlauf garantierten. So sorgsam wie sie gelebt hatte, so sorgsam hatte sie ihren Tod vorbereitet. Wusste ihr Mann, als er nach Berlin abreiste, was sie vorhatte? Ich denke nicht. So, wie sie ihn während ihres aktiven öffentlichen Lebens optimal unterstützen und entlasten wollte, so denke ich, dass sie ihn mit dem von ihr geplanten Selbstmord nicht belasten wollte, indem sie darüber sprach.

Neben der Sorge, ihn damit aus dem Gleichgewicht zu bringen, während er all seine Aufmerksamkeit und Energie benötigte, um aus dem »Schmiergeldskandal« herauszukommen und die Publikation »seines Stasi-Dossiers« zu verhindern, hatte sie vermutlich auch Angst, dass er sie zurückhalten würde. Für einige Pläne gilt nun einmal, dass, wenn sie gegenüber denen, die einem am nächsten stehen, zum Ausdruck gebracht worden sind, sie beinahe nicht mehr ausführbar sind. Hätte sie mit ihrem Mann darüber gesprochen, hätte sie sich selbst definitiv zu einem Leben in Finsternis verurteilt.

In dieser Hinsicht beweist Hannelores Selbstmord eine grundlegende Tatsache, was unser Leben auf diesem Planeten betrifft. Scheinbar gehören wir in letzter Instanz uns selbst. Nicht unserem Partner, nicht unseren Kindern, nicht unserem Vaterland, nicht unseren Pflichten und selbst nicht unseren Göttern. In letzter Instanz gehören wir, wie Jean Améry es in seinem als Buch abgefassten Abschiedsbrief *Hand an sich legen*[16] schrieb, uns selbst. Das ist unsere äußerste Freiheit. Und unsere äußerste Einsamkeit.

Ich denke, oder genauer gesagt, ich hoffe, dass Hannelore Kohl nicht depressiv war, als sie ihr Leben beendete. Ich hoffe, dass sie nicht negativ, nicht geringschätzig über sich selbst dachte. Dass sie nicht negativ, nicht feindselig war gegenüber den Menschen in ihrer Umgebung, und dass sie sich von ihnen nicht abgewiesen oder im Stich gelassen fühlte. Dass sie negativ im Hinblick auf ihre Zukunft war, ist deutlich und verständlich und gerechtfertigt, könnte man sagen. Nur das ist, wie wir gesehen haben, nicht ausreichend, um sie als depressiv zu bezeichnen. Ein nicht von Depression inspirierter Selbstmord ist demzufolge durchaus möglich. Er ist sogar bei Menschen möglich, wenngleich eine Ausnahme, die depressiv sind. Obwohl ihr Selbstmord nicht auf Depressivität beruht, ist ihre Depression durchaus der Grund für ihren Selbstmord. Dies scheint beinahe ein Widerspruch in sich zu sein, doch dem ist nicht so, wie das folgende Kapitel verdeutlicht.

9

Manchmal ist Aufgeben die liebevollste Art des Gebens

Vor einigen Jahren war ich beim Tod eines 40-jährigen Mannes beteiligt. Auf Wunsch seines Hausarztes sprach ich einige Male mit ihm. Der Mann hatte den Hausarzt gebeten, ihm zu helfen, sein Leben zu beenden. Er litt an stets wiederkehrenden schweren Depressionen, wegen derer er auf unterschiedliche Arten medikamentös behandelt worden war, sowohl vom Hausarzt als auch von zwei Psychiatern. Die Behandlungen hatten durchaus einigen Erfolg gehabt, jedoch nicht langfristig und nicht ausreichend. Dies hatte dazu geführt, dass er regelmäßig viel getrunken hatte. Mit dem kurzfristigen Resultat, dass er nichts spürte, und dem Langzeiteffekt, dass er noch tiefer in Depression verfiel. Depressionen und Alkohol hatten sein Leben auf unterschiedliche Weise zerrüttet. Er konnte ab einem bestimmten Zeitpunkt seine Arbeit als Rechnungsprüfer nicht mehr ausüben. Seine Ehe, aus der ein kleiner Sohn hervorgegangen war, war gescheitert. Als ich ihn kennen lernte, wohnte er allein und lebte von Sozialhilfe. Ab und zu sah er sein Kind noch, doch die Treffen verliefen meist trübselig für beide.

Zweifellos litt dieser Mann unter seinem Leben, das in jeder Hinsicht komplett festgefahren war. Er hatte bereits seit Jahren einen ausgeprägten Todeswunsch und hatte auch einmal versucht, sich selbst mittels eines Cocktails aus Alkohol, Antidepressiva und Paracetamol umzubringen. Aber das Ganze nahm kein gutes Ende. Er starb nicht; stattdessen wurde er gefunden und »gerettet«. Monatelang hatte er ernste Beschwerden von dem Versuch zurückbehalten. Das hatte ihn dazu veranlasst, seinen Hausarzt um ein Medikament, das mit Sicherheit tödlich war, zu bitten. Da der Hausarzt ihn und sein Leiden am Leben bereits sehr lange kannte, zeigte er Verständnis. Aber er getraute sich doch nicht, selbstständig zu handeln. Außer dass er Angst vor eventuellen strafrechtlichen Folgen hatte, fand er es auch gefühlsmäßig einfach schwierig, dem Mann ein Medikament zu besorgen, mit dem er sich selbst umbringen konnte – auch natürlich angesichts der Tatsache, dass der Mann körperlich gesund war.

Der Hausarzt hatte deswegen mit einem Psychiater Kontakt aufgenommen, ihm das Problem vorgelegt und gefragt, ob er sich den Mann einmal anschauen wolle. Das war geschehen. Der Psychiater war aufgrund des Gesprächs der Ansicht, dass der Hausarzt absolut nicht auf die Bitte des Mannes eingehen solle. Der Mann hatte dem Psychiater zufolge sowohl eine Depression als auch eine Persönlichkeitsstörung, war außerdem manipulativ und setzte seinen Hausarzt mit seiner Bitte um Mithilfe beim Selbstmord zu stark unter Druck. Dem Psychiater zufolge war es sogar so, dass, hätte der Mann einen echten, ehrlichen Todeswunsch gehabt, er sich schon lange umgebracht hätte, dadurch, dass er vor einen Zug sprang, ins Wasser ging oder durch einen Sprung aus großer Höhe. Seine Empfehlung lautete, dass der Mann sich einer langwierigen Behandlung unterziehen solle und dass, wenn er dem nicht zustimme, der Hausarzt ihm sagen müsse, dass er weiter nichts für ihn tun könne.

Einige Tage, nachdem der Hausarzt diese Empfehlung dem Mann auf eine etwas freundlichere Weise weitergegeben hatte, wurde dieser in sturzbetrunkenem Zustand von einem Auto angefahren und schwer verletzt in ein Krankenhaus gebracht. Als er einige Monate später mehr oder weniger genesen war und mit einer Gehbehinderung, die ihm von dem Unfall geblieben war, zum ersten Mal wieder zu dem Hausarzt kam, sprach er erneut seine Bitte um Mithilfe beim Selbstmord aus. Dies war der Anlass für den Hausarzt, mich zu bitten, ein paar Mal mit dem Mann zu sprechen.

Ich werde die Gespräche nicht so rasch vergessen, sowohl ihres Inhalts als auch ihres Verlaufs wegen. Der Mann wusste, wovon er sprach. Insgesamt war sein Leben etwa zwanzig Jahre von Depressionen gezeichnet gewesen, unterbrochen von kurzen Perioden der Besserung. Trotzdem hatte er lange, vor allem zwischen seinem zwanzigsten und dreißigsten Jahr, versucht, etwas daraus zu machen. Er hatte sein Studium abgeschlossen. Er war arbeiten gegangen. Er war eine Beziehung und eine Ehe eingegangen. Und all die Zeit hatte er seine psychischen Probleme, die immer wieder hervorbrachen, so gut wie möglich vor der Öffentlichkeit verborgen gehalten. Bis es in einem gewissen Moment, so um seinen fünfunddreißigsten Geburtstag herum, nicht mehr ging. Probleme auf seiner Arbeit und in seiner Beziehung hatten schließlich seine Fassade psychischer Gesundheit zusammenbrechen lassen. In den darauf folgenden acht Jahren war er vier Mal in einer psychiatrischen Klinik interniert gewesen und hatte das halbe Repertoire an Antidepressiva geschluckt. Nichts hatte wirklich geholfen. Er glaubte auch nicht, dass es noch etwas gab, was ihm helfen könne, und er hatte auch sein Vertrauen in Sozialarbeiter vollständig verloren. »Ich will sterben, ich will es auf würdige Weise, nicht vor einem Zug oder dergleichen, und dafür benötige ich noch einmal Hilfe, nur noch einmal«, lautete seine Bitte.

Außer der Tatsache, dass er Todesangst hatte, wie paradox es auch klingt, dass es vor dem Zug oder auf eine andere brutale oder amateuristische Weise noch einmal misslingen würde, wollte er auch wegen seines Kindes nicht auf diese Art das Leben verlassen. »Früher oder später hört er es von jemandem und die Tatsache, dass der eigene Vater auf diese Weise gegangen ist, ist für jedes Kind ein Leben lang eine riesige Belastung, und das will ich nicht. Von mir als Vater hat er sowieso nicht viel gehabt und dazu will ich nicht auch noch dieses hinzufügen.«

Ich kann nicht umhin zu sagen, dass ich diese Überlegungen nicht nur verstand, sondern auch berechtigt fand. Ich kann auch nicht umhin zu sagen, dass ich Sympathie für den Mann und sein Leiden empfand und deswegen geneigt war, den Hausarzt zu beraten, selbst wenn das im Geheimen geschehen musste. Ich wollte dem Mann helfen und ihm Medikamente geben, um sich selbst auf möglichst schmerzlose Weise das Leben zu nehmen. Doch ist Sympathie für eine so weit reichende Empfehlung nicht genug. Darüber hinaus teilte ich das diagnostische Gutachten des Psychiaters. Und ich konnte auch nicht umhin zu konkludieren, dass der Mann nicht alle vorhandenen und häufig, doch nicht immer, wirksamen Formen der Unterstützung probiert hatte.

Er hatte zwar viele Gespräche mit Sozialarbeitern gehabt, war jedoch noch nie regulär in Psychotherapie gewesen. Und ich konnte nicht ausschließen, dass ihm dies möglicherweise doch helfen konnte. (Es geschieht in der Praxis noch viel zu häufig, dass Leute mit schweren Depressionen nicht oder viel zu spät reguläre Psychotherapie angeboten bekommen und dass ihre Behandlung in einer Kombination aus Medikation und unstrukturierten Ad-hoc-Gesprächen stecken bleibt.) Ich habe ihm dies auseinander gesetzt und ihm damit keine Freude bereitet. Er sagte, dass er keine Hilfe mehr wolle, dass jeder Tag, den er länger lebe, eine Verlängerung seines Leidens bedeute, und dass er nicht begriffe, warum auch wir nicht sähen, dass er so nicht mehr weitermachen könne.

Für mich sind dies die schwierigsten Augenblicke innerhalb der Therapie. Muss man, darf man jemandem, der schon so viele Jahre leidet, einen von ihm gewünschten Ausweg aus dem Leiden verweigern, einzig und allein, weil er nicht alle anderen

Therapiemöglichkeiten ausprobiert hat? Und wenn man ihm aus diesem Grund die von ihm erbetene Hilfe vorenthält und er entscheidet sich, die noch nicht erprobten anderen Therapien dann in Gottesnamen doch einmal auszuprobieren, und sie funktionieren nicht, was dann? Wenn er dann zurückkommt, muss man ihm ehrlicherweise sagen: »Ich hab dir nichts mehr zu bieten.«

Was aber, wenn er sagt: »Das hast du sehr wohl, nämlich ein Medikament für den von mir gewünschten Tod. Denn scheinbar ist das der einzige Ausweg, der noch offen steht, wenn du weiter nichts zu bieten hast?« Kann man, darf man dann noch sagen: »Aber das bekommst du nicht, zumindest nicht von mir. Schau, wo du bleibst.« Und was, wenn er dann seinen eigenen Weg geht und sich vor einen Zug wirft, mit dem Auto gegen einen Baum knallt oder von einem Hochhaus springt? Habe ich mit allem dadurch verursachten Elend, für ihn selbst, für andere (Zugführer, andere Verkehrsteilnehmer, Nahestehende), dann nichts mehr zu tun? Es ist seine höchsteigene Schuld. Und wenn er es auf eine »sanftere« amateuristische Art probiert, eben um Opfer zu vermeiden, und sich dafür in Büchern oder auf Internetsites, auf denen Selbstmordtipps gegeben werden, auf die Suche begibt (beispielsweise, wie man es mit den Auspuffgasen im eigenen Wagen und einem Staubsaugerschlauch in der eigenen Garage tun kann), werden wir dann die Buchautoren oder Betreiber dieser Sites alle gemeinsam anklagen oder eine Hexenjagd auf sie beginnen?

Die Ehrlichkeit gebietet mir zu sagen, dass ich keine harten Kriterien besaß, um festzustellen, ob der Mann tatsächlich ausweglos litt.

Absolut klar war hingegen, dass er intensiv und lange litt und dass er selbst sein Leiden als ausweglos empfand. Doch auch nach dem neuen »Euthanasie«-Gesetz bleibt Mithilfe bei Selbstmord in einem solchen Fall strafbar. Ich habe, wahrscheinlich um mich selbst zu beruhigen, die Unklarheit in Bezug auf die Aussichtslosigkeit seines Leidens in einen Vorschlag an ihn und seinen Hausarzt umgesetzt. Der Vorschlag lautete, dass er über eine bestimmte Periode, auf jeden Fall etwa zwanzig Sitzungen, bei einem qualifizierten Psychotherapeuten in Psychotherapie gehen solle, dass er ernsthaft an der Therapie arbeiten solle und wenn dies sowohl seinem als auch dem Urteil des Psychotherapeuten zufolge keine Erleichterung bringen sollte, das Geben eines Suizidmittels nicht nur eine Option war, sondern aktiv umgesetzt werden konnte. Mit den üblichen Garantien für sorgfältigen Gebrauch usw. Er fand es einen wahnsinnig schwer zu akzeptierenden Vorschlag. Aber nach zwei Gesprächen zwischen ihm, dem Hausarzt und mir war er schließlich doch einverstanden.

Er war gut sieben Monate lang in Psychotherapie. Obwohl er auch dem Therapeuten zufolge sein Bestes tat, hat es ihm nicht geholfen. Sein Todeswunsch ist geblieben. Der Wunsch ging in Erfüllung. Allerdings nicht ohne weiteres. Ich habe mit ihm und seiner Exfrau über sein Vorhaben gesprochen und fragte sie, ob sie es verstehen könne. Das konnte sie. Wir haben zu dritt über die Bedeutung und die Folgen hiervon für seinen kleinen Sohn gesprochen. Das resultierte in einem ausführlichen Zeugnis aus seiner Feder, in dem er sein Leben und die Gründe für seinen Abgang für seinen Sohn, für den Moment, zu dem dieser wirklich so weit war, beschrieb. Wir haben auch darüber gesprochen, wie er Familienangehörigen sein Vorhaben erläutern solle. Er hat vielen von ihnen einen Abschiedsbrief geschrieben und von einigen wenigen persönlich Abschied genommen. Er ist behutsam gegangen.

Und doch beschäftigt er mich und seinen Hausarzt bis zum heutigen Tag. Wir sprechen gelegentlich noch über ihn. Ein Grund dafür ist, dass die ihm erwiesene Hilfe uns emotional viel abverlangt hat. In gewisser Weise gingen wir emotional auf unserm Zahnfleisch. Ein weiterer Grund ist, dass wir alle beide noch immer traurig sind angesichts der Tatsache, dass er nicht mehr ist und dass wir zu dieser Tatsache beigetragen haben. Es fühlt sich meist wie eine Niederlage an. Ich komme deswegen, ebenso wie am Ende des vorigen Kapitels, wieder auf Jean Améry und sein Buch *Hand an sich legen* zurück, seinen als Buch abgefassten Abschiedsbrief. Améry schreibt darin, dass Selbstmord der äußerste Beweis für den »Echec«, den »Misserfolg« der menschlichen Existenz ist. Das Wort »Echec« kommt von demselben französischen Wort, das beim Schachspiel verwendet wird. Das Leben setzt uns manchmal schachmatt, als Menschen, als Freunde, als Helfer. Wir, der Hausarzt und ich, wurden hier schachmatt gesetzt. Wir haben verloren. Und für Leute, die selbst gerne weiterspielen und gewinnen und dies auch andere am liebsten tun sehen, ist so ein Schachmatt, so ein Verlust, schwierig zu verarbeiten.

Und doch bin ich nach dieser Verlusterfahrung von einer »Sache« überzeugt.

Manchmal ist Aufgeben die liebevollste Art des Gebens.

10

Das Spalten des Depressionskerns

Was ist das Schlimmste, was einen Menschen überkommen kann? Auf diese Frage gibt es meines Erachtens nur eine »richtige« Antwort: der Verlust der Selbstachtung. Der römische Kaiser Marc Aurel hat in diesem Zusammenhang in seinen philosophischen Aufsätzen unter dem Titel *Wege zu sich selbst*[17] einmal etwas gesagt, das tiefen Eindruck auf mich gemacht hat. Er schreibt dort: »Nichts, was dich deine Selbstachtung verlieren lässt, kann dir zum Vorteil gereichen.«

Menschen geraten oft in eine Depression, weil sie ihre Selbstachtung verlieren. Nur dabei bleibt es leider nicht. Da sie in eine Depression verfallen, verlieren sie ihre Selbstachtung noch weiter. Ein Symptom wird zur Ursache.

Der erste und wesentlichste Schritt beim Spalten des Depressionskerns ist deswegen, dass man sich die Selbstachtung selbst zurückgibt.

Das führt mich zu einigen wesentlichen Fragen.

Wie kommen Leute zu ihrer Selbstachtung oder ihrem Selbstbild? Wie kommt es, dass der eine sich überwiegend wohl oder zufrieden mit sich selbst fühlt und der andere nicht? Wie kommen bestimmte Leute an Minderwertigkeitsgefühle, während andere kein Problem damit haben? Warum ist ein negatives Selbstbild so ein wichtiges Merkmal und wesentlicher Faktor einer Depression?

Die nun folgende Geschichte gibt auf einige dieser Fragen eine aufschlussreiche Antwort.

Die Geschichte von der kleinen Welle[18]

Es war einmal eine kleine Welle, die sich tief in ihrem Innern unglücklich fühlte. »Ich fühle mich so schlecht«, klagte sie. »Die anderen Wellen sind groß und stark und ich bin klein und schwach. Warum ist das Leben so ungerecht?«

Eine große Welle, die zufällig vorbeikam und die Klage der kleinen Welle hörte, entschied sich, kurz anzuhalten. »Du denkst so«, sagte die große Welle, »weil du deine wahre Natur nicht richtig erkennst. Du denkst, dass du eine Welle bist und dass es dir schlecht geht. In Wirklichkeit entspricht weder das eine noch das andere der Wahrheit.«

»Wie bitte!?«, rief die kleine Welle erstaunt. »Ich keine Welle? Aber das ist doch offensichtlich, dass ich eine Welle bin! Hier ist meine Krone, siehst du? Und hier mein Wellenschlag, selbst wenn er noch klein ist. Wie kannst du nur behaupten, ich sei keine Welle?« Die große Welle antwortete: »Was du als Welle bezeichnest, ist bloß eine begrenzte Form, die du für Augenblicke angenommen hast. Deine wahre Natur ist Wasser. Probier, das gut zu verstehen. Wenn dir das gelingt, ist die Tatsache, dass du eine Zeit lang eine Welle bist, kein Problem mehr für dich.«

»Aber wenn ich Wasser bin, was bist du dann?«, fragte die kleine Welle.

»Ich bin auch Wasser«, antwortete die große Welle. »Ich habe für kurze Zeit die Form einer Welle, die etwas größer ist als du, angenommen, aber meinem Wesen nach bin ich Wasser. Ich bin du und du bist ich. Wir sind beide Bestandteil eines größeren Ganzen.«

Die Geschichte der kleinen Welle zeigt, dass wir genau in dem Augenblick depressiv werden, in dem wir unser Augenmerk auf Merkmale oder Eigenschaften richten, die uns glauben lassen, dass wir uns auf ungewünschte Weise von anderen unterscheiden.

Mit anderen Worten, Minderwertigkeitsgefühle sind häufig die bittere Frucht der folgenden falschen Gleichsetzung: Ungleich = nicht gleichwertig.

Lassen Sie es mich noch einmal in aller Deutlichkeit sagen: Diese falsche Gleichsetzung ist nicht etwas, was Kinder oder Erwachsene selbst bedenken. Unsere Kultur leistet zur Entstehung und zum Fortbestehen dieses Irrtums einen sehr wesentlichen Beitrag.

Einige Beispiele: Gut aussehende Kinder und Erwachsene werden in der Regel besser behandelt und haben sowohl gesellschaftlich als auch in ihren Beziehungen mehr Chancen als weniger attraktive Leute. Größere Männer haben mehr Chancen, als Regierungschef oder Präsident gewählt zu werden, als kleinere. Es ist kein Zufall, dass die amerikanischen Wähler im 20. Jahrhundert beinahe immer den größeren von zwei zur Verfügung stehenden Kandidaten wählten. Kleine Männer haben weniger Chancen, eine attraktive Partnerin zu finden, als größere. In dem Maße, in dem Leute mehr Macht und Geld besitzen, werden sie von der Gesellschaft und vor dem Gesetz bevorteilt. Mehr Macht bedeutet mehr Recht.

Ich könnte Ihnen in diesem Zusammenhang noch mehr Beispiele nennen. Und für denjenigen, der sich in die Materie vertieft, ist es »normal«, mit Wut oder Trauer auf diese Ungerechtigkeit zu reagieren. Denn es stimmt einfach nicht. Was ist gemeint mit: Ungleich = nicht gleichwertig? Was ist gemeint mit: Jeder hat die gleichen Chancen? Das ist einfach nicht wahr.

Wahr ist, dass in diesem Leben viele Dinge einfach so geregelt sind, von Gott, der Evolution, dem Staat oder welch anderen Kräften auch immer, dass das, was gerecht ist, mit der Realität meist wenig zu tun hat.

Die entscheidende Frage, die darum früher oder später an jeden einzelnen Menschen gestellt wird, ist diese: Machst auch du selbst aus »ungleich« »ungleichwertig«? Das ist es, was die kleine Welle sich selbst antat. Sie glaubte, bloß weil sie kleiner war, auch emotional weniger wert zu sein. Die kleine Welle fand es nicht schön, sich selbst anzuschauen, ihre kleine Krone, ihren Wellenschlag. So arbeitete sie in jeder Hinsicht zu wenig an ihrer Selbstachtung. Folglich befand sie sich auf dem Weg in eine Depression.

Die kleine Welle ist mit einer Menge »kleiner« Leute vergleichbar. Seien sie nun körperlich, psychisch oder sozial »klein«. Wenden wir uns im Folgenden einmal einem dieser kleinen Leute zu.

»Als Kind und als Jugendlicher fühlte ich mich immer minderwertiger als meine Alterskameraden. Ich war hässlich, klein, hatte einen schmächtigen Körper, der im Sport und bei den Mädchen nicht viel ausrichtete. Rasend vor Eifersucht oder aber still in meinen Kummer versunken schaute ich im Kino nach all den tollen Hechten auf der Leinwand. In solchen Momenten fühlte ich mich von der Schöpfung entsetzlich ungerecht behandelt. Sogar als meine eigenen Filme große Erfolge wurden, blieb mein Minderwertigkeitsgefühl innerlich doch bestehen. Ich bin eigentlich selten wirklich glücklich.«

Diese Worte stammen von Woody Allen, inzwischen reich und berühmt, jahrelang Partner schöner und erfolgreicher Frauen wie Mia Farrow, in einem freimütigen Interview gegenüber dem *Figaro Magazine*.

Es ist schwierig, zu glauben, dass jemand in seiner Situation, nach so vielen Erfolgen, noch immer unter Minderwertigkeitsgefühlen gebeugt gehen kann.

Übrigens weiß ich sicher, dass Woody heute weniger Probleme mit derartigen Gefühlen hat als während seiner Kindheit.

Einer der Gründe ist, dass er aus seinem Nachteil einen Vorteil gemacht hat. Dass er den Nachteil, worunter er als Kind litt, später zu seinem Gewinn gemacht hat. In vielen seiner Filme spielt er sich selbst, das schmächtige, hässliche, reizlose und beinahe depressive Kerlchen. Derjenige, der alles falsch macht, der immer die attraktive Frau verpasst, der nicht böse werden kann, wenn er von seiner Freundin, die mit seinem besten Freund ins Bett steigt, betrogen wird. Mithilfe seiner Filme hat er aus seinem Nachteil, aus seiner Unterlegenheit, seinen Vorteil, seine Größe gemacht. Der soundsovielte Beweis für das eigenartige Spiel von Gegensätzen, an denen das Leben so reich ist. Klein kann groß sein, hässlich schön, unanziehend anziehend, negativ positiv.

Nachteile, was das Äußere eines Menschen anbetrifft, sind, wie wir am Beispiel Woody Allens sahen, kein Schicksal. Sie sind das Handwerkszeug, mit dem man arbeiten muss. Wie man das tut und was man damit bewerkstelligt, hängt also auf jeden Fall teilweise vom eigenen Zutun ab. Aber wohlgemerkt, bloß zum Teil. Die Auffassung, dass das, was man in diesem Leben erreicht, oder dass Glück hauptsächlich eine Frage des eigenen Willens, Einsatzes bzw. Verhaltens ist, ist sowohl falsch als auch beleidigend. Schlimmer noch. Sie ist »depressogen«. Sie erhöht die Chance, dass man sich minderwertig und als Folge davon depressiv fühlt, wenn man das, was man sich vorgenommen hat, nicht erreicht. Oder was andere, Eltern oder Partner, sich für uns wünschten.

Die Wahrheit in diesem Leben lautet, dass, wo ein Wille ist, nicht immer auch ein Weg ist. Die Wahrheit in diesem Leben lautet auch, dass einige Leute mehr »geschenkt« bekommen als andere. Die Amerikaner haben dafür einen treffenden Ausdruck. Sie nennen diese Leute »lucky sperms«, »glückliches Sperma«. Das sind Leute, die alles oder auf alle Fälle sehr viel mitbekommen haben, sowohl was ihre ererbte, körperliche und psychische Ausstattung betrifft als auch den Reichtum der Familie, in die sie hineingeboren wurden.

Woody Allen ist kein »lucky sperm«. Niemand, der seine Jugend oder sein Erwachsenenleben mit einem negativen Selbstbild beginnen muss, ist ein »lucky sperm«. Das bringt mich zu zwei wichtigen Annahmen.

Die erste ist diese: Das Selbstbild, mit dem man seine Jugend oder sein Erwachsenenleben beginnt, wird einem zum Nachteil, wenn es negativ ist, und zum Vorteil, wenn es positiv ist, wobei man selbst keinerlei Schuld trägt bzw. keinerlei Lob verdient.

Die zweite lautet: Das Selbstbild ist eine Haltung im Hinblick auf das eigene Selbst, wofür die Basis durch Erziehung, soziale Werte und Normen, Lebensereignisse und Vererbung gelegt wird.

Nun zur Kernfrage. Bedeutet die Tatsache, dass ein negatives Selbstbild eine Haltung ist, die man sich selbst gegenüber einnimmt, dass die Lösung auch einem selbst überlassen ist? Dass die Wahl bei einem selbst liegt: Entscheidet man sich, die Einstellung beizubehalten oder zu verändern?

Sol Gordon sagte einmal zu mir: »Niemand kann ohne dein Einverständnis erreichen, dass du dich minderwertig fühlst.«

Er vermittelte mir dadurch, dass es sich um eine einfache Wahl handelte: Entweder ich bleibe dabei oder ich gebe meinen Glauben an meine Minderwertigkeit auf. Die meisten so genannten Selbsthilfebücher arbeiten auf dieser Basis. Doch bleibt dies ein falscher und vor allem ungerechter Vorschlag. Kein Kind oder junger Mensch entscheidet sich bewusst für das Gefühl der Minderwertigkeit. Wenn jemand sich trotzdem anderen permanent unterlegen fühlt und dieses Gefühl bleibt bis weit ins Erwachsenenalter bestehen, dann müssen andere Faktoren dafür verantwortlich sein. Und offensichtlich verändert man die nicht so einfach, indem man sagt: »Ich höre damit auf und steige auf einen anderen Glauben in Bezug auf mich selbst um.«

Die Unterstellung, dass Ihre Minderwertigkeitsgefühle einfach eine Frage Ihres Einverständnisses oder Ihrer Zustimmung sind, ist auch falsch und ungerecht, da sie die Schuld der Tatsache, dass Sie sich als Erwachsener noch immer so fühlen, bei Ihnen niederlegt. Wenn es Ihnen also nicht gelungen ist, sich von dem Gefühl Ihrer eigenen Minderwertigkeit loszusagen, ist das dann vor allem eine Frage der eigenen Schuld.

Mit einer solchen Argumentation wird man eigentlich doppelt zum Besten gehalten. Zuerst mit Minderwertigkeitsgefühlen, um die man nicht gebeten hat. Und anschließend mit der Unterstellung, dass die Tatsache, dass man sie noch immer hat, eine Frage des eigenen Zutuns sei.

Die Realität sieht so aus, dass wir in diesem Leben überhaupt nicht so viel zu entscheiden haben. Die meisten Entscheidungen wurden für uns und nicht von uns getroffen. Die Spielräume, innerhalb unserer Persönlichkeit neue Wege einzuschlagen, neue Haltungen einzunehmen, sind limitiert. Das will übrigens nicht heißen, dass geringfügige Veränderungen keine großen Folgen haben können. Das können sie ganz bestimmt, aber dazu muss man erst wissen, wo sich die Spielräume befinden und wie man sie nutzen kann.

Darum ist die vielversprechendste Strategie, wenn es sich um Veränderungen in Ihnen selbst, Ihren Gedanken, Ihren Gefühlen und Ihrem Verhalten handelt, folgende: Streben Sie kleine Veränderungen an und vertrauen Sie darauf, dass diese gemeinsam eines Tages etwas Großes ergeben.

11

Wieso ist Depression eine Frage der eigenen Entscheidung?

Vor einigen Jahren erstellte eine amerikanische Organisation eine Studie, warum so wenig Menschen, die unter einer Depression leiden, sich aktiv auf die Suche nach Hilfe begeben.[19] Aus dieser Studie ergaben sich zwei Hauptursachen.

Die erste ist, dass noch viele depressive Menschen glauben, es gebe keine effektive Hilfe für sie. Sie sind einfach so und man kann wenig anderes tun, als sich damit abzufinden.

Der andere Grund ist, dass viele Leute glauben, Depression sei eine Art Willensschwäche. Mit etwas mehr Durchsetzungsvermögen und Willenskraft müsse man in der Lage sein, sich da selbst herauszuarbeiten. Wer dies nicht tue, treffe eigentlich selbst die Entscheidung, depressiv zu bleiben. Depression also als eine Frage der Entscheidung. Diese Auffassung passt sehr gut zum heutzutage gängigen Optimismus, dass das Leben eine Angelegenheit von Wollen und Wählen ist und dass derjenige, der nicht erreicht, was er gerne möchte, das niemand anderem als sich selbst zu danken hat.

Es ist ganz sicher wahr, dass Menschen derzeit mehr Entscheidungsmöglichkeiten haben als früher. Man braucht nur einen Supermarkt zu betreten, um zu sehen, dass dies wirklich so ist. Doch stellt sich die Frage, ob es tatsächlich wahr ist, dass wir, wenn es um die wichtigsten Dinge im Leben geht, heutzutage so viel mehr zu entscheiden haben als vor etwa ein oder zwei Jahrhunderten.

Ich glaube, dass kein Mensch sich freiwillig dafür entschieden hat, in diese Welt hineingeboren zu werden. Wir sind Geworfene – mit einer ererbten Ausstattung und einem Aussehen, um das wir nicht gebeten haben und für das wir uns, hätte es an uns gelegen, vermutlich auch nicht genau so entschieden hätten.

Auch hat niemand von uns seine Eltern bewusst ausgewählt. Sie waren einfach da, mit allem, was dazugehört. Mit ihrer sozialen Zugehörigkeit, ihren Persönlichkeiten, ihren Krankheiten und Macken, ihren Interessen und ihrer Liebe für ihre Kinder bzw. dem Mangel an Liebe für ihre Kinder. Ebenso wenig haben wir die anderen wichtigen ersten sozialen Umgebungen auswählen können, wie beispielsweise den Kindergarten, die Grundschule, die Oberschule oder die Universität. Wir wurden einfach hingeschickt oder gingen dorthin, aufgrund von Entscheidungen oder Erwartungen, die beinahe immer für uns und beinahe niemals von uns gemacht wurden.

Und dann alle Ereignisse, die uns zugestoßen sind. Auf wie viele haben wir nun eigentlich wirklich Einfluss gehabt? Und bei wie vielen Ereignissen, die uns noch erwarten, werden wir ein Mitspracherecht besitzen? Auf alle Fälle nicht bei dem entscheidendsten, das uns noch bevorsteht: dem Tod. Eine Gruppe Ärzte begann vor einigen Jahren, den Tod zu einer *preventable medical condition*, einer vermeidbaren medizinischen Situation, zu erklären. Den Beweis hierfür haben sie allerdings nicht liefern können und ich fürchte, dass dies auch noch mehrere Jahrhunderte dauern wird.

Und was die Leute angeht, denen wir als Erwachsene begegnen, wie viel Mitspracherecht haben wir da eigentlich? Ist beispielsweise die Tatsache, dass jemand seinen Idealpartner gefunden zu haben scheint, eine Frage eigener Bemühungen und des Wissens, wann er zugreifen muss? Oder ist es einfach Glückssache?

Kurz und gut, wenn wir auf höheren Befehl gekommen sind und auf höheren Befehl wieder gehen, wie realistisch ist es dann noch, anzunehmen, dass wir viel über das, was in der übrigen Zeit geschieht, zu bestimmen haben? Was gibt es da eigentlich noch zu wählen?

Unsere Persönlichkeit vielleicht? In den letzten Jahren sind sich die Psychologen, die sich mit Persönlichkeitsforschung beschäftigen, weitgehend über die Tatsache einig geworden, dass es fünf allgemeine Persönlichkeitsmerkmale gibt – sie werden auch die »Großen Fünf« oder »Big Five« genannt. Diese werden im Wesentlichen vererbt. Obwohl noch immer keine vollständige Übereinstimmung über die nun zu nennenden Eigenschaften herrscht, können wir sie grob wie folgt umschreiben:

* *Extraversion versus Introversion:* eine Dimension, die von sozial aktiv, gesprächig und spontan auf der einen Seite bis ruhig, schüchtern und reserviert auf der anderen Seite reicht
* *Gutmütigkeit versus Dickköpfigkeit:* eine Dimension, die von sanftmütig, voll Vertrauen und hilfsbereit auf der einen Seite bis beharrlich, dickköpfig, wenig nachgiebig und misstrauisch auf der anderen Seite reicht
* *Gewissenhaftigkeit versus Nonchalance:* eine Dimension, die von ernsthaft, sorgfältig, fleißig auf der einen Seite bis leichtsinnig, nonchalant, faul auf der anderen Seite reicht
* *Gefühlsbetontheit versus Stabilität:* eine Dimension, die von gefühlsbetont, ängstlich, angespannt auf der einen Seite bis unerschütterlich, entspannt, emotionslos/unempfindlich auf der anderen Seite reicht
* *Offenheit für Erfahrungen versus Konservatismus und Traditionalismus:* eine Dimension, die von progressiv, neugierig, kreativ auf der einen Seite bis traditionell, nüchtern oder beschränkt auf der anderen Seite reicht

Aufgrund unserer Veranlagung sind wir offenbar verschlossener bzw. spontaner als andere, schüchterner bzw. sozialer, sind wir eher optimistisch bzw. pessimistisch uns selbst oder anderen gegenüber, neigen wir eher dazu, in Panik zu verfallen bzw. unerschütterlich zu reagieren, sind wir nonchalanter bzw. präziser, sind wir gütiger bzw. bösartiger als andere.

Anders ausgedrückt, uns selbst bzw. anderen vorzuwerfen, dass wir eine oder mehrere dieser Neigungen haben, ist größtenteils ungerechtfertigt. Denn wir konnten unsere eigene Persönlichkeit nicht frei wählen.

Was haben wir dann eigentlich noch zu entscheiden? In bestimmter Hinsicht ist diese Frage eigentlich keine Frage, sondern eine Anklage. Mehr noch, sie ist die Tarnung einer der fundamentalsten Anklagen, die wir als Menschen diesem Leben gegenüber haben, nämlich (a) dass es im Grunde wenig zu wählen gibt und (b) dass wir daneben auch noch so viel müssen. Von unserem Leben, unseren Leidenschaften, unseren Körpern, von der Natur, von anderen und durch die Kultur werden uns so viele Beschränkungen auferlegt, dass wir kaum Spielräume haben. Wir müssen so viele Dinge: arbeiten, essen, trinken, schlafen, uns kleiden, uns schützen, Informationen sammeln, um zu überleben. Und wir müssen so viele andere Dinge, um unsere Art zu erhalten: sehen, dass wir einen Partner finden, sehen, dass wir Kinder bekommen und großziehen, und alles zusammen genommen kostet dies so viel unserer Lebenszeit, dass im Großen und Ganzen keine oder kaum Zeit für anderes übrig bleibt. Dass es so wenig für uns zu entscheiden gibt, dass wir so viel müssen, ist die Schuld eines einzigen Umstands: dass wir Geschöpfe sind und nicht Schöpfer. Darin unterscheiden wir uns nicht von anderen Lebensformen, wie beispielsweise den Tieren. Bloß haben die damit, so weit uns bekannt ist, keine Schwierigkeiten. Sie akzeptieren einfach, dass sie Geschöpfe sind.

Wir nicht. Wir verfügen über ein Bewusstsein, über die Fähigkeit, uns uns selbst als etwas anderes als gewöhnliche Geschöpfe vorzustellen. Und mit dieser Illusion beginnen die Scherereien. Unsere Selbstachtung als Menschen, geschieden vom Rest der Natur, ist von dem Maß abhängig, in dem wir beweisen können, dass wir selbst Schöpfer sind. Sie hängt von dem Maß ab, in dem wir beweisen können, dass wir selbst Schöpfer sein können. Sie hängt von dem Maß ab, in dem wir unserem Gefühl nach »wissend« oder bewusst entscheiden. Denn bloß ein Schöpfer kann seine Entscheidungen selbst treffen.

Darum auch wollen wir nichts davon wissen, dass wir geschaffen wurden. Das äußert sich unter anderem in der Abneigung, die wir alle, ob groß oder klein, bei dem Gedanken empfinden, dass unsere Eltern Sex miteinander haben. Es geschieht ja durch den sexuellen Akt, die »animalischste« aller menschlichen Verhaltensweisen, dass wir als Kinder gezeugt und geboren wurden, auf dieselbe Art und Weise, in der überall in der Natur von allen Tierarten gezeugt und geboren wird. Sexualität bedeutet: sterblich sein, abhängig sein, animalisch sein, Geschöpf sein. Gewählt sein, anstatt derjenige zu sein, der wählt.

Aus demselben Grund »stinken« uns Bemerkungen, wie »Am meisten ähnelst du deinem Vater« oder »ähnelst du deiner Mutter«.

Wir wollen »unser eigenes Projekt sein«. Die Quelle, der Gestalter unseres eigenen Denkens und Handelns. Und deswegen verteidigen wir eine Vielzahl von Dingen, die wir denken, fühlen und tun mit dem Argument, dass es unsere eigene Wahl war. Darum auch wehren wir uns gegen jemanden, der unser Verhalten kritisiert, mit dem Argument, dass wir schon selbst entscheiden werden, was wir tun.

Aber die Wahrheit lautet, dass, wenn wir wirklich wissen wollen, inwieweit etwas unsere eigene »Wahl« ist, wir anfangen müssen, zu untersuchen, welche anderen Kräfte als die »bloße Wahl« eine entscheidende Rolle spielten und spielen.

Wie widersprüchlich es vielleicht auch klingt, in dem Maß, in dem wir häufiger ein Fragezeichen hinter die Behauptung setzen, dass »dies wirklich absolut meine oder deine eigene Wahl ist«, werden wir uns der Wahl, die wir haben, bewusster. Um Ihren Spielraum zu kennen, müssen Sie wissen, was das Leben für Sie in petto hat. Nur dann können Sie effektive Entscheidungen treffen.

12

Haben depressive Eltern depressive Kinder?

Eine der Entscheidungen, die für uns und nicht von uns getroffen wurde, ist die der Eltern, die wir haben, und damit, in wesentlichem Maße, auch der Erziehung, die wir genossen haben. Dies führt mich zu einer wichtigen Frage: Ist mit unseren Eltern und unserer Erziehung auch unser Risiko in Bezug auf Depression entschieden? Wir wissen darüber inzwischen etwas, aber noch nicht sehr viel, wie aus dem folgenden Bericht deutlich werden wird.

»Eines der Ereignisse aus meiner Jugend, an das ich mich noch gut erinnere, ist die Bedrohung, die davon ausging, wenn mein Vater wieder einen seiner, wie wir es nannten, ›überspannten‹ Anfälle hatte. Er konnte dann den ganzen Tag unruhig im Haus herumlaufen mit einem bleichen, verspannten Gesicht und so gut wie nichts sagen. Als Kinder gingen wir ihm dann so viel wie möglich aus dem Weg, rückten irgendwo in einer Ecke des Hauses eng zusammen. Denn es konnte geschehen, dass er mir nichts, dir nichts plötzlich eine Tasse oder einen Aschenbecher griff und durchs Zimmer warf. Oder er lief plötzlich nach draußen und schlug die Haustür mit einem furchtbar lauten Schlag hinter sich zu. Wir fragten uns dann immer beunruhigt, ob er jemals wieder zurückkommen würde. Wenn sich seine Stimmung nach ein paar Tagen wieder aufklärte, verbreitete sich ein großes Gefühl der Erleichterung im ganzen Haus. Bloß wusste man nicht für wie lange. In gewisser Weise musste man immer auf der Hut sein.«

Der Bericht stammt von einer 35-jährigen Frau, die an zurückkehrenden Depressionen litt. Sie selbst neigte zu der Ansicht, dass ihre Beschwerden ihren Ursprung in den Erfahrungen hatten, die sie als Kind mitgemacht hatte mit ihrem, wie sie später begriffen hatte, ebenfalls an Depressionen leidenden Vater und dem negativen Einfluss, den dies auf das Familienleben gehabt hatte. Gleichzeitig jedoch fragte sie sich, ob ihre Interpretation wohl stimmte, denn in den Büchern und Artikeln, die sie zu dem Thema gelesen hatte, war sie vor allem Äußerungen über den Einfluss von Depression bei Müttern auf das Depressionsrisiko bei Kindern begegnet. Diese sprechen übrigens eine deutliche Sprache.

In einem Standardwerk mit dem Titel *Psychosocial Disorders in Young People*[20] (Psychosoziale Probleme bei Jugendlichen) unter Redaktion des renommierten britischen Kinder- und Jugendpsychiaters Michael Rutter wird auf Basis der zur Verfügung stehenden Forschung die folgende Schlussfolgerung gezogen: »Psychische Störungen der Eltern bilden das stärkste Depressionsrisiko für Kinder.« Zum Großteil basiert diese Schlussfolgerung tatsächlich auf Forschungsarbeiten über Mütter und Kinder, aber, dies zur Beruhigung der Mütter, es gibt auch eine Anzahl Studien, in denen der Einfluss der Väter untersucht wird. Und der scheint mindestens ebenso groß zu sein. Für (Ehe-)Paare, von denen ein oder beide Partner an einer psychischen Störung leiden oder im Lauf ihres Erwachsenenlebens gelitten haben, ist das sicherlich keine beruhigende Schlussfolgerung. Für sie wird es, leider, eher Anlass für Selbstvorwürfe oder Selbstbeschuldigungen sein, wenn sie ein Kind haben, das an Depression leidet. Und wenn sie noch keine Kinder haben, aber doch haben wollen, ist es wahrscheinlich Anlass zu starkem Zögern und Zweifel.

Doch solche verständlichen Reaktionen sind auch Anlass, um Rutters Schlussfolgerung einer genaueren Prüfung zu unterziehen. Denn wie stark ist der Zusammenhang zwischen elterlicher und kindlicher Depression nun eigentlich genau? Und wodurch wird sie erklärbar?

Was die erste Frage betrifft, ist die Antwort bestimmt keine einfache. Wir wissen, dass, wenn jemand einen depressiven Elternteil hat, die Chance, dass er oder sie auch depressiv werden wird, bedeutend größer ist, als wenn keiner der Eltern eine Depression hat oder hatte. Einer Grundrissstudie des Psychologen Terry Wilson und seiner Kollegen zufolge haben Familienangehörige jemandes, der an einer so genannten manisch-depressiven Störung leidet[21], eine Chance von ungefähr acht Prozent, selbst so eine Depression zu entwickeln. Dieser Prozentsatz ist ungefähr acht mal so hoch wie der innerhalb der »normalen« Bevölkerung. Die Chance, dass sie eine »normale« Depression, eine Depression ohne manische Perioden, entwickeln, ist noch höher. Leute mit einem Familienmitglied (Elternteil, Bruder, Schwester etc.), das an einer »normalen« Depression leidet, laufen beinahe doppelt so viel Risiko, selbst auch so eine Depression zu bekommen, wie Leute, in deren Familie keine Depression vorkommt. Wenn das betreffende Familienmitglied ein Vater oder eine Mutter ist, und sicherlich, wenn es beide Eltern betrifft, liegen die entsprechenden Risiken erheblich höher, doch ist es schwierig, mit letzter Bestimmtheit zu sagen, um wie viel höher, da die unterschiedlichen Forschungen hierfür sehr unterschiedliche Ergebnisse angeben. Aber wie dem auch sei, lange nicht alle Kinder depressiver Eltern werden selbst depressiv.

Auch die Art und Weise, in der Depression bei einem Elternteil Einfluss auf das Depressionsrisiko bei einem Kind hat, ist nicht klar. Es ist nicht so, dass Depression zwangsläufig Depression erzeugt. Bei Kindern und Jugendlichen mit depressiven Eltern finden wir beispielsweise häufiger Angstprobleme (Phobien, Panik) als Depressionen.

Es könnte sein, dass Angstreaktionen in jungen Jahren Ausdruck einer unterschwelligen Anfälligkeit für die Entwicklung emotionaler Störungen sind, die weitervererbt werden. Aber es könnte auch sein, dass sie Ausdruck bestimmter Merkmale in der Familien- und Erziehungssituation bei Kindern sind, die elterlicher Depression ausgesetzt sind. Die wahrscheinlichste Hypothese ist die Interaktion zwischen einem depressiven Elternteil und einem Kind.

Vor einigen Jahren veröffentlichten die Psychologen Cohn und Tronick[22] eine diesen Aspekt betreffende viel diskutierte Studie. Daraus ging hervor, dass bereits drei Monate alte Babys deutlich wahrnehmen können, wenn ihre Mütter bedrückt sind – und es stellte sich heraus, dass sie das als äußerst unangenehm empfinden. Die Forscher filmten 24 drei Monate alte Babys und ihre Mütter über eine Zeitspanne von drei Minuten, während derer die Mütter entweder normal mit ihrem Kind umgingen oder aber taten, als seien sie depressiv, indem sie einen trübsinnigen Gesichtsausdruck aufsetzten, in monotonem Ton sprachen, nicht oder kaum nach dem Kind schauten und wenig oder keinen Kontakt machten. Einige Mütter begannen mit dem »depressiven« Verhalten und wechselten dann zu »normalem«. Andere Mütter begannen »normal« und wurden dann »depressiv« und eine dritte Gruppe verhielt sich während der gesamten Untersuchung »normal«.

Zu welchem Ergebnis führte dieses Experiment? Wenn die Mütter »depressiv« waren, zeigte es sich, dass die Babys die Hälfte der Zeit protestierten, mit negativem Gesichtsausdruck und Weinen. Sie krümmten ihre kleinen Rücken oder waren sehr auf der Hut, mit ernsthaftem Gesichtsausdruck wie zusammengezogenen Augenbrauen, ständig nach ihren Müttern Ausschau haltend. Jede Form von Spiel wurde immer wieder von dem Baby selbst unterbrochen, dadurch, dass es aufmerksam nach der Mutter schaute, als suche es nach negativen Signalen. Selbst, nachdem die Mütter sich wieder normal verhielten, blieben die Babys noch eine Zeit lang in der negativen Stimmung hängen. Dagegen spielten die Babys von den Müttern, die sich die ganze Zeit »normal« verhielten, auch normal, mit fröhlichen oder lachenden Gesichtchen. Sie protestierten nur selten und waren kaum auf der Hut, während ihre negativen Stimmungen, sofern diese überhaupt auftraten, sich schnell wieder auflösten.

Auch andere Untersuchungen, diesmal mit wirklich depressiven Eltern, scheinen darauf hinzuweisen, dass diese einen negativen Einfluss auf ihr Kind ausüben können, unter anderem aufgrund eines Verhaltensmusters, das wenig Wärme und Zuneigung bzw. wenig Aufmerksamkeit und Interesse schenkt. Ihre Form der Zuwendung besteht vor allem in Geboten und Verboten und im Austeilen von Strafen.

Die Gefahr bei dieser Art Untersuchungen ist, dass sie leicht zu der Schlussfolgerung führen können, dass depressive Eltern durch ihre Art des Umgangs mit ihren Kindern die psychische Entwicklung ihrer Kinder gefährden. Doch das ist viel zu einfach gedacht. Rutter weist darauf hin, dass sich depressive Mütter häufig in Familien- und Ehekonstellationen befinden, in denen von chronischem Stress die Rede ist, was unter anderem mit einem problematischen Verhalten des Partners zu tun hat (beispielsweise Alkoholmissbrauch), Beziehungsproblemen mit dem Partner, drohender Scheidung, körperlichem und/oder sexuellem Missbrauch durch den Partner, finanziellen Problemen, zu vielen Aufgaben, wie neben der Versorgung der eigenen Familie auch ein Beruf und die Versorgung der Eltern oder anderer Familienangehöriger, oder angespannten, manchmal feindseligen Beziehungen mit anderen Familienangehörigen (Eltern, Schwiegereltern und dergleichen) oder Leuten in der Umgebung.

Es stellt sich heraus, dass der chronische Stress mehr Einfluss auf den Umgang mit ihren Kindern hat als ihre Depression an sich. Außerdem zeigte es sich, dass depressive Mütter oft selbst in Familien aufwuchsen, wo von chronisch starkem Stress die Rede war. Es zeigte sich, dass sie meist auch nicht die Fähigkeit erworben hatten, gut mit Stress umzugehen.

Umgekehrt haben Forscher bis jetzt dem Einfluss, den das Verhalten der Kinder selbst auf das Entstehen oder Fortbestehen einer Depression bei ihren Eltern haben kann, wenig Aufmerksamkeit geschenkt. Doch ausgehend von den spärlichen Untersuchungen, was diesen Aspekt betrifft, scheint häufig von einem wechselseitigen Zusammenhang zwischen elterlicher Depression auf der einen Seite und problematischem oder unangepasstem Verhalten bei Kindern auf der anderen Seite die Rede zu sein. Anders ausgedrückt, Kinder können durch ihr Verhalten oder ihre Eigenheit auch eine Ursache für Depression bei ihren Eltern sein.

Kurzum, der Zusammenhang zwischen Depression bei Eltern und Depression bei Kindern ist viel zu kompliziert und es spielen viel zu viele Faktoren eine Rolle, um Schuldzuweisungen, welcher Art auch immer, zu rechtfertigen. Außerdem wissen viele Eltern nicht einmal, dass sie an einer Depression leiden. Und wenn sie es denn wissen, haben sie oft keine Ahnung, was sie daran verändern können. Oder sie glauben schlichtweg nicht, dass etwas daran zu verändern ist. Das Gefühl von Hoffnungslosigkeit/Hilflosigkeit ist wiederum typisch für eine Depression.

Elterntypen

Der deutliche Zusammenhang zwischen psychischen Problemen bei Eltern und Depression bei Kindern stößt uns tatsächlich mit der Nase auf eine Tatsache, der bis jetzt viel zu wenig Aufmerksamkeit geschenkt wurde. Eine wichtige und vielleicht sogar die wichtigste Voraussetzung für die psychisch gesunde Entwicklung eines Kindes ist, dass es psychisch gesunde Eltern hat. Ich habe es bereits an anderer Stelle im Zusammenhang mit der Warnung der Weltgesundheitsorganisation gesagt: Wir tun derzeit noch viel zu wenig, um in einem möglichst frühen Stadium mit Eltern, die möglicherweise depressiv sind, in Kontakt zu kommen, um ihnen auf eine sichere und akzeptable Weise Rat und Hilfe anzubieten.

Während dies nun genau, bei allem Respekt, »zwei Fliegen mit einer Klappe schlagen würde«. Beratungsbüros, wohin Eltern nun vor allem für ihr Kind kommen, sollten ab sofort zu Behörden umorganisiert werden, die auch die psychische Gesundheit der Eltern zu ihren Aufgaben rechnen. Denn ein Kind, das mit einem Elternteil aufwächst, der an Depression leidet, doch (a) gut behandelt wird, (b) die Fertigkeit erlernt, mit den Folgen von Depression und Stress vernünftig umzugehen, (c) dessen Partner oder Partnerin ebenfalls diese Fertigkeiten vermittelt bekommt, hat die größte Chance, wenn auch natürlich mit Up's und Down's, sich zu einem psychisch gesunden Erwachsenen zu entwickeln. Und davon kann es nicht genug geben.

Aus diesem Grund habe ich 1997 dem GGD (Städtisches Gesundheitsamt, Anm.d.Ü.) und der Stiftung Thuiszorg in Rotterdam vorgeschlagen, ein Projekt zu starten, dem ich den Titel »Elterntypen« gab. Ziel des Projekts ist, dass Eltern, die in das Beratungsbüro kommen, kurze Zeit, nachdem sie ein Kind bekommen haben (ungefähr fünf Monate nach der Geburt), die Möglichkeit erhalten, psychische Probleme oder Beschwerden anzugeben. Wenn sich herausstellt, dass Grund dazu besteht, werden sie psychologisch untersucht und wird ihnen (unter Umständen) Hilfe angeboten. Diese Arbeitsmethode wurde inzwischen von der Rotterdamer Stadtverwaltung akzeptiert und in die soziale Stadtplanung integriert.

Im Zusammenhang mit diesem Projekt habe ich mit vielen Eltern gesprochen, die an Depressionen und anderen psychischen Störungen litten. Ich habe erlebt, wie wichtig es für sie war, dass es Leute gab, die mit ihnen über ihre Probleme redeten, Erklärungen gaben und sie mit Möglichkeiten der Hilfeleistung in Kontakt brachten. Ich habe auch erlebt, dass viele Eltern ausgezeichnet begreifen, wie wichtig ihre eigene psychische Gesundheit für die Entwicklung ihres Kindes ist. Es zeigte sich, dass sie oft selbst als Kinder erlebt hatten, wie sehr man unter den psychischen Problemen der eigenen Eltern leiden kann.

13

Das Selbstbild formt sich ganz am Anfang

Wie sich im vorigen Kapitel herausstellte, hat unsere Anfälligkeit für Depressionen viel mit der Frage zu tun, woher wir kommen und mit welchen Menschen, welchen Erwachsenen, wir unsere ersten Lebensjahre verbracht haben. Auf welche Weise genau üben unsere Eltern Einfluss auf uns aus? Auch darüber wissen wir das eine oder andere, aber wiederum noch lange nicht alles. Wir wissen wohl, dass unser Selbstbild als Erwachsene, und folglich auch unser negatives Selbstbild, sofern wir dieses haben, zu einem wesentlichen Bestandteil mit unseren Eltern und damit, wie sie mit uns umgegangen sind, zu tun hat oder zu tun haben kann.

Wissen, ich habe es bereits an früherer Stelle gesagt, ist Macht. Selbstkenntnis, Wissen über die Entwicklung des Selbstbildes und die Faktoren, die es beeinflusst haben, bedeutet deswegen Macht über das eigene Selbstbild. Es ist die Macht, das eigene Bild zu relativieren. Nehmen Sie den Begriff wörtlich. »Relativieren« bedeutet »in Relation sehen«. Versuchen Sie, Ihr Selbstbild in Relation zu Ihrer Vererbung, Erziehung, Gesundheit, Ihren Lebensumständen und natürlich auch Ihrem eigenen Verhalten und Ihren Leistungen zu sehen. Nur bitte niemals bloß in Relation zu Letzterem, immer in Beziehung zu allen genannten Faktoren.

Als Kind können Sie Ihr Selbstbild noch nicht relativieren. Demzufolge ist alles, was Sie als Kind über sich selbst denken, häufig eine direkte Widerspiegelung dessen, was andere, Ihre Eltern und andere Erzieher, von Ihnen halten und vor allem wie sie Sie behandeln. Und weil wir nun einmal Gewohnheitstiere sind, ist das, was Sie als Erwachsener von sich selbst halten, nicht selten eine unkritische Wiederholung dessen, was man Ihnen als Kind aufoktroyiert hat.

Am entscheidendsten ist dabei die Art und Weise, wie Sie als Kind geliebt worden sind. Oder nicht geliebt worden sind. In dieser Hinsicht gibt es immense Unterschiede in Bezug auf die Art, wie Kinder ihr Leben beginnen können.

Einfach ausgedrückt, einige Kinder sind bereits, bevor sie noch gut und recht zu leben angefangen haben, auf Verlust programmiert. Und demzufolge auf ein Lebensschema, bei dem die Chance, dass sie früher oder später eine Depression entwickeln, größer ist.

Erziehung als Antidepressivum?

Wie viele der Erwachsenen, die sich gegenwärtig in den Niederlanden befinden, waren Wunschkinder? Und spielt es in Bezug darauf, wie ihr Leben verlaufen ist, eine Rolle, ob sie als Kinder erwünscht waren oder nicht? Diese Fragen drängten sich mir auf, als ich nach einem Gespräch mit einer 30-jährigen Frau, kurz nachdem sie das Bewusstsein wiedererlangt hatte, das Krankenhaus verließ. Sie hatte eine Überdosis Tabletten mit einem kräftigen Quantum Alkohol eingenommen, nachdem ihr Ehemann angekündigt hatte, sie zu verlassen, um mit einer anderen zusammenzuleben.

In ihrem Abschiedsbrief hatte sie, beinahe sachlich, erwähnt, dass sie offensichtlich eines der Kinder war, die niemanden hatten, der, als sie zum ersten Mal ihren Kopf der Welt entgegenstreckten, »Willkommen« sagte.

»Ich habe nie gespürt«, ergänzte sie in einem später stattfindenden Gespräch, »dass die Tatsache, dass ich vorhanden war, für meine Eltern etwas Wichtiges, Positives, Freudvolles war. Ich habe dahingegen immer das Gefühl gehabt, überflüssig, zu viel zu sein. Und als mein Mann mich verließ, wurde ich wieder einmal knallhart auf diese Tatsache gestoßen: Andere brauchen mich nicht wirklich, für sie ist es nicht wirklich wichtig, ob ich hier bin oder nicht. Warum sollte es das dann für mich sein?«

Einige Zeit, nachdem die Behandlung dieser Frau abgeschlossen war, gab ich einigen Kollegen, Männern und Frauen, einen Kursus über Lebenslaufpsychologie. Einer der Aufträge, mit denen ich sie bedacht hatte, war das Schreiben einer Autobiografie, eines Berichts über ihr Leben, über die Dinge, Leute und Ereignisse, die darin eine wichtige Rolle gespielt hatten. In keiner der Geschichten, die ich zu Gesicht bekam, wurde etwas über die Frage, ob sie als Kind von ihren Eltern erwünscht waren, mitgeteilt. Als ich die Gruppe mit dieser Tatsache konfrontierte, reagierten die meisten zu meinem Erstaunen auf folgende Art: Sie hatten sich einfach nie die Frage gestellt: »War ich erwünscht oder nicht?« Auf meine Frage: »Glaubt ihr, dass die Antwort auf diese Frage wichtig ist?«, lautete die Antwort im Allgemeinen: »Sehr wichtig!« Auf meine Frage: »Seid ihr bereit, zu euren Eltern zu gehen und ihnen diese Frage zu stellen?«, war die Antwort indes sehr viel weniger einstimmig. Viele der Kursteilnehmer hatten herzlich wenig dafür übrig, ihre Eltern auf diese Art zu konfrontieren.

Einige nannten als Begründung, dass ihre Eltern über diese Frage enorm erschrecken würden, möglicherweise dächten, dass man als Kind an ihren Intentionen zweifelte und dass sich dies störend auf die Beziehung auswirken könne. Andere fanden es schwierig, weil sie unsicher waren, was ihre Eltern, wenn sie ehrlich wären, antworten würden. Falls die Antwort negativ ausfiele, wollten sie das eigentlich lieber nicht wissen. »Welchen Sinn hat es«, sagte ein Teilnehmer, »eine Illusion zu zerstören, mit der beide Seiten gut leben können?«

Wieder andere sagten, dass sie sehr wohl wüssten, wie die »ehrliche« Antwort lauten müsste und dass sie doch lieber unausgesprochen bleiben sollte. Denn wie geht man künftig mit einem Elternteil um, nachdem er einmal zugegeben hat, dass er einen als Kind eigentlich überhaupt nicht gewollt hat? Um die Diskussion zu beenden, fragte ich die Gruppe, wie viele von ihnen entweder daran zweifelten, dass sie wirklich erwünscht waren, oder sicher waren, dass sie nicht wirklich erwünscht waren. Zu meiner Bestürzung hob beinahe ein Drittel der Teilnehmer die Hand. Möglicherweise hat dies etwas mit ihrem Lebensalter zu tun – die meisten Teilnehmer waren Babyboomer, zwischen 1945 und 1955 in verhältnismäßig große und manchmal sehr große Familien hineingeboren –, doch auch in diesem Fall hoffe ich nicht, dass der Prozentsatz für diese Altersgruppe in ihrer Gesamtheit typisch ist.

Das ist nicht zu hoffen, weil die Folgen des Unerwünscht-Seins einen Menschen in seinen Kinder- und Jugendjahren und auch noch viele Jahre später Lebensfreude und Gesundheit kosten können. In seinem Buch *Die Kunst des Liebens* erklärt Erich Fromm, einer der einflussreichsten Denker auf dem Gebiet geistiger Gesundheit im zwanzigsten Jahrhundert, in einem Kapitel mit dem Titel »Liebe zwischen Eltern und Kind« deutlich, warum dies so ist.[23] Die wichtigste Erfahrung, die das Kind, das sich vom Baby zum Kleinkind und Kind entwickelt, laut Fromm machen kann, ist die Erfahrung: »Ich werde geliebt.« Es ist die Erfahrung, dass meine Eltern, vor allem meine Mutter, mich liebt, weil ich ihr Kind bin. Wenn alles in Ordnung ist, sagt Fromm, braucht das Kind für die Liebe der Mutter nichts zu tun. Ihre Liebe ist bedingungslos. Das Einzige, was das Kind zu tun braucht, ist, da zu sein, ihr Kind zu sein. Aber es gibt auch eine Kehrseite in Bezug auf den Umstand, dass diese Liebe nicht errungen, nicht verdient zu werden braucht.

Denn es ist nicht bloß so, dass sie nicht verdient zu werden braucht – sie kann auch nicht verdient, geweckt oder erzwungen werden. Diese Schattenseite wurde von einer Teilnehmerin des Kurses wie folgt ausgedrückt: »Ich habe immer das Gefühl gehabt, dass, was ich auch tat, wie sehr ich mich auch bemühte, dies nicht wirklich etwas ausmachte in Bezug auf die Haltung meiner Mutter mir gegenüber. Das ist jetzt noch so. Wenn ich zu Besuch komme, ist das ›normal‹. Wenn mein Bruder zu Besuch kommt, wird er dafür über den grünen Klee gelobt. Wenn ich ein Geschenk mitbringe, dann reagiert sie, als habe sie nichts anderes erwartet. Wenn mein Bruder etwas mitbringt, und ich sage ›wenn‹, dann spricht sie noch Tage später mit jedem, der es auch nur hören will, darüber.«

Als ich sie fragte, ob sie bereit sei, zu akzeptieren, dass sie auf der Rangliste ihrer Mutter erst auf den dritten, vierten oder überhaupt keinen Platz kam oder dass ihre Mutter es nicht schlimm gefunden hätte, sie nicht als Tochter gehabt zu haben, wurde sie zuerst sehr nachdenklich und danach reagierte sie ziemlich ungehalten mit den Worten: »Aber dann hätte sie kein Kind kriegen sollen.«

Doch, leider, so einfach ist es oder war es auf alle Fälle lange Zeit nicht. Viele der Kinder, die vor der Einführung der Antibabypille geboren wurden, waren nicht erwünscht, sie kamen einfach. In Familien mit vielen Kindern, acht, zehn oder manchmal mehr, war es sowohl praktisch als auch psychologisch häufig unmöglich, jedem Kind die gleiche Aufmerksamkeit zuteil werden zu lassen, selbst wenn alle Kinder den Eltern gleich lieb waren, wie das so schön heißt. Die Chance, dass einige dieser Kinder emotional verwahrlosten und, damit einhergehend, das Gefühl bei diesen Kindern, nicht wirklich oder wirklich nicht geliebt zu werden, waren dadurch groß.

Eine der Situationen, in denen das richtig deutlich wird, ist, wenn ein Elternteil oder beide Eltern sterben. Es sind die emotional verwahrlosten Kinder, die damit langfristig am meisten Probleme haben und die ernsthafte Beschwerden entwickeln. Für sie gilt, dass eine tief sitzende und ständig unbefriedigte Sehnsucht, nämlich einmal, und sei es nur ein einziges Mal, von Vater oder Mutter zu hören, »dich liebe ich auch«, nun für immer unbefriedigt bleiben wird.

Was so ein Kind als Erwachsener auch später im Leben erreicht und wie viel Lob oder Bewunderung ihm dies auch einbringt, die fundamentale Sehnsucht wird dadurch nicht gestillt. Denn es ist Lob oder Bewunderung, die man verdienen hat müssen, die also bedingt ist. Fromm macht klar, die Erfahrung bedingungsloser Liebe – »Es gibt keine Missetat, kein Verbrechen, die dich meiner Liebe, meiner guten Wünsche für dein Leben und für dein Glück berauben könnten« – appelliert an eine der tiefsten Sehnsüchte, nicht bloß des Kindes, sondern eines jeden Menschen.

Wenn ein Mensch um seiner guten Taten willen geliebt wird, weil er es verdient hat, bleibt immer Unsicherheit zurück. Lauert weiterhin die Furcht, dass er die Liebe wieder verlieren kann. In diesem Sinne ist selbst die Liebe eines Partners, löbliche Ausnahmen außer Acht gelassen, nicht oder nur zum Teil in der Lage, fehlende Mutterliebe – die übrigens nicht unbedingt von einer Mutter, sondern auch von einem Vater kommen kann – zu kompensieren. Was Bedingungslosigkeit angeht, so kann nichts mit wahrer Mutterliebe konkurrieren. Sie ist, sagt Fromm, die Voraussetzung für die Liebe, für das Leben selbst. Nicht allein das Leben, wie wir es uns wünschen, oder das Leben, worum wir uns bemühen, sondern das Leben, wie es ist. Damit ist sie das am längsten wirksame Antidepressivum auf diesem Planeten.

Was Ihnen nicht gegeben wurde, das haben Sie nicht empfangen

Doch was, wenn man als Kind ohne bedingungslose, ohne mütterliche Liebe zurechtkommen musste? Die Antwort ist ebenso wahr wie hart: Dann ist das schade, ein Mangel, ein nicht wieder gutzumachender Verlust. Es hat keinen Sinn, zu probieren, die fehlende Liebe nachträglich anderen abzuluchsen, denn das gelingt nicht. Das führt meist bloß zu noch mehr Verlust, mehr Unglück, mehr unglücklichen Beziehungen.

Die Mutter in jemandem suchen, der nicht die eigene Mutter ist und nicht sein kann, ist keine Lösung. Verlangt man von den Männern oder Frauen, mit denen man eine Beziehung eingeht, dass sie in der Liebe das wieder gutmachen, wo man früher zu kurz kam, ist das kein Lieben, sondern ein Benutzen. Außer der Tatsache, dass man damit auf Dauer dem anderen immer wehtut, verhindert dies auch die eigene emotionale Entwicklung. Der Erwachsene, der darauf aus ist, das gekränkte oder verwahrloste Kind in sich von anderen versorgen zu lassen, kränkt und verwahrlost die anderen. Und kränkt und verwahrlost damit die Beziehung zu ihnen. Denn er versucht, für sich selbst mehr aus der Beziehung herauszuholen, als er dafür zurückgibt. Das ist in jeder Hinsicht unfair. Demzufolge endet die Beziehung mit der betreffenden Person häufig schlecht und man landet nach der soundsovielten zerbrochenen Beziehung stets tiefer in der emotionalen Sackgasse.

Übrigens ist das in meinen Augen noch kein Grund für Verzweiflung und Minderwertigkeitsgefühle. Sie können es auch folgendermaßen betrachten: Je öfter in Ihrem Leben etwas schief geht, desto mehr Beispiele haben Sie aus eigener Erfahrung, um herauszufinden, was Sie tun müssen, um es beim folgenden Mal gut oder zumindest besser zu machen. Natürlich ist eine solche »Selbst«-Untersuchung häufig schmerzhaft, weil sie konfrontierend ist. Doch bedenken Sie dann Folgendes: Emotionaler Schmerz ist ein wichtiges Signal. Ein Zeichen, dass man sich an einer Stelle befindet, wo etwas nicht stimmt. Also ein Zeichen dafür, dass man auf dem richtigen Weg ist.

Ich habe einmal von einem amerikanischen Kollegen eine Methode gelernt, Muskelkater zu lindern bzw. verschwinden zu lassen. Der Name dieser Methode lautet *Fold-and-Hold*-Methode.[24] Die Methode funktioniert wie folgt: Gehen Sie auf die Suche nach den »tenderspots«, das sind die schmerzhaften Stellen bzw. die schmerzende Stelle in dem betroffenen Muskel. Wenn Sie sie gefunden haben, dann bewegen Sie den Muskel sehr vorsichtig rund um die Schmerzstelle, bis Sie die Position gefunden haben, in der der Schmerz nachlässt oder verschwindet. Bleiben Sie für kurze Zeit in dieser Haltung (ungefähr 90 Sekunden) und kehren Sie dann wieder in Ihre normale Position zurück. Wiederholen Sie die Übung mehrmals täglich. Also: den Schmerz aufsuchen, dann auf die Suche nach der Position in der Gegend der Schmerzstelle gehen, die gerade keinen Schmerz verursacht, und diese für kurze Zeit halten.

Ich habe erlebt, dass dies eine effektive Methode für viele Arten von Muskelschmerz ist. Ich habe auch erlebt, dass dies eine effektive Methode für vielerlei Arten von emotionalem Schmerz ist. Was für den Körper gilt, gilt offensichtlich auch für den Geist: Das Vermindern des Schmerzes beginnt damit, dass man sich ihm stellt.

Wir stoßen hier wieder auf das eigenartige Spiel von Gegensätzen, die typisch für das Leben sind und worüber wir bereits zu Beginn dieses Buches sprachen.[25] Je bewusster man sich zuweilen dem eigenen emotionalen Schmerz stellt, umso größer ist die Chance, dass man entdeckt, womit der Schmerz zu tun hat und wodurch er beeinflusst wird, und umso größer die Chance, dass man lernt, weniger oder keine Unannehmlichkeiten mehr davonzutragen.

Dies ist der Kern der Bewusstwerdung. Bewusstwerdung beginnt meist beim Schmerz. Viele Leute geraten durch die Dinge, derer sie sich bewusst werden, aus der Fassung, in Bezug auf sich selbst, in Bezug auf andere. Der Zusammenbruch ihrer alten Denkbilder kann ihr Leben und vor allem ihr ganzes Erleben auf den Kopf stellen. Aber wir brauchen Zusammenbrüche, um alte Muster, Strukturen und Bilder loszulassen. Wie zum Beispiel negative oder ungesunde Selbsteinschätzungen.

Bewusstwerdung: der Prozess

Hamburg, Sonntagabend, etwa acht Uhr. Ich sitze mit einem guten Freund, einem deutschen Psychologen, in einem Restaurant beim Essen. Wir haben uns den ganzen Tag, gemeinsam mit einer Gruppe Kollegen, mit Diskussionen über die psychologische Behandlung von Menschen mit Persönlichkeitsstörungen beschäftigt. Die ganze Palette, darunter die argwöhnische, die psychopathische, die histrionische (früher hysterische), die ängstliche, die zwanghafte und die abhängige Persönlichkeitsstörung, passierte Revue. Da er sensibel in Bezug auf Autoritäten ist und mich als seinen *senior* betrachtet, fragt er mich in einem bestimmten Augenblick, welcher Kategorie ich ihn zuordnen würde. Die Frage erweist sich als Auftakt zu einem stundenlangen, sehr intensiven Gespräch über unser beider Leben und, unvermeidlich, auch über das Leben selbst. Er ist 46 Jahre alt, Junggeselle, hat eine eigene Praxis, in der er acht Monate im Jahr drei Tage pro Woche arbeitet. Während der anderen zwei Tage arbeitet er ehrenamtlich in einem Auffanglager für Asylsucher. Vier Monate im Jahr verbringt er ganz auf der anderen Seite der Welt, auf der Insel Samoa im Stillen Ozean, wo er ehrenamtlich für eine Organisation arbeitet, die Menschen Hilfe bietet, die sich in einer Lebenskrise befinden und suizidal sind.

Dieses Leben führt er seit fünf Jahren. Davor arbeitete er praktisch zwölf Monate im Jahr sechs Tage in der Woche als Psychotherapeut in einem sehr gut situierten Stadtteil Hamburgs. Fünf davon aß er abends bei seiner Mutter, einen Abend in der Woche ging er mit einem Kollegen Squash spielen und am Wochenende verbrachte er seine Abende und Nächte bei einer Freundin, mit der er nicht zusammenleben und von der er keine Kinder wollte. Sowohl in seiner Arbeit als auch in der Einteilung seiner freien Zeit war er sehr akkurat. Auch deswegen war er als Verhaltenstherapeut bei der Behandlung von Phobien, Zwangsneurosen und verwandten psychischen Problemen sehr effektiv und besaß einen guten Namen. So viel wie möglich sparen, so viel wie möglich Wohlstand aufbauen und so wenig wie möglich Verantwortung für Menschen in seiner direkten Umgebung übernehmen kennzeichnete eigentlich seinen Lebensstil.

Nahezu fünfzehn Jahre hatte er auf diese Weise gelebt und vor allem gearbeitet, als ein auf den ersten Blick unbedeutender Anlass einen tief greifenden Veränderungsprozess in Bewegung setzte. Eines Tages verletzte er sich beim Squashspielen ziemlich gravierend. Einige Wochen lang war er nicht in der Lage zu arbeiten und das Squashspielen musste er definitiv aufgeben. Letzteres konfrontierte ihn mit der Tatsache, dass sein Körper älter wurde. Ersteres gab ihm seit langer Zeit die Möglichkeit, in seinem eigenen Haus einmal etwas anderes zu tun als zu arbeiten. Eines der Dinge, die er tat, etwas, wozu er sonst nicht oder kaum jemals kam, war das Lesen von Literatur außerhalb seines Fachgebiets. Der meteorhafte Einschlag, den das zweite Buch, das er zur Hand nahm, in seiner Psyche auslöste, ist für mich der soundsovielte Nachweis für die Tatsache, dass Bewusstwerdung bei einigen Menschen der Beginn eines neuen Lebens sein kann. Einige Psychologen nennen dieses Phänomen treffend »Einsicht« (das Gewahrwerden des eigenen Innern und das Bewusstwerden davon, wie sehr das äußere Leben ein Abdruck des eigenen Innern ist).

Das zweite Buch war *Der Prozess* von Franz Kafka. Es ist ein Buch, das ich selbst über eine psychologische Studie zu diesem Thema von Erich Fromm in seinem Buch *Märchen, Mythen, Träume* kennen gelernt habe. Ich habe *Den Prozess* danach verschiedene Male gelesen und jedes Mal blieb ein Gefühl starker Beunruhigung zurück. Dasselbe war meinem deutschen Kollegen geschehen. Kafkas Buch ist ein Roman, in dem die Ereignisse auf den ersten Blick wirklich stattzufinden scheinen, im Verlauf des Buchs aber wird deutlich, dass sie sich tatsächlich ausschließlich in der Psyche der Hauptperson, Joseph K., abspielen. Doch deswegen sind sie nicht weniger echt oder weniger entscheidend für sein Leben und dessen Entwicklung.

Das Buch beginnt auf gruselige, Unheil verkündende Weise: Joseph K. wird eines Morgens festgenommen, ohne dass er etwas Böses getan hatte, und demzufolge scheint es logisch, dass jemand ihn verleumdet hat. Das Gefühl der Bedrohlichkeit nimmt noch zu, als K. von einem Gerichtsdiener zu hören bekommt, dass er ruhig auf seine Arbeit – er arbeitet bei einer Bank – gehen kann. K. begreift das nicht, denn wie kann er wie gewohnt auf seine Arbeit gehen, wenn er festgenommen ist? Das ist im normalen Leben natürlich ein Ding der Unmöglichkeit. Aber es ist durchaus möglich, wenn wir K.s Festnahme so deuten, wie Kafka sie im Grunde gemeint hat: als eine psychische Festnahme. Das Wort Festnahme beinhaltet so etwas wie »geraubte Bewegungsfreiheit« oder »zum Stillstand gekommen«. K.s psychische Entwicklung war durch die Art, wie er lebte und arbeitete, zum Stillstand gekommen, »festgenommen«.

In den Worten Fromms: »K. war sich undeutlich bewusst, dass er dabei war, sein Leben zu verpfuschen.« Auf einer bestimmten Ebene fühlte er sich deswegen schuldig, doch in Wirklichkeit war er selbst derjenige gewesen, der sich in die Lage des Angeklagten gebracht hatte. Anstatt aber auf die innere Anklage zu hören und sich selbst zu verändern, suchte er seinen Kläger außerhalb des eigenen Selbst, versuchte er andere Leute einzuschalten, um, ohne dass klar war, warum genau er angeklagt war, für ihn einzutreten und seine Unschuld zu beweisen. Er begibt sich auf die Suche nach Männern und vor allem Frauen, die ihm sagen oder ihn spüren lassen, dass er tatsächlich wirklich ein anständiger, sich ordentlich verhaltender, liebenswerter Mann ist.

Unterwegs erhält er verschiedene Warnungen, die ihn hätten wachrütteln können, wie die eines Mannes, der ihm sagt, dass er vor seinem Prozess weniger an andere denken solle und das, was sie von ihm halten, und mehr an sich selbst. Da er jedoch blind und taub für die Tatsache bleibt, dass sowohl die Anklage als auch der Kläger seiner eigenen Psyche entspringen, muss seine Verteidigung scheitern und der Prozess ungünstig für ihn verlaufen. Er wird zum Tode verurteilt.

Kurz vor dem Augenblick, in dem er von seinen Exekutoren umgebracht werden soll, fällt, so erläutert Fromm, bei ihm der Groschen und er ist zum ersten Mal in der Lage, sich selbst die richtigen Fragen zu stellen wie: Wo residiert derjenige, der mich angeklagt hat, wenn dieser nirgends in der Außenwelt zu finden ist? Wo ist der Richter, den ich niemals zu Gesicht bekommen habe und der doch das Todesurteil über mich ausgesprochen hat? Von wem musste dann die Hilfe kommen, wenn sie nicht von anderen kommen konnte?

Beeindruckend und erschütternd ist die Einsicht, die K. plötzlich, den Tod vor Augen, ins eigene Ich gewinnt: »Ich wollte immer mit zwanzig Händen zugleich die Welt ergreifen und dies zudem für ein nicht zu billigendes Ziel.« Was er damit meint, ist, laut Fromm, dass er die Welt und andere Menschen all die Jahre ausschließlich für die Befriedigung seiner eigenen Bedürfnisse benutzt hatte. Dass die Frage, was andere Leute und ihre Beziehungen ihm zu bieten hatten, die vornehmste Triebfeder gewesen war, um Kontakt mit ihnen zu knüpfen oder zu unterhalten. Dass sein Leben eigentlich bedeutungslos gewesen war, da er sich vor allem mit der Frage beschäftigt hatte, was andere ihm bedeuten konnten, und nicht oder kaum, was er anderen bedeuten konnte. Im Angesicht des Todes entdeckte er zum ersten Mal den Stoff, aus dem Freundschaft und Liebe gemacht sind.

Es war die Beunruhigung, dass sein Lebensweg auf dieselbe Art verlaufen würde, die meinen Kollegen dazu gebracht hatte, sein Leben drastisch umzumodeln, seine Arbeit auf das zu reduzieren, was er ungefähr benötigte, um einigermaßen über die Runden zu kommen, und den Rest der Zeit auf zwei sehr unterschiedlichen Plätzen in der Welt Freundschaften aufzubauen und zu pflegen und Menschen zu helfen, die umgekehrt nichts für ihn tun konnten. Was er, um mit Vaillant zu sprechen, getan hat, ist, eine persönliche Beziehung mit Sasha zu beginnen und insbesondere Sublimation und Altruismus anzuwenden.

Jede wirkliche Bewusstwerdung, so erkannte ich, als ich nach unserem Gespräch in mein Hotel zurückging, erkennt man an der Tatsache, dass sie ein Anschlag auf das eigene Selbstbild und die eigene Lebensweise ist. Und es sind offensichtlich vor allem die »angeschlagenen« Menschen, die dafür sorgen, dass mit anderen und mit ihnen selbst ein wenig freundlicher und ein wenig liebenswürdiger umgegangen wird.

Wieso das, was Sie verdient haben?

An diesem Punkt kehre ich noch einmal kurz zum Zusammenhang zwischen der Erfahrung bedingungsloser Liebe bzw. mütterlicher Liebe und Selbstbild zurück. Ziemlich viele Leute mit Minderwertigkeitsgefühlen glauben, dass sie keine bedingungslose Liebe erhalten haben, weil sie das nicht wert waren. Weil also etwas bei ihnen nicht stimmte. Der Gedanke ist

Ausdruck von *blaming the victim*, eine Manier, dem Opfer die Schuld zu geben für das »Verbrechen«, das ihm widerfahren ist. Man wird durch seine Erziehung mit einem Minderwertigkeitsgefühl belastet und anschließend sagt man, aus demselben Minderwertigkeitsgefühl heraus: »Das ist berechtigt, denn ich bin minderwertig.« Es ist eine Argumentation im Sinne von »wo Rauch ist, ist Feuer«. Das entspricht absolut nicht der Wahrheit.

Jedes Kind hat ein Recht auf bedingungslose Liebe, und wenn es die nicht bekommt, ist das Unrecht.

Doch *shit happens*, Unrecht geschieht. Nur, es geschieht immer ohne gute Gründe. Darum genau ist es Unrecht. Es gibt demnach keinen guten Grund, warum gerade Ihnen als Kind bedingungslose Liebe vorenthalten wurde. Es gibt auch keinen einzigen Grund, sich als Erwachsener minderwertig zu fühlen aufgrund der Tatsache, dass man als Kind nicht bedingungslos geliebt wurde.

Deswegen ist nur eine gesunde Schlussfolgerung möglich: Weigern Sie sich, sich da verletzen zu lassen, wo das Leben Sie schon mal verletzt hat. Drehen Sie den Spieß um. Machen Sie einen Gewinn aus Ihrem Verlust. Fassen Sie den Beschluss, dass, wenn da kein anderer ist, der Sie in Ihrem Erwachsenenleben bedingungslos lieben kann, Sie sich der einzigen Person zuwenden, die das wohl kann. Machen Sie sich zu Ihrem eigenen Liebesprojekt. Machen Sie ein Projekt daraus, für sich selbst, eigentlich muss ich sagen, für das verwahrloste Kind in Ihnen, auf eine würdige und liebevolle Weise zu sorgen. Seien Sie ein bedingungsloser Vater, eine bedingungslose Mutter für das Kind in Ihnen selbst. Die Chance, dass Sie dies auch für das verwahrloste Kind in anderen und für ihre eigenen Kinder sein können, nimmt stark zu. Und dadurch bekommen Sie von anderen häufig mehr zurück, als Sie von Ihren Bedingungen stellenden Eltern jemals bekommen haben. Sie bekommen oft sogar mehr zurück als diejenigen, die bedingungslos liebende Eltern gehabt haben. Der Grund hierfür ist wiederum ein einfacher: Sie sind sich des emotionalen Unrechts in dieser Welt bewusster. Und demzufolge ein besserer Anwalt bzw. Gesprächspartner für diejenigen, die ebenfalls verletzt sind oder verletzt werden können.

Teil 2

Beziehungen:

Glück und Scherereien, Himmel und Hölle

Einführung

Als kleiner Junge hatte ich großen Respekt vor meinem Vater. Nicht, dass ich immer gehorsam war, im Gegenteil. Aber mein Bild von der Welt, von dem, was gut und was schlecht war, was wichtig war und was nicht, wurde in großem Maße von seinen Auffassungen und Äußerungen bestimmt. Auch in seinem Äußeren war er mein Vorbild. Ich ging oft zu ihm, um mein Haar von ihm kämmen zu lassen, weil ich wollte, dass es genauso saß wie bei ihm. Er trug eine Brille, also wollte auch ich eine. Dies gelang mir schließlich mit zehn, dadurch, dass ich eine Zeit lang so tat, als könnte ich nicht mehr gut sehen, obwohl mit meinen Augen alles in Ordnung war. Mein unerschütterlicher Glaube an meinen Vater ging Hand in Hand mit einem unerschütterlichen Glauben an Gott. Manchmal, so wie jetzt, während ich dies notiere, erinnere ich mich wieder stark an das Gefühl von Sicherheit, das mein bedingungsloser Glaube an beide bewirkte. Als ob ich vor nichts wirklich Angst zu haben brauchte, weil sie da waren.

Sie sind schon lange nicht mehr. Mein Vater starb vor mehr als dreißig Jahren. Doch meine Achtung vor ihm starb früher. Ich denke, ungefähr zur gleichen Zeit verschrumpelte auch mein Respekt vor Gott. Ihr Verlust stimmt mich noch immer nicht fröhlich, eher traurig.

Gleichzeitig bin ich mir der Tatsache bewusst, dass ich mich nie mehr ihrer Autorität unterwerfen könnte. Es ist der Konflikt zwischen dem Kind in mir, das sich gerne anlehnen möchte, und dem Erwachsenen, der weiß, dass die einzigen Beine, auf denen er stehen kann und will, seine eigenen sind.

Im Grunde ist unser gesamtes Leben ein ständiges Hin- und Hergleiten auf einem Seil, das straff zwischen den Polen »Abhängigkeit« und »Selbstständigkeit« gespannt ist. Beide sind authentische menschliche Bedürfnisse. Aber gerade deswegen werden wir auch beständig zwischen ihnen hin- und hergezogen. Wir wollen unsere eigenen Grenzen setzen und gleichzeitig zu anderen gehören, am liebsten sogar uneingeschränkt über sie verfügen. Wir wollen von anderen hören, dass das, was wir tun, in Ordnung ist, und gleichzeitig unsere eigene Wahl treffen. Wir wollen uns von anderen unterscheiden, aber gleichzeitig wünschen wir uns von ihnen Bewunderung, Applaus bzw. Respekt. Manchmal gehen wir sogar so weit, die Autorität anderer anzugreifen, um sie zu zwingen, Achtung uns gegenüber zu entwickeln.

Das ewige Spannungsfeld zwischen Abhängigkeit und Selbstständigkeit bewirkt, dass wir immer ambivalent denjenigen gegenüberstehen, die Macht über oder Einfluss auf uns haben. Das fängt schon bei unseren Eltern an. Mit ihrem Einfluss ringen wir einen Großteil unseres Lebens. Das setzt sich in unseren Paarbeziehungen und bei all den anderen Menschen, Gruppen und Organisationen, mit denen wir in unserem Leben zu tun bekommen, fort. Auf der einen Seite wollen wir uns gern von der Obhut, der Autorität bzw. der Macht anderer beschirmen lassen. Auf der anderen Seite jedoch wollen wir selbst Herr und Meister unseres Lebens und unserer Zukunft sein. Das bedeutet, dass wir immer wieder gegen den Einfluss, die Macht und die Obhut anderer vorgehen, sogar vorgehen müssen.

Deswegen müssen Kinder, um sich gut zu entwickeln, früher oder später ihre Eltern abwerten. Nur so können sie sich ihrem Einfluss genügend entziehen. Das ist für beide Seiten häufig ein schwieriger und nicht selten schmerzhafter Prozess. Aber das ist nun einmal so. Aus demselben Grund werten Partner einander im Laufe der Zeit ab. Auch das ist schmerzhaft und verletzend. Und auch hier gilt, dass es häufig nicht anders möglich ist. Oft muss das so sein, weil der eine die Verantwortung für das Glück und die Entwicklung des anderen auf sich genommen hat. Diese Verantwortung aber können Menschen einander nicht auf Dauer abnehmen. Sie sollten es auch nicht versuchen. Wir können einander nicht glücklich machen. Wenn wir finden, dass wir das doch können müssen, werden wir unvermeidlich zu dominant und greifen damit die Selbstständigkeit bzw. Eigenart und damit die Entwicklung des anderen an.

Die Konsequenz sind Unbehagen, Unglück, Scheitern. So herrscht in allen Familien und allen anderen intimen Beziehungen eine fundamentale Spannung. Nämlich die Spannung zwischen Abhängigkeit bzw. Unterordnung auf der einen Seite und Selbstständigkeit bzw. Dominanz auf der anderen. Die Spannung ist nicht immer sichtbar oder deutlich. Die Betroffenen brauchen sich ihrer nicht einmal bewusst zu sein. Wie oft wird beispielsweise Dominanz nicht unter dem Deckmantel von »Ich habe das einzig und allein zu deinem Besten getan« oder »... weil ich glaubte, dass du das gerne wolltest« »verkauft«.

Die Position, die Menschen im Hinblick aufeinander in Bezug auf die Polarität Abhängigkeit/Selbstständigkeit einnehmen, ihre diesbezügliche Bewusstheit und vor allem auch ihre Flexibilität im Finden neuer Positionen, wenn Umstände oder Entwicklungen dies erforderlich machen, sind für die Qualität ihrer Beziehung entscheidend. Es geht hier unter anderem um das Maß, in dem sie Freiheit, Freiheit, um eigene Entscheidungen zu treffen, Vorlieben und Anschauungen auszusprechen, die eigenen Gefühle zu äußern, als einen zentralen Wert ihrer Beziehung betrachten.

Doch außer um Freiheit geht es hier noch um einen anderen Wert, nämlich Gerechtigkeit. Nicht zu zwingen, wo man selbst auch nicht gezwungen werden will. Nicht zu fordern, wo man selbst auch nicht genügen kann oder will. Nicht mehr zu nehmen als man gibt. Beziehungen sind in hohem Maß eine Angelegenheit von Werten und Normen. Ich komme später noch ausführlicher darauf zurück. Hier ist die Feststellung wichtig, dass Freiheit und Gerechtigkeit in Gefahr sind, wenn die eine Person im Hinblick auf die andere Person zu dominant ist. Das führt unausweichlich zu Gefühlen wie Unbehagen und nicht selten Hass bei der anderen, zu untergeordneten bzw. abhängigen Person. Aber umgekehrt tut zu große Abhängigkeit das auch. Dadurch, dass man sich abhängig verhält, tastet man die Freiheit des anderen an. Man behandelt ihn ungerecht. Man verlangt mehr Verantwortlichkeit vom anderen für das eigene Leben, als man Verantwortlichkeit für das des anderen übernimmt. Auch dies führt zu Unbehagen, Ärger oder sogar Abneigung beim anderen.

Wie kommt es, dass wir so oft und so viel mit Abhängigkeitsproblemen und Selbstständigkeitsproblemen in unseren Beziehungen zu kämpfen haben?

Die Antwort ist im Grunde einfach. Wir werden in absoluter Abhängigkeit geboren. Selbstständigkeit müssen wir erringen, erobern. Und das in einer Welt, die auf der einen Seite will, dass wir selbstständige Menschen werden, dies aber auf der anderen Seite eigentlich nur zugesteht, wenn wir das nach ihren Bedingungen tun. Verwirrender und paradoxaler geht es eigentlich nicht. Hinzu kommt noch, dass wir selbst so einen paradoxalen Basiswunsch haben. Wir wollen sowohl frei als auch gebunden sein. Mit diesen Voraussetzungen ist es beinahe unvermeidlich, dass Beziehungen häufig in Ärger münden: Glück und Scherereien, Himmel und Hölle.

1

Wir und der andere

»Wir alle beginnen unser Leben, indem wir andere so wichtig nehmen, sie in ein so falsches Licht rücken, weil wir die Angst vor unserer Unbedeutendheit und Hilflosigkeit in dieser Welt – unsere Existenzangst – so weit wie möglich aus unserem Leben verbannen müssen.«

Eines Nachts weckte mich Davy, mein damals sieben Jahre alter kleiner Sohn. Dicke Tränen rollten über seine Wangen und flüsternd, in Anbetracht der späten Stunde, sagte er: »Papa, ich habe Angst.« Wovor er Angst hatte, wurde klar, als ich ihn in sein Zimmer zurückbrachte. Er hatte die Gardine vor seinem Fenster zurückgeschoben und da es eine klare Sommernacht war, konnte man die zahllosen Sterne am Himmel sehen. Einige Wochen zuvor hatte ich ihm erzählt, dass genau so viele Sterne und Planeten im Weltall waren, wie Sandkörner auf den Stränden der Erde lagen. Ich hatte auch erzählt, dass die meisten dieser Himmelskörper größer als unsere Erde sind. An diesem Tag war er am Strand gewesen, hatte sich müde gespielt und war zufrieden schlafen gegangen. Doch einige Stunden später war er wach geworden. Er dachte an den Sand auf dem Strand und an meine Schätzung der Anzahl Sterne im Firmament, hatte seine Gardine zurückgeschoben, in den Himmel geschaut und dann war es ihm schwindlig geworden. Das unermessliche Weltall hatte das Fassungsvermögen seines kleinen Gehirns überflutet und ein beängstigendes Gefühl von Nichtigkeit und Alleinsein bei ihm ausgelöst.

Später, als ich ihn mit beruhigenden Worten wieder in den Schlaf gewiegt hatte, wurde mir erst bewusst, wie seltsam das ganze Ereignis eigentlich war. Ein Kind wird von der Unermesslichkeit des Weltalls und seiner eigenen Verletzlichkeit überwältigt. Aus Angst flüchtet es zu einem Erwachsenen, der sich eigentlich ebenso machtlos, ebenso nichtig fühlt wie das Kind selbst. Und trotzdem kann der machtlose Erwachsene dem Kind ein Gefühl von Schutz, von Geborgenheit vermitteln. Das geht natürlich nur, wenn sich das Kind den Erwachsenen als mächtig genug vorstellt, um es gegen Bedrohungen, die Schrecken der Außenwelt zu beschützen. So erhalten in der Erlebniswelt des Kindes die Eltern ebenso viel Macht wie das unermessliche Weltall.

In der Psychologie wird dieser Prozess, der sich überall und immer zwischen Kind und Eltern vollzieht, »Übertragung« genannt. Das Kind überträgt auf die Eltern Qualitäten, die es selbst nicht hat, so wie Macht, Kraft und Intelligenz. Dadurch, dass es sich an die mächtigen, doch nahen Eltern bindet – an das Weltall kann man sich nicht binden, denn das ist zu weit entfernt, zu groß, zu unpersönlich –, und dadurch, dass es die Eltern als eine Art Schutzwall zwischen sich und die Außenwelt platziert, schrumpft für das Kind das abschreckende Weltall zu einer kleineren, sichereren Welt. Einem Ort, an dem es sich »beruhigt« fühlen kann. Die Eltern werden für das Kind sozusagen seine ganze Welt, die Welt, zu der es »dazugehört«. Denn die Eltern hören das Kind. Das Weltall nicht. Darin würde sich die Stimme des Kindes in nichts auflösen und ein Kind, das nicht gehört wird, stirbt. Übertragung ist deswegen lebenswichtig für jedes Kind. Oder, wie Erich Fromm es in seinem Buch *Die Furcht vor der Freiheit* beschreibt: »Die Möglichkeit, allein gelassen zu werden, bildet notwendigerweise die ernsthafteste Bedrohung für die gesamte Existenz des Kindes.«[1]

Beim Prozess der Übertragung geschieht noch etwas anderes. Indem es sich an die Eltern bindet, sich nach ihnen richtet und sie imitiert, erwirbt das Kind seinem Empfinden nach etwas von den Qualitäten der Eltern. Es fühlt sich mächtiger und sicherer, weil es mächtige Eltern hat. An Mutters Rockzipfel hängend, bringt es leichter den Mut auf, andere Kinder zu beschimpfen. Mit Vater oder Mutter an der Seite liefert es bessere Sport- bzw. Schulleistungen.

Doch durch den für jedes Kind notwendigen Prozess der Übertragung entsteht auch eine Reihe fundamentaler psychologischer Probleme, mit denen viele Leute häufig ein Leben lang zu kämpfen haben. Weil kein Mensch den Kräften des Universums gewachsen ist, macht das Kind in seiner Vorstellung die Eltern viel mächtiger, als diese tatsächlich sind. Mit anderen Worten: Wir alle beginnen unser Leben, indem wir andere so wichtig nehmen, sie in ein so falsches Licht rücken, weil wir die Angst vor unserer Unbedeutendheit und Hilflosigkeit in dieser Welt – unsere Existenzangst – so weit wie möglich aus unserem Leben verbannen müssen.

Der Preis, den wir dafür bezahlen, besteht aus einer anderen Angst, nämlich der Angst, den anderen oder andere zu verlieren bzw. ihnen zu missfallen. Deshalb kontrollieren kleine Kinder – durch Rufen oder Umherschauen – täglich wirklich unzählige Male, ob Vater oder Mutter noch in der Nähe sind. Deswegen auch kann eine Trennung von den Eltern, zum Beispiel durch Krankenhausaufnahme oder Auflösung der Ehe, für das kleine Kind eine äußerst traumatische Erfahrung sein.

Psychologisch gesehen ist eine Übertragung jedoch ein Regenschirm, der früher oder später zusammenklappt, entzweibricht, zu wenig Raum bietet. Für das Kind, das erwachsen wird, ist der Verlust der Eltern als Bollwerk gegen die Bedrohung durch die »große Welt« unvermeidlich. Während der Pubertät oder später entdecken wir, dass unsere Eltern keine besonderen Menschen sind. Sie sind normal, verletzlich, nicht gefeit gegen

Irrtümer. Damit bröckelt die Schutzwand, an die wir uns immer angelehnt haben, ab. Nun droht die Gefahr, dass wir frei, jedoch allein und auf uns selbst gestellt, ungeborgen, in der Welt herumzudriften beginnen. Durch die Risse in der Mauer, die die Übertragung darstellt, beginnt die Existenzangst durchzusickern. Die depressiven Angstanfälle vieler junger Leute, ihre zuweilen plötzlichen Stimmungsumschwünge und ihre Beschäftigung mit dem Tod sind hiervon ein wesentlicher Ausdruck.

Zusätzlich geschieht noch etwas anderes. Wenn unsere Eltern verletzliche, nicht gegen Irrtümer gefeite Menschen sind, dann sind wir dies auch. Die Abwertung unserer Eltern bedeutet auch einen Anschlag auf unser Selbstbild und auf unser Selbstvertrauen. Das ist einer der Gründe, warum Jugendliche und auch Erwachsene meist nicht hören wollen, dass sie ihren Eltern gleichen.

Aus diesem Grund gehen viele Jugendliche auf die Suche nach anderen Vorbildern, vorzugsweise Vorbildern, die sie als Jüngere von der Welt der Erwachsenen deutlich unterscheiden. Daher diese häufig übertriebene, beinahe hysterisch anmutende Schwärmerei junger Leute für Popidole, Sportstars oder andere Altersgenossen. Beseelt von der (unbewussten) Angst, allein auf der Welt zu sein und erwachsen werden zu müssen, überträgt der Jugendliche dieselben Gefühle, die er zuvor auf seine Eltern richtete, nun auf eine andere Generation. Er nimmt den Popstar, den Freund oder die Freundin total wichtig, genau wie früher seine Eltern. Und er macht sich genauso abhängig davon. Daher sein Hang, sich genauso zu kleiden und zu verhalten wie sein Idol und dadurch ein Gefühl der Identität, Sicherheit und der Dazugehörigkeit aufzubauen.

Kinder befreien sich, um sich zu binden. Sie wollen nicht mehr zu ihren Eltern gehören, weil sie irgendwo anders dazugehören wollen. Dies kommt einer eigenen Wahl gleich. Ihre Eltern haben sie ja nicht gewählt, sie wurden ihnen zugewiesen. Aber Kinder oder Erwachsene wählen nicht, um irgendwo dazuzugehören. Sie müssen. Das Bedürfnis, irgendwo dazuzugehören, ist so zwingend, dass sie sich dem, wie »selbstständig« sie auch sein mögen, nicht entziehen können. Dadurch, dass wir irgendwo dazugehören, können wir das Bewusstsein unserer selbst, unserer eigenen individuellen Nichtigkeit, unserer Wehrlosigkeit angesichts von Gewalt, Tod, Krankheit, Alter, beherrschen, im Zaum halten. Dadurch, dass wir irgendwo dazugehören, zu einer Familie, einer Gruppe, einem Betrieb, einem Glauben, einer Nation, erhält unser Leben eine bestimmte Prägung und Richtung. Erich Fromm traf den Nagel auf den Kopf, als er sagte, wenn wir nirgendwo dazugehörten, wären wir so gelähmt von Zweifel, dass wir nicht imstande wären, zu leben.

Damit stoßen wir auf die rätselhafte Situation, in der wir alle, Junge wie Alte, gefangen sitzen, sowohl was uns selbst betrifft als auch unsere Beziehungen zu anderen. Wir leben in Todesangst vor dem, was wir uns am meisten wünschen: Freiheit. Doch Freiheit, im Sinne von Autonomie, von Selbstbestimmung, ist gleichzeitig ein fundamentaler Wert, ein fundamentales Bedürfnis. Wir wollen in unserem Denken gern frei sein, unsere Meinung frei äußern können, frei entscheiden und unser Leben selbst planen. Gleichzeitig aber möchten wir auch zu anderen gehören und die wollen bestimmte Dinge nicht von uns annehmen. Die wollen nichts mehr mit uns zu tun haben, wenn wir unseren eigenen Lebensstil pflegen und uns bestimmte Freiheiten erlauben.

Freud kam in seinem Buch *Das Unbehagen in der Kultur*[2] zu der folgenden Schlussfolgerung: Bestandteil einer Familie ausmachen, einer Beziehung, einer Gruppe, einer Gesellschaft, ist unvermeidlich frustrierend. In uns und zwischen uns herrscht immer ein Unbehagen. Niemand ist wirklich glücklich. Was er oder sie sich selbst oder anderen auch vormachen mag. Dies bedeutet nicht, dass jeder unglücklich ist. Nur gibt es in Beziehungen immer Unsicherheit, Zweifel, Schmerz. Die Gefühle brauchen an und für sich nichts mit der Qualität der Beziehung zu tun zu haben. Eine Beziehung, in der es viel Unsicherheit, Zweifel oder Schmerz gibt, kann zugleich eine immens wichtige und sogar erwünschte Beziehung sein. Und eine Beziehung, in der es wenig Unsicherheit, Zweifel und Schmerz gibt, kann eine unwesentlich, weniger erwünschte Beziehung sein. Je stärker wir jemandem angehören wollen, desto mehr Schmerz müssen wir oft ertragen. Oder, wie es im Text eines klassischen Popsongs heißt: »You always hurt the one you love.«

Wie bereits gesagt, die Beziehungen zu unseren Eltern sind meist unsere ersten Beziehungen. Sie bilden gleichsam die Blaupause, das Grundmuster vieler unserer späteren Beziehungen. Auch in Bezug auf unsere Kinder, denen gegenüber wir oft dasselbe Verhalten, das unsere Eltern uns gegenüber anwendeten, angedeihen lassen. Was wir selbst als Jugendliche oder Erwachsene aus der Beziehung zu unseren Eltern machen, ist also von großem Einfluss auf unser restliches Leben, auf unser Lebensglück oder den Mangel an Glück, auf die Möglichkeit, depressiv bzw. deprimiert zu sein. Deshalb gehe ich zuerst auf die Beziehungen zwischen Kindern (ab dem Teenageralter bis zum Erwachsensein) und Eltern ein und erst danach auf Paarbeziehungen. Allerdings nicht ohne zuvor auch noch etwas über die enge Beziehung zwischen Elternschaft und Partnerschaft gesagt zu haben.

2

Eltern und Kinder, Kinder und Eltern

»Es fällt schwer, zu leugnen, dass dies bei einigen Eltern tatsächlich der Fall ist: Sie sind für die Berufung nicht geeignet und hätten damit vermutlich besser gar nicht erst anfangen sollen. Doch dies sind Ausnahmen ...«

Eine Mutter, ein Vater und ihr 7-jähriges Töchterchen saßen in einem Restaurant. Die Kellnerin nahm erst die Bestellung der Eltern auf und danach die des Mädchens. »Was darf es für dich sein?«, fragte sie.

Das Mädchen schaute vorsichtig zu seinen Eltern und sagte dann zu der Kellnerin: »Ich will gerne einen Hotdog.«

»Nein, bestimmt keinen Hotdog«, fuhr die Mutter dazwischen.

»Bringen Sie ihr lieber etwas mit Huhn.«

»Mit Bratkartoffeln und grünem Gemüse«, fügte der Vater hinzu.

Die Kellnerin schaute weiterhin das Mädchen an und fügte hinzu: »Willst du Ketchup oder Mayonnaise auf deinen Hotdog, oder beides?«

»Ketchup bitte«, antwortete das Mädchen.

»Geht in Ordnung«, sagte die Kellnerin und eilte in die Küche, die Familie in fassungsloser Stille zurücklassend.

Da sagte das Mädchen, während es seine Eltern anschaute: »Wisst ihr was! Sie denkt, dass es mich wirklich gibt!«

Diese kleine Erzählung ist eine von zehn Geschichten, die in einer Verhaltensstudie in Bezug auf Elternschaft verwendet werden.[3] Diejenigen, die an der Studie teilnahmen, sowohl Jüngere als auch Ältere, mussten unter anderem angeben, wessen Reaktion sie am sympathischsten fanden. In diesem Fall wählten die meisten die Kellnerin. Die Tendenz, sich in einem Konfliktfall zwischen Eltern und Kind hinter das Kind zu stellen, ist ziemlich verbreitet. Sie ist vor allem stark, wenn es sich um ein Kind mit emotionalen Problemen, wie Angst oder Depression, handelt, die in Zusammenhang mit der Art, wie die Eltern als Erzieher fungieren, zu stehen scheinen. Es zeigt sich, dass sowohl »gewöhnliche« Leute wie auch Sozialarbeiter stark von Vorstellungen gelenkt sind, wie zum Beispiel der folgenden: »Ja, ziemlich logisch, dass es mit dem Kind nicht gut läuft, wenn man schon sieht, wie es bei denen zu Hause zugeht« oder »Eigentlich müsste man das Kind da wegholen, denn so, wie die Eltern damit umgehen, wird das nichts.« Solche Gedanken bringen zuerst und vor allem eine Sorge um das Kind zum Ausdruck, so, wie die Kellnerin in der Geschichte sich zuerst und vor allem um das Kind kümmerte.

Aber wie steht es mit der Sorge um den Elternteil, der es nicht richtig macht? Die Antwort auf die Frage ist einfach: Darum steht es schlecht. Im Allgemeinen überwiegt noch die Auffassung, dass Eltern, als Große, als Erwachsene, es besser wissen müssten und es anders und viel besser machen könnten, wenn sie nur mehr in die Erziehung investierten. Dahinter ist der Vorwurf verborgen, dass viele Eltern von Problemkindern zu wenig Verantwortungsbewusstsein als Erzieher haben und ihre Kinder allzu bequem der Straße, der Schule oder anderen überlassen, einfach schlecht Acht geben, sie schlecht versorgen oder schlichtweg vernachlässigen. Es fällt schwer, zu leugnen, dass dies bei einigen Eltern tatsächlich der Fall ist: Sie sind für die Elternschaft nicht geeignet und hätten damit vermutlich besser gar nicht anfangen sollen.

Aber dies sind Ausnahmen: Für die überwiegende Mehrheit der Eltern gilt, dass sie ihr Kind oder ihre Kinder gut ernähren und aufziehen wollen, wie die Eltern des 7-jährigen Mädchens. Dieser Trieb sitzt einfach in unserer evolutionären Ausstattung, denn schlechte Eltern bringen das Fortbestehen der Gattung in Gefahr. Doch genau wie bei unserem Fortpflanzungstrieb besteht das Problem darin, dass die Evolution zwar den Trieb liefert, jedoch nicht die konkrete Gebrauchsanweisung und die Kompetenz, dem Trieb unter den gegebenen Umständen optimal Form zu geben. Hierfür sind wir auf Kultur und Erziehung angewiesen. Aber genau wie die Natur versagt auch unsere Kultur größtenteils, wenn es darum geht, Elternschaft zu lehren. Wir kennen keine Ausbildung zur Elternschaft. In gewisser Hinsicht pfuscht jeder auf seine eigene Art so ein bisschen herum und es ist eigentlich erstaunlich, dass es in den meisten Fällen so gut ausgeht.

Die Tatsache, dass unsere Kultur keine Ausbildung zur Elternschaft kennt, kreiert ein sehr eigentümliches Problem. Während, wie gesagt, die meisten Eltern von einem deutlichen Verantwortungsbewusstsein für das Wohl und Weh und die Entwicklung ihrer Kinder geleitet werden, wissen sie häufig nicht, wie sie die Verantwortung in die Tat umsetzen müssen. Elternschaft bedeutet beispielsweise in hohem Maß das Ausüben von Macht und Einfluss über ein anderes Wesen. Aber wie üben sie auf verantwortungsbewusste und sorgsame Weise Macht und Einfluss aus? Was müssen Sie Ihrem Kind einfach aufzwingen, ohne es weiter zu erklären? Wann setzen Sie Ihr Kind zu sehr unter Druck? Wann ist die Rede von Machtmissbrauch Ihrerseits gegenüber dem Kind? Wann können Sie Ihre Macht mit Ihrem Kind teilen oder sie an es delegieren? Wann müssen Sie einem Machtkampf entschieden nicht aus dem Weg gehen und wann wohl? (Ein Dilemma, vor das die Eltern des 7-jährigen Mädchens mit dem Hotdog gestellt wurden.) Wann ist Ihre Macht oder Autorität unzureichend, um das Verhalten Ihres Kindes in gute Bahnen zu lenken, und wird es Zeit, Hilfe von außen zu rufen? Oder sogar die Macht komplett an andere abzugeben? (Auch dies kann Ausdruck von Verantwortungsbewusstsein sein!)

Für die meisten Leute gilt, dass sie über niemanden in ihrem Leben so viel Macht besitzen werden wie über ihr Kind bzw. ihre Kinder. Doch hier gilt, genau wie auf vielerlei anderen Gebieten, wie dem Betriebsleben, der Politik, der Wissenschaft und den Medien, dass das sorgfältige Ausüben von Macht gelernt werden muss. Im Idealfall sollte jemand erst dann Zugang zur Macht erhalten, wenn es zumindest einige Anhaltspunkte gibt, dass er oder sie diese gut und sorgfältig auszuüben imstande ist. Dies bedeutet wiederum faktisch, dass man eine jahrelange Lehre durchlaufen muss, bevor man eine bestimmte Machtposition bekleiden kann. Und selbst dann noch kann es schief gehen, kann es zu Misswirtschaft oder Machtmissbrauch kommen.

Was haben wir dann bei der Ausübung von Macht und Einfluss bei einer Sache zu erwarten, für die außer Tradition (das, was man beispielsweise in seiner Herkunftsfamilie erlebt hat) keinerlei Schulung besteht: die elterliche Macht? Darüber hinaus gilt, genau wie in der Politik oder auf anderen Gebieten, auch bei Elternschaft, dass Macht und Autorität häufig durch äußere Kräfte unterminiert werden, und es ist schwierig, sich wirksam dagegen zu wehren. Lästig ist auch, dass man Macht und Einfluss meist mit jemand anderem teilen muss, einem Partner oder anderen Elternteil, und es ergeben sich folglich Fragen in Bezug auf Abstimmung und Zusammenarbeit. Elternschaft ist darum wesentlich von Partnerschaft abhängig. Probleme innerhalb der Paarbeziehung können, auch bei Eltern mit optimalem Verantwortungsbewusstsein, zu Problemen innerhalb der Elternschaft und folglich zu Problemen mit und bei ihrem Kind führen.

Außerdem ist das Umgekehrte oft ebenso der Fall: Partnerschaft ist in wichtigem Maß von Elternschaft abhängig. Häufig entwickelt ein Partner Respekt in Bezug auf den anderen, oder auch nicht, aufgrund der Art und Weise, wie dieser mit den Kindern umgeht, seine Rolle als Erzieher erfüllt.

Kurz gesagt, viele Partnerprobleme sind Erzieherprobleme. Eine bessere Paarbeziehung führt zu besserem Erziehungsverhalten und folglich zu einer besseren Erziehung. Ein besseres Erziehungsverhalten führt zu einer besseren Erziehung, damit zu weniger Problemen und mehr Glück mit Kindern und folglich zu einer besseren Paarbeziehung. Vorausgesetzt, dass diese an der Tagesordnung ist.

Was Eltern gut beherrschen müssen

Der oben beschriebene Sachverhalt wirft eine ziemlich heikle Frage auf, nämlich, was müssen Eltern gut beherrschen? Um sowohl für ihre Kinder als auch für sich selbst und ihren Partner das Leben nicht unnötig schwer oder schmerzhaft zu machen?

Wir haben bereits in früherem Zusammenhang gehört, dass die Frage einmal an Freud gestellt wurde, im Sinne von: »Was muss ein Mensch gut können?«, und dass er darauf schlicht antwortete: »Lieben und arbeiten.« Lassen Sie uns darüber noch einen Moment nachdenken. Es ist unwahrscheinlich, dass Freud, besonnen wie er war, diese Reihenfolge ohne eine bestimmte Absicht gewählt hat. Es ist wahrscheinlich auch kein Zufall, dass das Wörtchen »und« in der Antwort vorkommt. Es scheint, als habe Freud sagen wollen: »Lieben ist das Allererste, was ein Mensch gut können muss, doch Liebe ist nicht genug.« Menschen können sehr liebevoll und doch das Falsche im Hinblick aufeinander tun.

Eltern können liebevoll mit ihren Kindern begonnen haben, aber schließlich durch Unbeholfenheit und durch mangelnde Kenntnis, Geschicklichkeit oder Selbstbeherrschung dennoch in der Beziehung zu ihnen komplett gefehlt haben. Sie haben geliebt, doch sie haben damit nichts Gutes zuwege bringen können. Eltern können sich auch in hohem Maß für ihre Kinder abgemüht haben, um sie zu nähren, zu kleiden und ihnen eine gute Ausbildung zu vermitteln, sie jedoch von Anfang an nicht geliebt haben. Sie haben ausreichend an ihren Kindern gearbeitet, aber aus Pflichtbewusstsein, nicht aus Liebe.

Beide Szenarien können einschneidende Folgen für Eltern und Kinder haben: lebenslang empfundenen Schmerz, Verbitterung, Feindschaft oder sogar dauerhafte Trennung. Lassen Sie uns einige Beispiele betrachten.

Erziehung, die bitter macht

»... auf der einen Seite wollte man als Kind das Bild auch gerne aufrechterhalten, aber auf der anderen Seite suchte man auch Menschen, denen man die Wahrheit erzählen konnte und die für einen, auf welche Weise auch immer, Partei ergreifen würden. Und sei es auch bloß dadurch, dass sie einem glaubten.«

Viele von denjenigen, die jetzt 45 Jahre alt oder älter sind, wuchsen in Familien auf, in denen emotionale Verwahrlosung und Körperstrafen zur Standarderziehung gehörten. Vor allem, wenn die Familie groß, der Vater autoritär und die Mutter fügsam war, war dies gang und gäbe. Angst, unterdrückter Kummer und in Stille anwachsende Aggressions- und Hassgefühle den Eltern und vor allem dem Vater gegenüber, aber auch die immer zurückkehrende Hoffnung, dass es einmal wieder gut werden würde, dass sie eines Tages doch in Gnade, in Liebe von den Eltern angenommen würden, bestimmte jahrelang das Gefühlsleben vieler von ihnen. Die innerliche Zerrissenheit bildet noch immer eine deutlich nachweisbare verletzliche Stelle in der Seelenwand vieler heutiger Erwachsener. Jedoch ist sie häufig überdeckt von einer Kruste der Verbitterung über unerfülltes Verlangen und nie erhaltene Anerkennung.

»Als ich als etwa 17-Jährige einmal den Eltern einer Freundin gegenüber eine diesbezügliche Bemerkung machte, wie es bei uns daheim zuging, merkte ich, dass sie Mühe hatten, mir zu glauben. Schon ganz und gar, als sie ein Weilchen später meinem Vater begegneten, einem in ihren Augen sehr charmanten Mann; das konnte er nach außen hin tatsächlich sein. Für die Öffentlichkeit waren wir eine Art Vorzeigefamilie. Und auf der einen Seite wollte man als Kind das Bild auch gerne aufrechterhalten, aber auf der anderen Seite suchte man auch nach Menschen, denen man die Wahrheit erzählen konnte und die Partei für einen ergriffen, und sei es nur dadurch, dass sie einem glaubten.«

Hinter der Art und Weise, in der sie, eine 52-jährige Frau, dies beinahe vierzig Jahre später erzählt, spüre ich, wie sich das emotional tief verwundete Kind noch immer heftig bemerkbar macht. Ich bitte sie, ihre Augen zu schließen, gebe ihr einige Entspannungsanweisungen und schlage ihr dann vor, mich mit zurückzunehmen, zu einem Augenblick, einem Ereignis, in dem das Kind, das sie war und noch immer ist, so tief verletzt wurde. Sie nimmt mich mit in die Zeit, als sie etwa acht Jahre alt war und ihr Vater eines Nachmittags ungefähr gegen fünf Uhr in ihr Zimmer kam, anscheinend von der Mutter informiert, dass sie etwas angestellt hatte. Er fängt an, schimpfend und tobend verschiedene Sachen aus ihrem Schrank und von der Fensterbank auf den Boden zu werfen und kaputt zu treten. Dann packt er sie an den Haaren, wirft sie auf den Boden und schlägt und tritt sie, wo er sie gerade trifft. Dabei schreit er: »Weißt du, was ich eigentlich mit dir machen müsste, ja was, beschissenes Mistkind du, tottreten müsste ich dich, nichts als Ärger haben wir mit dir, du bist es eigentlich nicht mal wert, dass wir noch für dich sorgen …« Als er schließlich das Schlafzimmer verlässt, ein großes Durcheinander und das Kind wie ein kleines Häufchen Elend zurücklassend, bricht sie in ein untröstliches Weinen aus, wie das eines Welpen, der aus der Gruppe verstoßen wurde, in Todesangst, von jeglicher Zuneigung und jeglichem Schutz verlassen.

In meinem Behandlungszimmer ist sie genau so untröstlich und elend, wie sie es damals vermutlich gewesen ist. Als sie sich wieder einigermaßen beruhigt hat, schlage ich ihr vor, sich selbst in die Rolle eines liebevollen Vaters bzw. einer liebevollen Mutter hineinzuversetzen. »So groß, wie du jetzt bist, gehst du zu dem bekümmerten, ängstlichen kleinen Mädchen im Schlafzimmer hin, setzt dich neben es auf den Boden, legst die Arme um es und wärmst es, tröstest es.« Mein Vorschlag drückt offensichtlich stark auf eine Stelle mit altem, tief sitzendem Schmerz, denn erneut geht eine Welle von Kummer durch sie hin. Ich bitte sie, durch ihre Tränen hindurch, das Mädchen, das sie in ihren Armen hält, zu fragen, was es gerne hören möchte. Als das Mädchen antwortet, dass es nie wieder geschlagen werden will, dass es hören will, dass es lieb ist, dass man es wirklich mag, bitte ich sie, genau dies, laut und deutlich, zu dem Mädchen zu sagen. Sie muss sich erst noch durch einen dritten Tränenschwall kämpfen, bevor sie es schafft.

Gegen Ende der Sitzung, als sie mir in einem Zustand erleichterter Erschöpfung wieder mit geöffneten Augen gegenübersitzt, frage ich sie, ob sie jemals ihren Eltern gegenüber sehr deutlich ausgesprochen hat, was sie ihr angetan haben. Sie erzählt, dass sie einmal ihren Vater daraufhin angesprochen hatte, dass dieser jedoch so getan hatte, als wisse er absolut nicht, wovon sie sprach. Die Reaktion hatte sie tief verletzt und sie hatte ihn scharf gefragt, wie es dann komme, dass all ihre Brüder und Schwestern genau wüssten, worüber sie sprach. Daraufhin war er wütend geworden und hatte sie drohend angeschnauzt, dass, wenn sie jemals geschlagen worden war, dies sicherlich zu ihrem Besten gewesen sei. In diesem Augenblick, das hatte sie in ihrem Innern gespürt, war die alte Angst vor Gewalt wieder wach geworden. Sie hatte sich umgedreht und war weggelaufen, ohne noch etwas zu sagen. Sie hatte entschieden, dass dies das letzte Mal gewesen war, dass sie versucht hatte, mit ihm darüber zu reden.

»Ich erkannte damals zum ersten Mal«, sagte sie, »dass es keinen Sinn hatte, zu versuchen, die Situation zwischen uns wieder in Ordnung zu bringen, denn sie war nie gut gewesen. Aber«, so fügte sie hinzu, »es hätte mir doch sehr viel bedeutet, wenn er wenigstens zugegeben hätte, was er mir angetan hat. Wenn allerdings jemand etwas so heftig abstreitet, dann hat man auch noch die Tendenz, an sich selbst zu zweifeln, sich zu fragen, ob man nicht übertreibt. Während der Schmerz, den man spürt und all die Jahre gespürt hat, doch absolut real ist.«

Warum reagieren Eltern so oft auf diese Art? Warum blocken sie jeden Hinweis, dass sie in bestimmten Situationen auf Weisen gehandelt haben, die für das Lebensglück ihrer Kinder nachteilig gewesen sind, so radikal ab? Warum verlieren sie lieber ein für alle Mal den Kontakt mit ihren (erwachsenen) Kindern, anstatt zuzugeben, anzuerkennen?

Ich habe die Frage vor nicht so langer Zeit einer Mutter gestellt, in einem Gespräch, bei dem eine ihrer Töchter zugegen war. Ihre Antwort lautete, dass sie nicht beabsichtige, vor ihren Kindern auf die Knie zu fallen, dass sie sich nicht alles sagen lasse, dass sie sich immer Tag und Nacht für ihre Kinder abgerackert habe und dass sie es absolut niederträchtig finde, dass sie nun bloß Undank erntet. »Ich habe meine Kinder immer alle gleich stark geliebt und ich habe sie immer auf die gleiche Weise behandelt«, fügte sie verteidigend hinzu.

Als ich sie darauf hinwies, dass einige ihrer Kinder da absolut nicht einer Meinung mit ihr waren, wurde sie wütend. Worauf ihre Tochter ihr beisprang: »Vielleicht ist das auch nicht möglich«, sagte sie beruhigend, »um, wenn man fünf, sechs Kinder hat, alle gleich stark zu lieben.« Das Ergebnis war genau die Umkehrung dessen, was sie beabsichtigt hatte. Die Mutter wandte sich mit Tränen der Wut in den Augen gegen ihre Tochter. Mit bitterer Heftigkeit rief sie, dass sie sehr wohl alle gleich stark geliebt habe und sich für jedes ihrer Kinder genau gleich abgemüht hätte. Gerade deswegen, fügte sie beinahe schreiend hinzu, kapiere sie absolut nicht, warum einige ihrer Kinder nichts mehr mit ihr zu tun haben wollten.

Eine Mutter in Todesnot. Das war der Gedanke, der mir haften blieb, noch lange nachdem Mutter und Tochter fortgegangen waren. Es ist furchtbar, wenn es so enden muss. Und ein schrecklicher Anblick.

Und doch ist es keine Seltenheit.

3

Enttäuschte Eltern

Für viele Eltern erweisen sich Kinder langfristig als eine enttäuschende, frustrierende Erfahrung. Eine große Investition an Zeit, Liebe, Zuwendung, Sorge und Geld, die sich nicht oder kaum auszahlt. Obwohl beinahe alle Eltern auf die eine oder andere Art die Verbindung zu ihren Kindern aufrechterhalten wollen, erweist es sich ziemlich oft, dass diese wenig mehr ist als ein dünnes Netz stets wieder aufs Neue erlebter Enttäuschungen. Enttäuschungen obendrein, über die nicht oder kaum mit anderen Eltern gesprochen werden kann. Zugeben, dass die eigenen erwachsenen Kinder einen enttäuschen, dass ihnen viel weniger an einem liegt, als man das gerne hätte, ist für viele dasselbe, wie zugeben, als Eltern versagt zu haben. Dem griechischen Philosophen Aristoteles wird dieser für viele Eltern erkennbare, doch auch schmerzhafte Satz zugeschrieben: Eltern lieben ihre Kinder mehr als Kinder ihre Eltern.

Obwohl sie kaum tröstlich zu nennen ist, ist diese Äußerung des Aristoteles vermutlich eine richtige Wiedergabe dessen, wie die Natur bzw. die Evolution es festgelegt, es gewollt hat. Der Leidener Psychologe Marc Cleiren hat einmal den Zusammenhang zwischen der Verwandtschaftsbeziehung mit dem Verstorbenen und Problemen bei der Trauerarbeit bei Erwachsenen untersucht.[4] Es zeigte sich, dass Mütter, die ein Kind verlieren, die größten und langwierigsten Verarbeitungsprobleme haben, gefolgt von Vätern, dann denjenigen, die einen Lebenspartner verlieren, dann Frauen und Männern, die einen Bruder oder eine Schwester verlieren und schließlich Töchtern oder

Söhnen, die einen oder beide Elter(n) verlieren. Der »letzte« Platz für erwachsene Kinder, die ihre(n) Elter(n) verlieren, besagt übrigens ganz und gar nicht, dass nicht tief über diesen Verlust getrauert wird. Was er wohl besagt, ist, dass so ein Verlust häufig als »natürlicher« empfunden wird und emotional weniger tiefe Wunden hinterlässt als der Verlust eines Kindes bei Eltern.

Dieser Unterschied macht sich häufig schon zu Lebzeiten zwischen Eltern und Kindern bemerkbar. Erwachsene Kinder verzichten emotional meist leichter auf den Kontakt zu ihren Eltern oder kommen mit weniger Kontakt aus als umgekehrt. Da hierüber selten oder nie öffentlich gesprochen wird, das Thema ist zu schmerzbesetzt und weckt zu viele Schuldgefühle, besteht zwischen vielen Eltern und ihren erwachsenen Kindern ein untergründiges Spannungsfeld, in dem der eine (Vater bzw. Mutter) dauernd »zieht« und der andere (das Kind) fortwährend »abwinkt«.

Einmal wurde ich von einer 63-jährigen geschiedenen Frau konsultiert, die zwei verheiratete Töchter hatte, zu denen sich die Beziehung sehr schwierig gestaltete. Kurz zuvor war es zwischen ihr und einer ihrer Töchter zu einer wirklichen Explosion gekommen, die zu einer Reaktion im Stil von »Mam, wir wollen dich vorläufig nicht mehr bei uns sehen« geführt hatte. Das wurde so übrigens nicht gesagt, ergab sich aber deutlich aus verschiedenen Arrangements. Ein Beispiel: Kurz vor dem Geburtstag eines der Enkelkinder hatte die Frau ihre Tochter angerufen und gefragt, wann sie ihn feierten und was die beste Zeit sei, vorbeizukommen und ein kleines Geschenk zu bringen. Die Tochter hatte geantwortet, dass sie es noch nicht genau wüssten und dass sie noch von sich hören lasse. Erst am Tage des Geburtstags selbst hatte die Tochter mit der Mitteilung angerufen, sie gehe nachmittags mit ihrer kleinen Tochter in die Stadt. Sie schlug ein Treffen in einem bestimmten Café vor, wo das Geschenk überreicht werden konnte. Als die Mutter dagegen protestierte, weil sie es viel schöner fand, ihrer Enkelin zu Hause zu gratulieren, wurde schließlich ein Kompromiss geschlossen, dass sie von halb fünf bis halb sechs vorbeikommen solle, aber: »Nicht länger als bis halb sechs, denn spätestens um sechs müssen wir essen.«

Als ich das Ereignis später einmal im Beisein der Mutter mit der Tochter durchsprach, erklärte sie ihr Verhalten folgendermaßen: »Ich finde es wirklich kein Problem und auch nett«, sagte sie, »wenn meine Mutter ab und zu bei uns vorbeikommt, aber wenn sie dann so eine bis anderthalb Stunden da gewesen ist, dann ist es für mich vorläufig wieder genug. Das ist so ein bisschen meine Grenze, dann bin ich über alle Geschichten wieder auf dem Laufenden. Aber sie gebraucht dann allerlei Tricks, um doch länger bleiben zu können. Und auch das fände ich nicht so schlimm, wenn sie sich selbst gut unterhalten würde. Aber wenn meine Mutter da ist, dann muss sich alles um sie drehen. Sie vermittelt einem immer das Schuldgefühl, dass man sich nicht ausreichend und nicht lange genug mit ihr beschäftigt. Und auf Dauer, ja, dann explodiere ich.«

Die Tochter berührte hier eine universelle Beschwerde älterer Eltern gegenüber ihren erwachsenen Kindern. Die Beschwerde lautet, dass die Kinder nicht genügend Zeit für sie haben. Sie kommen nicht oft genug und nicht lange genug vorbei, sie rufen nicht häufig genug an, sie sind nicht interessiert genug an Wohl und Weh ihrer Eltern und sie gestatten den Eltern nicht genügend Zugang zu ihrem Leben.

Die meisten Eltern können es nur sehr schwer ertragen, dass ihre Kinder ihnen Grenzen setzen. Sie empfinden Grenzen als Abweisung und wiederholen damit im Grunde ein altes Muster, das der Beziehung zwischen den Eltern und dem kleinen Kind, in der permanente gegenseitige Verfügbarkeit und Zugänglichkeit ein wichtiges Thema ist und Grenzen als frustrierend oder sogar beängstigend empfunden werden. Beängstigend, weil sie die Assoziation eines möglichen Verlusts des anderen aufrufen. Aber Kinder müssen, um erwachsen, um »selbst«-ständig zu werden, die Angst überwinden und zwischen sich selbst und anderen, einschließlich ihren Eltern, Grenzen ziehen und überwachen.

Weil Kinder sich normalerweise nun einmal rascher entwickeln als ihre Eltern, sind sie häufig schon beschäftigt, Grenzen zu ziehen, während ihre Eltern noch nicht so weit sind und sich dem sogar widersetzen. Denn das Selbstständigwerden eines Kindes bedeutet, psychologisch betrachtet, für Eltern den Verlust des Kindes. Und vielen Eltern gelingt es nicht, diesen Verlust zu verarbeiten, Abschied zu nehmen von ihrem Kind als Kind. Vielleicht auch, weil unsere Kultur keine Rituale für den Übergang mehr kennt. Ich erinnere mich jedenfalls noch sehr gut, dass ich den psychologischen Abschied von meinen Kindern schwierig fand und dass es etwas war, was mich geraume Zeit kostete, bevor ich es gut einordnen konnte.

Weil man Kinder gehen lassen muss

An diesem frühen Montagmorgen, es war noch dunkel und die Laternen brannten noch, habe ich meinen jüngsten Sohn zum Zug gebracht. Den größten Teil der Fahrt schwiegen wir. Beide berührt und ein wenig bedrückt von der Bedeutung, den dieser Augenblick für uns hatte. Mit seinem Umzug in ein Ausbildungszentrum, wo er ungefähr ein Jahr als Internatsschüler leben sollte, wurde eine wichtige Periode sowohl in seinem als auch in meinem Leben abgeschlossen. Nach zwanzig Jahren verließ er sein elterliches Haus. Und damit das Haus, in dem er sein ganzes Leben gewohnt hatte. In demselben Haus befinden sich nun zum ersten Mal seit siebenundzwanzig Jahren keine Kinder mehr.

Wie sich das anfühlt, wie leer, wie traurig, war mir sogar in dem Augenblick, als ich ihn zum Abschied küsste, noch nicht wirklich klar. Erst als ich durch die stillen Straßen wieder nach Hause fuhr, überraschte es mich wie ein unerwarteter Sturzregen. Ehrlich gesagt, wusste ich eine Zeit lang nicht, was ich mit meiner Traurigkeit anfangen sollte. Ein Kind, das ich von ganzem Herzen liebte, machte einen in seinem und für sein Leben wichtigen Schritt und eigentlich hätte ich darüber froh und stolz sein müssen. Aber das war ich nicht. Ich fand es schlimm, dass er wegging. Ich hätte ihn gern bei mir behalten. Es fühlte sich ein bisschen wie sterben an, während dies doch nicht der Fall war.

Empfinden andere Eltern das auch so?, fragte ich mich. Und wenn es so ist, warum hört man so wenig darüber? Warum reden sie vor allem darüber, wie stolz sie sind, auf die Ausbildung, auf den Beruf, den ihr Kind gewählt hat, und kaum darüber, wie schmerzhaft es ist, wieder ein »kinderloses« Leben zu führen?

In einem bestimmten Augenblick wanderten meine Gedanken zu meinem Vater, zu dem Tag, als ich das elterliche Haus verlassen habe, und zu der Frage, ob auch er sich damals so fühlte, wie ich mich jetzt fühle. Ich werde es niemals wissen. Was ich weiß, ist, dass wir mit einem Riesenkrach auseinander gingen. Er war furchtbar wütend auf mich und ich auf ihn. Während ich noch darüber nachdachte, wurde mir mit einem Mal bewusst, wie oft Abschiednehmen, Auseinandergehen, mit Zorn einhergeht. Warum ist das so? Der naheliegendste Grund scheint zu sein: Weil der eine dem anderen etwas antat, was verletzend bzw. schädlich war. Wut ist dann der emotionale Ausdruck der Probleme, die die Beziehung gesprengt haben. Und häufig spielt Wut auch beim Zerbrechen oder Verändern einer Beziehung eine Rolle, ohne dass der eine dem andern etwas Schlechtes angetan hätte. Wut ist dann eine Art emotionale Schmerzbekämpfung.

Wenn man wütend ist, fühlt man den eigenen Kummer, den eigenen Schmerz weniger. Man stößt den anderen von sich, um weniger zu spüren, dass man vom anderen verlassen wird. So gesehen, muss man vorsichtig sein mit der Interpretation dessen, was es bedeutet, wenn jemand wütend auf uns ist. Es braucht absolut nicht zu bedeuten, dass er oder sie uns nicht mehr mag. Genau das Entgegengesetzte kann wahr sein: Wir sind für den anderen wichtig, etwas, was wir tun oder wollen, ist darum für ihn oder sie schmerzhaft und Wut ist die Methode, den Schmerz zu neutralisieren.

Ich hoffe, dass die Wut meines Vaters, als ich das Haus verließ, für ihn diese Aufgabe erfüllte. Auf alle Fälle habe ich ihn als jemanden gekannt, der sich lieber die Zunge abgebissen hätte, als so etwas jemals zuzugeben. Das hätte ihn in seinen Augen mir gegenüber zu schwach, zu verletzlich, zu abhängig gemacht. Doch ist Wut, auf diese Art ausgelebt, auch ein riskantes Gefühl. Denn sie kann uns hindern, andere das wissen zu lassen, was das Kostbarste für Menschen ist: einander zu kennen. Zu wissen, was man einander bedeutet, wie viel Liebe oder Sehnsucht nach Kontakt man füreinander hegt und wie man dieser Sehnsucht Gestalt und Ausdruck verleihen will. Natürlich macht uns das verletzlich. So ist es durchaus vorstellbar, dass der andere unsere Sehnsucht oder unsere Liebe nicht teilt oder ihr nicht auf eine Weise Gestalt geben will oder kann, wie wir uns das wünschen. Und das tut weh. Nur ist die einzige Beziehung zu einem anderen, von der wir wirklich profitieren, die Beziehung, die wir wirklich haben können. Das heißt, die Beziehung, die der andere wirklich mit uns will. Mehr gibt es nicht. Nie.

Während ich an diesem Montagmorgen zurück nach Hause fuhr, prägte ich mir diese Einsicht sehr deutlich ein. Ich will nicht mehr Beziehung, nicht mehr Kontakt mit meinem Sohn, als er mir freiwillig geben will und kann. Und das wird in den kommenden Jahren beträchtlich weniger sein, als es das in den vergangenen zwanzig Jahren war. Das tut weh, macht traurig. Aber ich will den Schmerz und den Kummer spüren. Denn sie sind Ausdruck seiner großen Bedeutung für mich und meiner kleinen Bedeutung für ihn. Die Bedeutung will ich spüren und in Augenblicken äußern, in denen es wirklich darauf ankommt. Und so gibt es keinen Raum für Wut. Schon gar nicht auf ihn. Aber auch nicht auf das Leben, das Kinder gibt und sie auch wieder nimmt. Kinder gehören Ihnen nicht, Sie wurden Ihnen lediglich anvertraut.

Als ich, zu Hause angekommen, die Tür zwischen mir selbst und dem dunklen, stillen Morgen schloss, fühlte sich das Haus leerer an, als es sich jemals zuvor angefühlt hatte. Aber wenn es ein gutes Haus für ihn gewesen ist, dann ist es in Ordnung so.

(Notiert am Montag, dem 4. Dezember 2000)

Ein Problem vieler Eltern, vor allem Müttern, aber nicht selten auch Vätern, ist, dass sie unbewusst oder zumindest unterschwellig gegen den psychologischen Verlust ihres Kindes protestieren. Sie ergreifen so viele Gelegenheiten wie möglich, den Verlust, und sei es nur für kurze Zeit, ungeschehen zu machen, um die Eltern-Kind-Gefühle der Vergangenheit wieder aufzuwärmen. Etwas, wogegen psychisch gesunde Kinder sich unbedingt wehren müssen, weil es bei ihnen einen Rückfall in ein früheres Stadium und, damit einhergehend, häufig ein Gefühl von Beklemmung, des Verschlungenwerdens verursacht.

Aufschlussreich in dieser Hinsicht war, was die Tochter, über die ich an anderer Stelle sprach, über dieses Problem mitzuteilen hatte: »Meine Mutter sagt oft mit einer Stimme, in der so etwas wie Heimweh mitklingt, dass wir früher gelegentlich so schön, so ›dicht nebeneinander‹, Arm in Arm, zusammen durch die Stadt gegangen sind. Na, dann fühle ich mich schon eingeengt, denn daran will ich wirklich nicht denken, doch wenn ich das laut sage, habe ich Angst, sie vor den Kopf zu stoßen.«

Als ich die Mutter fragte, was sie über das, was ihre Tochter sagte, dachte, schwieg sie erst einen Moment und gab dann zu, dass es schmerzhaft für sie war, es zu hören. Ich bat sie, sich einmal an ihre eigene Beziehung zu ihrer Mutter zu erinnern und die Frage zu beantworten, ob sie selbst gern Arm in Arm mit ihrer Mutter durch die Stadt gegangen sei. Sie antwortete, dass sie das wohl getan hätte, doch tatsächlich meist mit großem Widerwillen. Aber, fügte sie sofort hinzu, ihre Beziehung zu ihrer Mutter sei auch eine komplett andere gewesen als die, die sie nun mit ihrer Tochter hatte. Es gelang mir, ihr klar zu machen, dass dies möglicherweise so war, doch dass bestimmte Prozesse, wie zum Beispiel die Notwendigkeit für Kinder, Grenzen zu setzen, generationsunabhängig waren.

»Aber wie verhält es sich dann mit anderen Müttern und Töchtern?«, wandte sie ein. »Die sehe ich doch oft so miteinander!« Es gelang mir wiederum, ihr klar zu machen, dass es gut sein konnte, dass diese Töchter genau so neben ihren Müttern hergingen, wie sie früher neben ihrer Mutter hergegangen war, aber selbst, wenn dem nicht so sei, bedeute das lediglich, dass Kinder sich, was ihre Vorliebe in Bezug auf ihren Umgang mit anderen anging, ihre Eltern mit eingeschlossen, unterschieden. Und das ist in Ordnung, auch wenn Sie es als Mutter vielleicht gern anders hätten.

Ich schlug ihr vor, einen Brief an ihre Tochter zu schreiben, in dem sie ihr mitteilen sollte, wie sie versuchen wolle, künftig mit ihr umzugehen. Das tat sie. Sie schrieb darin unter anderem, dass sie verstünde, dass sie, um ihre Tochter als Freundin, so weit dies möglich war, zurückzugewinnen, sie als Kind gehen lassen musste. Was mich jedoch am meisten berührte, war das Zitat aus Kahlil Gibrans Buch *Von den Kindern*, mit dem sie ihren Brief beendete: »Eure Kinder sind nicht eure Kinder. Sie sind die Söhne und Töchter der Sehnsucht des Lebens nach sich selbst. Sie kommen durch euch, doch nicht von euch. Und sind sie auch bei euch, gehören sie euch doch nicht.«

Von den Kindern geächtet

»Aber wenn das, was nach Ihnen kommt, nicht länger von Ihnen kommen will, wenn Sie im wörtlichen und im übertragenen Sinne von Ihrem Kind ›negiert‹ werden, wenn Ihr Kind Sie nicht mehr kennen will? Dann wird ein wichtiger und vielleicht sogar der wichtigste Aspekt Ihrer Persönlichkeit nicht anerkannt.«

Nicht lange, nachdem ich oben Stehendes geschrieben und gleichsam als »Test« als Kolumne in verschiedenen Zeitungen publiziert hatte, wurde ich von einem befreundeten Paar eingeladen, bei einem anderen Paar essen zu gehen, von dem sie erzählten, ich sei ihnen bereits früher auf einem Fest begegnet. Der wirkliche Grund für die Einladung war, wie sich während des Besuchs herausstellte, dass sie die Kolumne gelesen hatten. Sie traf ihrem Gefühl nach vollkommen auf ihre Situation zu und sie wollten darüber gerne persönlich mit mir reden. Plötzlich, zwischen zwei Gängen, erhob sich der Mann, legte die Kolumne auf den Tisch und sagte mit tränenerstickter Stimme: »Schauen Sie, dieser Satz hat uns so getroffen: ›Eltern lieben ihre Kinder mehr, als Kinder ihre Eltern lieben.‹ « Und dann erzählten sie gemeinsam ihre Geschichte.

Seit etwa acht Jahren hatte ihre Tochter, verheiratet und drei Kinder, jeden Kontakt zu ihnen abgeblockt. Ihr jüngstes Enkelkind, das mittlerweile mehrere Jahre alt war, hatten sie noch nie gesehen. Unzählige Versuche, doch noch auf die eine oder andere Art Kontakt herzustellen, wobei sie auch Mittelspersonen aus der Familie eingeschaltet hatten, waren fruchtlos geblieben. Die Frage »Warum?« hatte ihnen all die Jahre hindurch keine einzige verständliche, geschweige denn befriedigende Antwort gegeben. Abgesehen von dem Zorn auf ihre Tochter und vor allem auf ihren Schwiegersohn hatten sie auch einander Vorwürfe gemacht. Der eine Ehepartner fand, dass der andere Ehepartner in der Vergangenheit mit der Tochter und vor allem mit deren Mann auf eine Art und Weise umgegangen war, die möglicherweise zu dem Bruch beigetragen hatte. So zeigte es sich, dass sie am Anfang über ihren zukünftigen Schwiegersohn Dinge gesagt hatten, auch ihrer Tochter gegenüber, die darauf hinausliefen, dass er nicht gut genug war. Als ich weiterfragte, stellte es sich heraus, dass sie im Grunde diese Einstellung noch immer teilten.

Einer der größten Fehler, die Eltern machen können, besteht darin, bei der Partnerwahl ihrer Kinder offen Kritik zu üben. Natürlich hat man als Eltern darüber so seine eigenen Gedanken. Aber halten Sie sie zurück, behalten Sie sie für sich. Versuchen Sie, die Partnerwahl aus der Perspektive Ihres Kindes zu beurteilen und vertrauen Sie darauf, dass es für ihn bzw. sie eine gute Wahl ist, bis zum Beweis des Gegenteils. Aber es gehört als Eltern nicht zu Ihren Aufgaben, zu entscheiden, dass das, was nicht Ihrer Wahl entspricht, auch nicht der Wahl Ihres Kindes entsprechen sollte.

Wie dem auch sei, was sie gemeinsam teilten und was immer schlimmer wurde, je älter sie wurden, war ihr Kummer. Ihr Kummer über den Verlust eines lebenden Kindes. Dies ist ein ganz anderer Verlust als der Verlust eines Kindes, das stirbt. Der Verlust eines lebenden Kindes kann rückgängig gemacht werden. Bloß wird er nicht rückgängig gemacht. Es handelt sich auch um eine ganz andere Art von Verlust als den eines Kindes, das vermisst wird. Diese »Vermisstenanzeige« kann rückgängig gemacht werden. Bloß wird sie nicht rückgängig gemacht. Wissen, dass Ihr eigenes Kind lebt und dass es sich dennoch Ihnen gegenüber tot stellt. Wissen, wo Ihr eigenes Kind wohnt und dass es sich doch vor Ihnen verborgen hält.

Das ist, meiner Meinung nach, die furchtbarste Abweisung, die einen als Mensch treffen kann. Ein Partner kann einen abweisen und das kann sehr schlimm sein. Doch kann man sich eines Tages entscheiden, einen anderen Partner zu suchen und so die Abweisung rückgängig zu machen. Ein Elternteil kann einen abweisen und das kann sehr schlimm sein. Doch man kann sich entscheiden, sich anderen Menschen anzuschließen und mit ihnen eine Zukunft aufzubauen. Doch wenn Ihr erwachsenes Kind Sie abweist, können Sie kein Ersatzkind wählen.

Wenn Ihr Kind zu Lebzeiten den Kontakt zu Ihnen abbricht, dann wird in gewisser Hinsicht Ihr Kontakt mit der Zukunft abgebrochen. Denn Ihr Kind oder Ihre Kinder bilden Ihre Nachkommenschaft, das, was von Ihnen nach Ihnen kommt. Aber was, wenn das, was nach Ihnen kommt, nicht länger von Ihnen kommen will, wenn Sie im wörtlichen und im übertragenen Sinn von Ihrem Kind »negiert« werden, wenn Ihr Kind Sie nicht mehr kennen will? Dann wird ein wichtiger und vielleicht sogar der wichtigste Aspekt Ihrer Persönlichkeit nicht anerkannt.

Eltern, die von einem leiblichen Kind negiert werden, werden als Eltern für tot erklärt. Und sterben dadurch teilweise auch emotional. Und da sie als Partner, Arbeitnehmer oder selbst als Kinder von Eltern weiterleben, ist es ein Sterben, das fortwährend gefühlt werden muss. Das war es auch, was ich an jenem Abend am Tisch mit den beiden Eltern spürte. Dass etwas unablässig in ihnen starb und dass dieser Prozess so schmerzte, dass sie all die Jahre hindurch nicht oder kaum an etwas anderes hatten denken können. Natürlich hatten sie ihren Stil gefunden, um den Schmerz so gut es ging zu bekämpfen: arbeiten, hübsche Dinge kaufen, gemeinsam reisen. Aber all die Ablenkungen funktionierten nicht wirklich oder nur für kurze Zeit.

Wenn Eltern ihr Kind durch den Tod genommen wird, bleiben sie oft mit Schuldgefühlen zurück: »Hätte ich nur ... dann wäre es vielleicht ...« Wenn jedoch Eltern ihr Kind durch Ablehnung verlieren, also durch eine Willenserklärung des Kindes, sind die Schuldgefühle und Selbstvorwürfe sehr viel stärker: »Was habe ich falsch gemacht, dass mein Kind mich nicht mehr braucht?«

Ja, was haben Eltern eigentlich falsch gemacht, wenn ihr Kind sie nicht mehr braucht? Eine Antwort ist, dass bestimmte Eltern gewisse Dinge in Hinblick auf ihre Kinder tatsächlich entsetzlich falsch gemacht haben und dass das Kind zu Recht aus Selbstschutz die Eltern zurückweist. Hier geht es um Dinge wie körperliche, sexuelle oder emotionale Misshandlung. Dieses letzte, auch Seelenmord genannt – ich komme an späterer Stelle noch darauf zurück –, bedeutet, dass der Vater bzw. die Mutter absichtlich versucht, das Selbstvertrauen des Kindes zu untergraben, indem er oder sie auf alles, was das Kind auch tut oder probiert, immer wieder von neuem mit Geringschätzung oder Ärger reagiert. Das Kind war nie gut genug.

Die meisten Eltern jedoch haben ihr Kind nicht körperlich, sexuell oder emotional misshandelt. Mehr noch, auf ihre Weise haben sie immer großes Engagement hinsichtlich der Entwicklung und des Wohlergehens ihres Kindes gezeigt. Und doch widerfährt es auch diesen Eltern, dass sie von ihrem Kind/ihren Kindern verlassen werden. Meines Erachtens nimmt vor allem diese Kategorie des »Verlassens« zu.

Warum? Die Antworten sind zum Teil dieselben wie die auf die Frage »Warum haben Ehescheidungen prozentual so stark zugenommen?«. Ein Teil der Antwort lautet, dass Männer und Frauen, und insbesondere letztere, heute wirtschaftlich viel weniger voneinander abhängig sind als noch etwa vor fünfzig Jahren. Ein anderer Teil der Antwort lautet, dass sowohl für Männer als auch für Frauen die Paarbeziehung derzeit nur einen kleinen Teil ihres sozialen Netzwerks ausmacht. In vielen ihrer anderen Beziehungen, wie auf ihrer Arbeitsstelle, treten sie selbstständig auf und nicht als »die Frau von«. Kurz und gut, für viele Männer und Frauen gilt derzeit, dass es weder das Geld noch die soziale Position ist, die sie zusammenhält, sondern das Maß, in dem sie psychologisch oder emotional zueinander passen. Doch die psychologische Passform ist eine empfindliche.

Etwas Ähnliches gilt für die Beziehung zwischen Eltern und erwachsenen Kindern. Die meisten Kinder sind so stark mit ihrer eigenen Karriere und/oder der des Partners beschäftigt und einer Menge anderer Dinge, sodass die Pflege einer Beziehung mit den Eltern oft den Schlussposten im Zeithaushalt bildet. Und dann auch noch eine, die nicht selten, nach aller getaner Arbeit und allem Gehetze, als Druck erlebt wird.

Dabei spielt außerdem eine Rolle, dass die meisten Eltern mehr freie Zeit haben als ihre erwachsenen Kinder. Wenn der eine innerhalb einer Beziehung mehr Zeit für die Beziehung zur Verfügung hat als der andere, ist ohnehin immer ein gewisser Druck vorhanden.

Ferner erleben viele erwachsene Kinder ihre Eltern im Umgang als nicht wirklich interessant. Sie haben in der Regel eine schlechtere Ausbildung gehabt, sind, was ihre Kenntnisse und ihre Geschicklichkeit im Zusammenhang mit moderner Technik anbetrifft, oft Analphabeten und stammen aus einer Generation, in der Psychologie und Emotionen häufig suspekt waren. Nicht selten schämen sich erwachsene Kinder sogar für ihre weniger gebildeten Eltern.

Wenn dann obendrein gilt, dass man die eigenen Eltern wirtschaftlich nicht benötigt und man, anders als früher, oft auch noch ein ganzes Stück voneinander entfernt wohnt, braucht manchmal nicht so sehr viel zu geschehen, dass der Kontakt sporadischer wird und am Ende ganz erlischt.

Für Eltern sind Kinder eine immens wichtige Aufgabe. Deswegen ist es für ihre Selbstachtung und ihren Frieden im Leben auch sehr wichtig, regelmäßig ein Signal zu erhalten, dass sie die Aufgabe, ungeachtet ihrer Unzulänglichkeiten, einigermaßen gemeistert haben. Und der Mehrzahl der Eltern gelingt das auch. Auch denjenigen, die jetzt von ihren Kindern für tot erklärt wurden. Kinder, die trotz allem nicht spuren, sind psychologisch nicht in Ordnung. Denn die entscheidende Frage in Bezug auf unsere Eltern ist nicht, ob sie perfekt waren oder nicht, sondern ob sie auf die ihnen mögliche Weise gut genug gewesen sind.

4

Eltern in der Erinnerung

Ein Aspekt, den ich bisher noch nicht erwähnt habe, ist, dass erwachsene Kinder ihre Eltern in gewisser Weise immer mit der Vergangenheit assoziieren. Auch wenn sie noch leben, erhalten Eltern ihre Bedeutung vor allem dadurch, dass sie in der Vergangenheit wichtig gewesen sind. Sie bilden gleichsam die Kulisse, vor der das Leben der Kinder sich abspielt. Eltern sind in den meisten Fällen keine Hauptakteure mehr.

Und genau wie Kulissen in einem Theaterstück sind Eltern, bzw. die Beziehung zu Eltern, im praktischen täglichen und seelisch-emotionalen Leben erwachsener Kinder immens wichtig. Wie Kinder sich an ihre Eltern erinnern, ist wesentlich, nicht bloß im Hinblick darauf, wie sie selbst zu ihren Eltern stehen, sondern auch darauf, wie sie in Bezug auf viele andere Leute stehen. Es gibt viele Kinder, die vor allem aufgrund schlechter Erinnerungen wenig oder nichts mit ihren Eltern zu tun haben wollen. Das löst bei Eltern eine entscheidende Frage aus, die bereits während der Erziehung, wenn die Kinder noch klein sind, Richtschnur ihres Handelns sein müsste, zumindest, wenn sie verhindern wollen, dass sie irgendwann einmal von ihren Kindern verlassen werden, nämlich: Wie wollen Sie, dass Ihr Kind sich an Sie erinnert?

Ein Vater, 64 Jahre alt, schrieb mir vor einiger Zeit die folgenden bitteren Zeilen über seinen Sohn: »Wie es nun aussieht, wenn die Situation sich nicht verändert, wird er, wenn ich sterbe, keine Träne über mich vergießen. In seinem Bewusstsein werden keinerlei positive Erinnerungen an mich zurückbleiben. Doch was ich ihm angetan habe, verstehe ich nicht.«

Das führte mich zu der Frage, die ich eben formuliert habe und die, merkwürdigerweise, so gut wie nirgends Erwähnung findet. Weder in wissenschaftlichen Abhandlungen von Psychologen noch in populärwissenschaftlichen Publikationen und ebenso wenig in religiösen Texten, nämlich: »Wie Eltern bei ihren Kindern am liebsten in Erinnerung bleiben möchten.« Und, in diesem Zusammenhang, die Frage: »Ist es für Eltern wichtig, wie man sich künftig an sie erinnert?«

Während einer langen Autofahrt stellte ich die Frage einmal drei Mitreisenden, alle drei Väter. Einer von ihnen antwortete geradeheraus sehr nüchtern, dass es ihm wenig ausmache, was seine Kinder nach seinem Tod über ihn dächten, dagegen sehr viel, was sie augenblicklich über ihn dachten. Woraufhin ein anderer ihm sehr gewitzt in die Rede fiel: »Also, wenn wir jetzt verunglücken und du stirbst und deine Kinder reagieren im Stil von ›Gott sei Dank, dass der Alte endlich ins Gras gebissen hat und wir auch noch ein paar Kröten übrig behalten‹ , dann sagst du, dass dir das wenig oder nichts ausmacht?«

»Ja, ich bin dann doch nicht mehr da, also brauche ich mir auch keine Sorgen darüber zu machen, was sie über mich denken«, lautete die schwächer werdende Verteidigung. »Übrigens, ich glaube nicht, dass sie, wenn es so weit ist, wesentlich anders über mich denken werden als jetzt.« In diesem Augenblick sprangen wir ihm alle drei beinahe gemeinsam ins Genick: »Aber weißt du, was sie jetzt über dich denken? Weißt du, was für Bilder und Gefühle in ihnen aufkommen, wenn sie jetzt an dich denken?«

Es war der Auftakt für ein längeres, heftiges Gespräch genau über die Frage: Was wissen Eltern eigentlich über die Ansichten, Gedanken und Gefühle, die Kinder über sie hegen, nicht bloß über sie als Eltern, sondern auch als Person? Was denkt ein Kind über die Person bzw. die Persönlichkeit von Vater oder Mutter? Haben unsere Väter, so fragten wir uns alle vier in einem bestimmten Augenblick, jemals gewusst, was wir von ihnen hielten? Keiner von uns vieren konnte sich erinnern, dass diese Frage jemals zur Diskussion gestellt worden war, jedenfalls nicht von unseren Vätern selbst. Die beiden in unserer Gruppe, deren Vater bereits gestorben war, konnten sich erinnern, nach seinem Tod sehr oft ausführlich über seine Person, was für ein Mann er eigentlich gewesen war, mit anderen, sowohl Familienangehörigen wie Freunden, gesprochen zu haben. Doch so lange er lebte, niemals direkt mit ihm persönlich.

Unvermeidlich kam dann auch die Frage zur Sprache, ob wir von unseren Kindern auf die Weise, in der wir uns an unsere Väter erinnerten, erinnert werden wollten. Und die stets gleiche unvermeidliche und mit beträchtlicher Scham ausgesprochene Antwort lautete immer: eigentlich lieber nicht. Es zeigte sich, dass das »lieber nicht« vor allem mit dem Umstand zu tun hatte, dass wir unsere Väter als emotional abwesend, wie das heute genannt wird, erlebt hatten. Wir konnten uns an wenige, zu wenige Situationen oder längere Perioden erinnern, in denen von einem warmen, intimen, herzlichen, offenen Umgang miteinander die Rede war, vom gemeinsamen Meistern emotional bedrohlicher Lebenssituationen. Es stellte sich heraus, dass wir relativ wenig Freude mit und dadurch wenig Freude an unseren Vätern gehabt hatten. Und insofern es diese Augenblicke doch gegeben hat, hätten wir viel mehr davon haben wollen.

Eigenartigerweise erwiesen sich väterliche Eigenschaften, wie intelligent sein und hart arbeiten, als wenig einflussreich auf die Qualität der Erinnerung. Was zu unterstreichen scheint, was der namhafte Psychologe Richard Lazarus in seinem 1991 erschienenen und inzwischen zum Klassiker gewordenen Buch *Emotion and Adaption* (Emotion und Anpassung)[5] gesagt hat, nämlich, dass es die Emotionen, die Menschen beieinander auslösen, sind, die Inhalt an Beziehungen und an die Erinnerung von Beziehungen geben, und nicht so sehr das, was Leute, mit denen wir in einem (familiären) Bezug stehen, tun oder leisten. Wenn Männer, so wie wir vier in dem Auto, einander solcherlei »intime« Erfahrungen mitteilen, dann machen rasch Bemerkungen die Runde im Stil von »Freunde, sind wir nun alle Softies oder nicht?«. Aber, wie einer von uns plötzlich bemerkte, es ist genau diese Reaktion, die die Richtigkeit unserer (Selbst-)Analyse und Richard Lazarus' These bestätigt. Denn wenn wir die Neigung haben, im Zusammenhang mit Gefühlen, von »soft« zu sprechen und wenn das einzig Bedeutungsvolle, das einzige »Harte«, was in unserer Erinnerung an unsere Väter zurückbleibt, nun gerade die gefühlsmäßige Bindung ist, die wir mit ihnen gehabt haben, dann stellen wir die Welt auf den Kopf, indem wir, was im Kern hart ist (und einen hart treffen kann, wenn es nicht vorhanden ist!) weich nennen.

Richard Lazarus schreibt an diesem Punkt in seinem Buch sehr treffend: »Was meinen wir eigentlich, wenn wir sagen, jemand sei ›emotional‹? Wenngleich es oft als höhnische Bemerkung gemeint ist, suggerierend, die betreffende Person habe auf die eine oder andere Art die Kontrolle über sich selbst verloren und sei nicht mehr rational zurechnungsfähig, wissen wir auch, dass etwas die Person stark berührt hat ... Denn eine Emotion zeigt uns, dass etwas für uns persönlich Wichtiges mit uns geschehen ist.«

Kurz und gut, über eins wurden wir uns mit einem Mal in dem Auto als Väter einig: Wir wollten, dass unsere Kinder uns als Menschen in Erinnerung behielten, durch deren Zutun etwas, was für sie persönlich wichtig war, auf positive Weise umgesetzt wurde. Doch gelingt uns das? Was ist dafür notwendig? Und können wir aus der Tatsache, dass unseren Vätern das offenbar nicht so gut geglückt ist, etwas lernen?

Einer von uns vieren gab auf die letzte Frage eine Antwort, die ich nicht so schnell vergessen werde. »Mein Vater«, sagte er,

»war absolut kein schlechter Mann. Er arbeitete sich zu Tode. Für uns, damit wir es einigermaßen gut hätten, damit wir eine anständige Ausbildung erhielten. Aber das war eigentlich auch alles, was er tat, wovor alles andere weichen musste: seine Arbeit. Wie oft versprach er uns, etwas gemeinsam mit ihm zu unternehmen, etwa einen gemeinsamen Strand- oder Spielplatzbesuch, ein gemeinsames Fußballspiel. Und wie oft haben wir auf ihn gewartet, um schließlich zu hören, dass er doch nicht pünktlich sein konnte und wir allein oder mit meiner Mutter gehen mussten. All die unerfüllten Versprechen, all die hübschen Aussichten, die letztlich doch nicht verwirklicht wurden. Er war ein Mann, der zu vieles tat und darum zu wenig. Und dieses letztere hat er nie zugeben wollen. Wenn wir darüber auch nur etwas zu sagen wagten, waren wir undankbar oder flüchtete er in Selbstmitleid. Vielleicht fand er seine Arbeit interessanter, als etwas mit uns zu unternehmen. Aber dann hätte er das einmal deutlich sagen müssen. Dadurch, dass er handelte, wie er handelte, kreierte er bei uns die Vorstellung, dass Arbeit, das, was man gesellschaftlich leistet, immer wichtiger ist, immer Vorrang haben muss und auch immer Vorrang hat vor der Pflege und der Qualität von Beziehungen mit Menschen der direkten Umgebung. Die emotionale Bindung an den eigenen Partner und die Kinder kommt immer auf Platz zwei, die Arbeit hat immer Vorrang vor der Frau (und folglich auch vor den Kindern der Frau). Das war das Vorbild, mit dem ich aufgewachsen bin. Und das ist das Vorbild, von dem ich mich lösen muss. Das ist unglaublich unangenehm.«

Wenn Sie mich fragen, so ist der Vatertag bzw. Muttertag vor allem dafür gedacht, oder sollte das sein: den eigenen Kindern zu erklären, wie man sich wünscht, dass sie sich später einmal an einen erinnern, und sie zu bitten, einem ungeschminkt zu sagen, ob man darin nun bereits genügend fortgeschritten ist. Jetzt! Denn man weiß nie, wann man eine Erinnerung wird.

Was im Grunde tatsächlich einzig und allein zählt, ist, um Freud noch einmal zu zitieren, ob es einem gelingt, eine liebevolle Beziehung zu den eigenen Kindern als eine wichtige Leistung zu betrachten.

Leistung als Voraussetzung für Liebe

»Ist dies die Familie, die Sie sich immer gewünscht haben?«

Während er die Frage auf sich wirken lässt, röten sich seine Wangen und er stoßt einen tiefen Seufzer aus. »Ist dies die Familie, die ich mir immer gewünscht habe?«, wiederholt er langsam. Dann sagt er, mit der deutlichen Absicht, das Thema schnell wieder vom Tisch zu fegen: »Ich weiß es nicht. Aber ich muss damit vorlieb nehmen. Punktum!«

Es ist dieses »Punktum«, das mich beschließen lässt, ihn nicht so leicht davonkommen zu lassen. »Sie müssen ganz und gar nicht damit vorlieb nehmen. Sie können sich entscheiden, auszusteigen. Sie können sich sogar entscheiden, eine neue Familie zu gründen.«

Er schaut mich an mit einem Gesicht, als wolle er sagen: »Worüber schwafelst du eigentlich, Mann?«, und zieht lakonisch die Schultern hoch. So im Stil von »hierüber haben wir genug geredet«. Dann entscheidet er sich, doch noch etwas hinzuzufügen: »Das will ich nicht«, sagt er.

Ich hüte mich davor, die nun vor der Hand liegende Frage »Warum nicht?« zu stellen. Darauf hat er zweifellos einige opportune Antworten parat. Stattdessen sage ich: »Wenn Sie nicht wissen, ob dies die Familie ist, die Sie sich gewünscht haben, und wenn Sie finden, dass Sie damit vorlieb nehmen müssen, während Sie es in Wirklichkeit überhaupt nicht müssen, dann scheint mir die Kernfrage zu sein: ›Wie gehen Sie eigentlich mit Ihrer Familie um?‹ Gehen Sie mit Ihrer Frau, mit Ihren Kindern so um, wie Sie glauben, dass es gut ist?«

Abermals ein tiefer Seufzer. »Mit meiner Frau schon«, sagt er dann.

»Und mit Ihren Kindern?«, frage ich.

Stille und wieder ein Seufzer. Dann sagt er mit leiser Stimme: »Mit meinem Sohn nicht.«

Ich antworte darauf, mehr im Ton einer Folgerung als einer Frage: »Zwischen Ihnen geht es nicht gut?«

Bestätigend schüttelt er den Kopf und ein Anflug von Schmerz, beinahe Kummer, erscheint auf seinem Gesicht.

Die Geschichte, die folgt, ist ihrem Wesen nach die Geschichte vieler Väter bzw. Mütter, die mit einem ihrer Kinder in die Bredouille geraten sind. Ihr Kern ist die folgende elterliche Botschaft ihrem Kind gegenüber: »Was du auch tust, es ist nie gut genug. Es geht immer noch besser.« Und ob das Kind nun fünf oder fünfzig Jahre alt ist, die unvermeidliche Folge hiervon ist, dass Schuldgefühl die emotionale Grundlage der Beziehung zwischen Eltern und Kind bildet. Das Seltsame ist, dass viele Eltern sich dessen nicht bewusst sind und sich genauso wenig der tief greifenden Folgen, die das für die Beziehung mit ihren Kindern hat, bewusst sind.

Schuldgefühl hat viele Aspekte. Auf der einen Seite verbindet es Menschen. Wenn man sich jemandem gegenüber schuldig fühlt, dann ist einem die Person nicht gleichgültig. Man »hat« etwas mit ihm oder ihr. Auf der anderen Seite trennt Schuldgefühl Menschen. Denn Schuldgefühl ist ein unangenehmes Gefühl und folglich geht man demjenigen, gegenüber dem man sich schuldig fühlt, am liebsten aus dem Weg. Kurz und gut, Schuldgefühl beinhaltet, dass man etwas in Bezug auf jemanden muss, aber nicht will. Ein Beispiel. Viele erwachsene Kinder rufen regelmäßig ihre Eltern an, weil sie das »müssen«, nicht, weil sie es wollen. Und um das alles noch komplizierter zu machen: Angesichts der Tatsache, dass sie das nicht wollen, fühlen sie sich häufig wieder schuldig. (»Was bist du eigentlich für eine Tochter/ein Sohn, dass es dir so lästig ist, deinen Vater oder deine Mutter anzurufen!«)

Eine Beziehung, in der Schuldgefühle an der Tagesordnung sind, ist deswegen eine Beziehung, in der viel Verworrenheit, Spannung und Streit herrschen. All diese Eigenschaften kennzeichneten auch die Beziehung zwischen meinem Patienten und seinem Sohn, auch wenn er sich dessen, genau wie die meisten anderen Eltern, nicht deutlich bewusst war. Er spürte eigentlich bloß die Folgen. Sein Sohn hatte ihm mehrfach böse oder bekümmert vorgeworfen, dass er seinen Maßstäben zufolge doch nie gut genug sei. Er ging seinem Vater so viel wie möglich aus dem Weg und versuchte, wenn irgend möglich, nicht allein mit ihm zu sein. Er seinerseits ging seinem Sohn auch aus dem Weg. Denn, so sagte er, der nähme doch wenig oder nichts von ihm an und der kleinste Anlass sei oft schon Ursache für einen Streit gewesen. Aber indem er ihm aus dem Weg ging, hatte er eine entscheidende Wahl getroffen. Nämlich die Wahl, nicht an der Verbesserung der Beziehung zu seinem Sohn zu arbeiten.

Sehr viele Eltern, und besonders Väter, die ein schlechtes Verhältnis zu ihrem Kind haben, tun das. Sie wenden sich anderen Dingen wie beispielsweise ihrer Arbeit zu. Nach einiger Zeit beginnen sie sogar zu glauben, dass die Tatsache, dass sie so wenig und so wenig guten Kontakt zu ihrem Kind haben, daher rührt, dass sie so viel Arbeit haben. Nur haben sie oft so viel Arbeit, weil sie so einen schlechten Kontakt zu ihrem Kind haben. Arbeit ist dann sowohl Medizin als auch Merkmal für eine gestörte Beziehung zu einem Kind. Damit senden sie ihrem Kind eine weitere Botschaft, die das alles noch schwieriger macht. Die Botschaft lautet: Die Beziehung mit dir (Kind) hat für mich (Vater oder Mutter) keine Priorität.

Als ich meinen Patienten darauf hinwies, dass seine Priorität offenbar irgendwo anders lag als bei einer gesunden Beziehung zu seinem Sohn, bestritt er das anfänglich. Er fand es absolut wichtig, das Verhältnis zu ihm zu verbessern. Doch dies waren Worte. Was die Taten anbetraf, so richteten sich seine Zeit, sein Interesse und seine Energie auf andere Dinge. Beispielsweise auf seine Arbeit – als Manager hatte er die Leitung über mehrere hundert Menschen –, auf sein Studium orientalischer Sprachen, die er gut für seine Arbeit brauchen konnte, und auf seine Dissertation, an der er die Arbeit vor kurzem wieder aufgenommen hatte, nachdem er sie einige Jahre unterbrochen hatte.

Als ich ihn fragte, warum er so aktiv sei, kam die Wahrheit ans Licht. Er erzählte, er habe immer sehr viel gleichzeitig getan. Sobald eine Sache fertig gewesen sei, habe eine andere, und oft sogar mehrere, an deren Stelle treten müssen. Er zweifelte immer, ob er wohl genügend leistete. Ich fragte ihn, von wem er das hatte, und seine Antwort lautete: »Von meinem Vater.« Ich fragte ihn, wie sein Verhältnis zu seinem Vater gewesen sei, und seine Antwort lautete: »Schlecht.« Ich fragte ihn, ob sein Vater der Vater gewesen sei, den er sich immer gewünscht habe, und seine Antwort lautete: »Nein.« Ich fragte ihn, ob er denke, dass er der Vater für seinen Sohn sei, den dieser sich immer gewünscht habe, und seine Antwort lautete: »Ich glaube nicht.« Ich wies ihn darauf hin, dass er sich offensichtlich genauso seinem Sohn gegenüber verhielt, wie sein Vater sich ihm gegenüber verhalten hatte, und fragte ihn, ob es nicht an der Zeit sei, dass jemand damit aufhörte, das negative Vater-Kind-Verhältnis von Generation auf Generation weiterzugeben, und er antwortete: »Das finde ich schon, ja.« Schließlich fragte ich ihn, ob er derjenige sein wolle, und seine Antwort lautete: »Ich weiß nicht, ob ich das kann.«

Doch das war keine Antwort auf die Frage. Ich wies ihn darauf hin: »Sie sagten: ›Ich weiß nicht, ob ich das kann.‹ Aber würden Sie das gerne können wollen? Ein Vater für Ihren Sohn sein, wie Sie selbst gern einen Vater gehabt hätten?« Offensichtlich berührte die Frage einen alten Kummer in ihm. Denn mit Tränen in den Augen fragte er mich, was er dafür tun müsse.

Ja, was muss ein Mensch dafür tun? Meine Antwort lautet: sich entscheiden, lieben zu lernen, das Kind in sich selbst, ohne dass erst bestimmte Voraussetzungen erfüllt werden müssen. Ohne dass dafür erst gearbeitet werden muss. Arbeiten oder das Erbringen von Leistung kann niemals eine Voraussetzung für bedingungslose Liebe sein. Das geht einfach nicht. Wer doch zuerst Leistung fordert, bevor er sein Kind oder sich selbst liebt, der wird immer eine gespannte, unsichere, verworrene Beziehung zu dem Kind und zu sich selbst haben. Der überzeugendste Beweis für diese These wird durch die Tatsache erbracht, dass Menschen, die viel leisten, oft viele Kontakte anziehen. Aber sobald ihre Leistungen missglücken, missglückt auch die Mehrzahl ihrer Beziehungen. Das liegt daran, dass solche Beziehungen wenig mit Zuneigung und viel mit Eigennutz zu tun haben. Das ist erlaubt. Aber nicht in einer Eltern-Kind-Beziehung. Wenn ein Kind etwas leisten muss, weil Vater oder Mutter sich erst dann gut fühlt und erst dann Liebe geben kann, dann hat es den falschen Vater oder die falsche Mutter mitbekommen. Denn für echte Eltern bedeutet der Wert einer liebevollen Beziehung mehr als befriedigende Leistungen.

Warum gelingt es vielen Eltern und vor allem vielen Vätern nicht, dies ebenfalls so zu sehen und als Richtschnur für den Umgang mit ihren Kindern zu akzeptieren? Übrigens hat es den Anschein, als hätten Väter darin bei ihrer weiblichen Nachkommenschaft mehr Erfolg als bei ihrem Sohn oder ihren Söhnen. Ich denke zuweilen, das wir in einer Epoche leben, die eine größere Vorliebe bei Vätern (und Müttern) für Mädchen favorisiert und eine schwächere Vorliebe für Jungen. Als sei es ein größerer Vorteil, Töchter zu haben als Söhne. Wie ist diese Vorstellung entstanden und, noch wichtiger, was bewirkt sie? Ich wage einen Versuch.

Erziehungsprobleme in Bezug auf das Geschlecht

Geschlecht, eine Kombination innerlicher und äußerlicher Merkmale, spielt innerhalb der Erziehung und bei Erziehungsproblemen eine wesentliche Rolle. Es ist anzunehmen, dass die Bedeutung der Geschlechtszugehörigkeit auch in Zukunft weiter zunehmen wird, denn alles weist darauf hin, dass Mädchen im Durchschnitt bessere Leistungen erbringen als Jungen. Sie weisen weniger Verhaltensstörungen, bessere Schulleistungen und weniger Versäumnisse auf als Jungen. Inzwischen ist es sogar so, dass namhafte Forscher auf dem Gebiet der Entwicklung von Kindern »Geschlecht männlich« als Risikofaktor in ihre Liste mit Risikofaktoren aufgenommen haben.[6]

Untersuchungen weisen ferner aus, dass Mütter und auch Personal in Kinderkrippen und Vorschulen ein höheres Aggressionspotenzial bei Jungen als bei Mädchen akzeptieren. Es zeigt sich, dass auch Väter Aufschneiderei, Aggression und konkurrierendes Verhalten eher bei Söhnen als bei Töchtern tolerieren. Ferner stellt es sich heraus, dass Eltern die Angewohnheit, spät auf der Straße herumzustreunen, Alkoholgenuss und sexuelle Aktivitäten leichter von pubertierenden Söhnen als von pubertierenden Töchtern akzeptieren. Außerdem wollen viele Eltern häufiger von ihren Töchtern als von ihren Söhnen wissen, »was sie gestern Abend oder heute Nacht ausgefressen haben«. Nach dem Motto »der Junge geht doch seinen eigenen Weg« gestehen sie dem Jungen auch tatsächlich öfter zu, seinen eigenen Weg zu gehen.

Das Schlimme ist, dass viele Jungen dies auch tun, wenn sie sich einsam, traurig, depressiv, ängstlich oder minderwertig fühlen. Sie reden darüber viel weniger mit anderen, drücken dies jedoch viel häufiger in großsprecherischem, aggressivem oder destruktivem Verhalten aus. Verglichen mit Mädchen haben Jungen in der Pubertät fünfmal so viel Verkehrsunfälle, Unfälle unter Einfluss von Alkohol, sind sechsmal so oft betrunken, sind zehnmal so oft bei Zerstörung, Brandstiftung, Schlägereien und Gewalt beim Sport beteiligt und nehmen sich drei- bis viermal so oft selbst das Leben.

Eine der wichtigsten Ursachen hierfür ist wahrscheinlich die Wahnidee – sowohl bei Eltern, anderen Erwachsenen und selbst bei Politikern –, dass Jungen von Natur aus aggressiver als Mädchen sind und dass man ihnen deswegen mehr Ventile für ihre Aggression bieten muss, zum Beispiel über Sport und Spiel oder indirekt über gewalttätige Filme, die sie sich im Kino oder zu Hause im Wohnzimmer anschauen können. Doch der Umgang mit Aggression macht einen Menschen nicht friedlicher, eher aggressiver.

Mark Twain: »Dasselbe Gestein, das mit Zartheit bearbeitet, ein Diamant wird, wird mit Gewalt in Trümmer geschlagen.«

5

Männer ohne Väter

»Von meinem Vater habe ich nichts gelernt. Wenn er da war, arbeitete er. Und wenn er nicht arbeitete, war er auch nicht da. Ich kann mich an keinen einzigen Ratschlag von ihm erinnern, der für mein Leben wirklich wichtig gewesen ist, ich erinnere mich an keinerlei Kraft, die von ihm ausging, ich habe keine Erinnerungen an meinen Vater.«

Als er zu Ende gesprochen hat, entsteht in der Gruppe eine unangenehme Stille. Es scheint, als fragten sich die anderen, wie sich das mit ihren eigenen Vätern verhielt. Es scheint auch, als kämen sie im Stillen alle ungefähr zu derselben Schlussfolgerung, fänden es jedoch zu beschämend, dies öffentlich zuzugeben.

»Eigentlich war es bei mir genauso«, bricht einer endlich das Schweigen. »Wenn ich ein Anliegen hatte, besprach ich das meist mit meiner Mutter. Jetzt noch, wenn ich daheim anrufe und ich zufällig als ersten meinen Vater am Apparat habe, dann wissen wir alle beide nach ›Guten Tag‹ und ›Wie geht es?‹ eigentlich nicht, was wir weiter sagen müssen. Und dann passiert etwas absolut Idiotisches: Entweder er sagt sehr rasch ›Na, ich gebe dir mal eben Mam‹ oder ich frage selbst, ob sie zu Hause ist. Mit ihr rede ich dann über Gott und die Welt.«

Die anderen anwesenden Männer reagieren zustimmend. »Meine Mutter war immer der Postillon zwischen uns Kindern und unserm Vater. Selbst wenn die ganze Familie am Tisch saß, geschah es, dass wir zu unserer Mutter sagten: ›Könntest du eben fragen, ob es in Ordnung ist, wenn ...‹ Dann stellte sie ihm unsere Frage und er antwortete ihr anstelle von uns. Es gab offensichtlich niemanden, der durchschaute, was für eine völlig wahnsinnige Art der Kommunikation dies war.«

Als ich die Mitglieder der Gruppe dann frage, ob sie ihren Vater auf irgendeinem Gebiet bewundern, antworten acht von neun Männern mit Nein. Die meisten finden ihren Vater nicht schlecht, doch wirklich bewundern tun sie ihn nicht. Ein Vorbild ist er sicherlich nicht für sie. Einige sagen sogar, dass sie eher ein gewisses Mitleid mit ihm empfinden.

Aber am schockierendsten sind die Antworten, die ich erhalte, als ich sie bitte, zu erzählen, wie sie glauben, dass ihre Mütter ihren Vater sahen. Dann zeigt sich nämlich, dass die meisten auf dieselbe Art über ihren Vater denken, wie (sie unterstellen, dass) ihre Mutter das tut.

Wie problematisch das für die psychische Entwicklung des Sohns und des Vater-Sohn-Verhältnisses sein kann, hat der Schweizer Psychologe Carl Gustav Jung einmal erläutert. Wenn der Sohn, so Jung, seinen Vater primär mit den Augen seiner Mutter sieht, dann ist es beinahe nicht anders möglich, als dass er eine ambivalente Haltung in Bezug auf seinen Vater und in Bezug auf seine eigene Männlichkeit entwickelt. Viele Frauen und Mütter sind jedenfalls der Ansicht, dass Emotionalität, Liebe, Zärtlichkeit und Sorgsamkeit Bereiche sind, die Mütter mit Töchtern oder Mütter mit sensiblen Söhnen teilen, während der Vater alles verkörpert, was sachlich, unempfindlich, rational, technisch und emotional naiv ist.

Wenn obendrein das, was der Vater im Leben macht, seine Arbeit, für den Sohn nicht oder kaum sichtbar ist – der Vater verrichtet diese Arbeit häufig außer Haus, und der Inhalt seiner Arbeit ist für ein kleines Kind meist nicht verständlich –, hat dies zur Folge, dass der Sohn die ersten fünfzehn Jahre seines Lebens in großem Abstand zum Vater lebt. Dieser Mangel an Kontakt und Zuwendung durch den Vater (einer aktuellen amerikanischen Studie zufolge haben Väter im Schnitt acht Minuten pro Woche für ein normales Gespräch mit ihren Kindern zur Verfügung) macht es dem Sohn schwer, sich mit seinem Vater zu identifizieren.

Vorbilder muss er deswegen in Filmen bzw. auf (M)TV suchen, wird er da mit einem mindestens ebenso verwirrenden und häufig sogar abfälligen Bild des Mannes und von Männlichkeit konfrontiert. In so gut wie allen Comedy-Serien wird der Vater unablässig als ein naiver, komischer, nicht ernst zu nehmender, obwohl in seiner Unbeholfenheit ab und zu durchaus rührender Vollidiot dargestellt. Die Mutter hat meistens die Rolle derjenigen, die, was Verstand und Gefühl anbetrifft, zumindest einigermaßen auf der Höhe ist, die vor dem warnt, was nun wieder schief gehen kann, wenn er nicht rechtzeitig Acht gibt, und die, falls nötig, den rettenden Engel spielt. Meiner Ansicht nach ist es kaum anders vorstellbar, als dass die Autoren, die die Szenarios für Komödien schreiben, alle Anhänger Valerie Solanas' sind, Autorin des einflussreichen SCUM-Manifestes von 1968, in dem aufgerufen wird, Schluss zu machen mit dem Phänomen Mann.

Solanas, die versuchte, ihren Appell selbst in die Praxis umzusetzen, indem sie drei Pistolenschüsse auf Andy Warhol abfeuerte, erläutert darin unter anderem Folgendes: »Der Mann ist ein biologischer Unfall: Das (männliche) Y-Gen ist ein unvollständiges (weibliches) X-Gen, was impliziert, dass er ein unvollständiges Paar Chromosomen hat. Mit anderen Worten, der Mann ist eine unvollständige Frau. Männlich sein heißt, mangelhaft sein, emotional beschränkt sein: Männlichkeit ist eine angeborene Anomalie, und Männern fehlt jegliches Gefühl. Ihre Intelligenz ist ein vulgäres Instrument, das ausschließlich der Befriedigung ihrer eigenen Lüste und Bedürfnisse dient. Ihr Geist ist unfähig zur Liebe und ebenso wenig zur Fürsorglichkeit. Der Mann gehört einem düsteren Bereich innerhalb der Evolution an, er ist ein Halbprodukt zwischen Mensch und Tier.«

Aber auch die anderen männlichen Modelle, die die Medien zu bieten haben, lösen Verwirrung aus. Ein viel gehörter Appell ist, dass Männer viel intensiver die weibliche Seite in sich selbst entwickeln müssen. Dass sie lernen müssen, über ihre eigenen Gefühle und über die anderer zu kommunizieren, und die zärtlichen und fürsorglichen Seiten in sich selbst entwickeln müssen. Das ist zweifellos wichtig, doch beinhaltet ein solches Modell die paradoxale Botschaft, dass ein Mann in dem Maße ein besserer Mann ist, indem er mehr »weibliche« und weniger »männliche« Seiten hat. Außerdem erweist es sich, dass, folgt man diesem Weg, dies gewiss keine Garantie für mehr Glück bzw. Stabilität in Beziehungen bietet.

Viele Männer, die gelernt haben, sich ihrer Partnerin oder ihrem Partner emotional mehr zu öffnen und mehr zu empfinden, haben auch gemerkt, dass das oft nicht ausreicht, um ihre Paarbeziehung durch schwierige Zeiten zu lavieren. Jede Beziehung hat in bestimmten Augenblicken Streit, Konflikte, das Bereinigen von Situationen und das Setzen von Grenzen nach beiden Seiten hin nötig. Kontakt haben und umgehen können mit der eigenen natürlichen Aggression ist eine »männliche« Seite, die viele Männer, gerade durch die Abwesenheit des Kontakts mit einem männlichen Vorbild, nicht entwickelt haben. Sie empfinden Angst oder sogar Widerwillen davor.

Zum Teil rührt das daher, dass sie natürliche Aggression auf eine Ebene mit dem Rambo-Macho-Modell stellen, die letztlich bloß zu sinnloser Gewalt führt. Zum andern Teil, weil sie sie mit ihrem eigenen ebenso verschmähten Vater assoziieren. Tatsächlich sind ziemlich viele Männer zwischen dreißig und fünfzig mit autoritären Vätern aufgewachsen, die zu Hause ein repressives Regime ausübten, eifersüchtig auf ihre Söhne waren und deren Kreativität und ihr Bemühen um Selbstentfaltung zu ersticken versuchten.

Kurz gesagt: Das Drama der »vaterlosen« Männer dieser Zeit ist, dass sie anderen Männern im Grunde misstrauen, emotional Distanz zu ihnen halten und damit, dass sie selbst auch Männer sind, sich von sich selbst emotional entfernt haben und sich gleichzeitig von den traditionellen Männerrollen, wie der Vaterrolle, distanziert haben. Ich fürchte, dass einer der Gründe, warum so viele Männer derzeit selbst nicht mehr Väter sein wollen (zum Kummer vieler Frauen) oder zumindest nicht Väter eines Sohns, in dem Umstand zu suchen ist, dass sie selbst häufig in einer vaterlosen Gesellschaft geboren sind.

Um noch eben auf das zurückzukommen, was ich an anderer Stelle die sonderbare Ansicht nannte, dass ein Mann ein besserer Mann ist in dem Maße, in dem er mehr »weibliche« und weniger »männliche« Seiten hat: Ich glaube, dass ein Mann ein besserer Mann ist, psychologisch betrachtet, in dem Maß, in dem er besser in der Lage ist, liebevolle Beziehungen zu anderen Männern zu pflegen, angefangen bei seinem eigenen Sohn oder seinen Söhnen, falls er die hat. Doch dafür muss er zuvor in der Regel erst tief in seine eigene Psyche hinabsteigen.

6

Väter und Söhne

Der amerikanische Schriftsteller Mark Twain (1835 – 1910) bemerkte einmal, dass ein Junge im Alter von zwölf Jahren anfängt, einen Mann nachzuahmen, und dass er das bis zum Ende seines Lebens tut. »Ich vermute«, so der amerikanische Psychologe Samuel Osherson in einem Gespräch, das wir einmal anlässlich seines Buches *Die ersehnte Begegnung. Männer entdecken ihre Väter*[7] führten, »dass im Leben der meisten Männer ein Augenblick kommt, in dem sie auf die Frage stoßen, wie sehr sie noch immer mit ›Nachahmen‹ beschäftigt sind, anstatt aus einer eigenen, starken inneren Überzeugung in Bezug auf ihr ›Mann-Sein‹ zu leben.«

Osherson interviewte für sein Buch viele Väter und Söhne, unter anderem um zu untersuchen, wie das Leben von Männern von der Beziehung zu ihrem Vater beeinflusst wurde und noch stets beeinflusst wird. Aus den Interviews trat zutage, dass viele Väter, die jetzt meist so ungefähr zwischen 60 und 70 Jahre alt sind, nicht sehr glückliche Menschen sind oder waren.

Es zeigte sich, dass sie innerlich häufig böse und deprimiert waren, Gefühle, wie Wut und Frustration gegenüber dem traditionellen »Deal«, den sie mit ihren Ehefrauen und der Gesellschaft geschlossen hatten, hegten: verbannt aus der Intimität der Familie in die Öffentlichkeit der Gesellschaft, in die Welt der Arbeit und Leistung.

Nachdem dieser »Deal« einmal geschlossen war, etwas, was sicherlich bis vor etwa zwanzig Jahren beinahe naturgegeben war und woran sich auch wenig oder nichts zu ändern schien, fühlten viele Väter, so berichteten sie Osherson, dass sie komplett in der Falle saßen. Der Vater eines Chirurgen, der selbst Chirurg war, sagte mit deutlich bitterem Unterton: »Ein Mann, der sich seiner Verantwortung bewusst ist, geht zu seiner Arbeit ... Er arbeitet und arbeitet und arbeitet, damit seine Kinder eine anständige Ausbildung machen können und seine Familie ein bisschen Luxus hat. Ist er jemand, der spürt, dass die große Liebe, die er für seine Frau empfand, als er sie heiratete, weiter fortleben muss, dann wird er auch weiterhin Zeit und Energie in sie investieren. Aber wenn seine Arbeit so viel seiner Zeit und Energie in Anspruch nimmt, dann bedeutet das in einem bestimmten Augenblick, dass er sich entscheiden muss. Ich bin so erzogen worden, dass ich mich verantwortlich fühle, zu arbeiten und meine Familie zu unterhalten.«

Seine Wut und sein Gefühl, etwas verloren zu haben, der Verlust von etwas, was niemals mehr zurückgewonnen werden kann, brachen gleichsam aus seiner Seele, als er hinzufügte: »Ich betrachtete meine Kinder nicht so sehr als Wesen, die man liebt, für die man sorgt, mit denen man vertraut ist. Ich betrachtete sie als Wesen, für die ich verantwortlich war, dass sie gesund blieben, dass sie eine gute Schule besuchten, dass sie ihre Ausbildung beendeten, dass sie tüchtige Menschen wurden und in der Gesellschaft ihren Part mitspielen können. Meine Kinder sagen mir jetzt, dass da immer eine unüberbrückbare Mauer war. Ich erlebte sie in erster Linie und vor allem als eine Verantwortung.«

Viele junge Väter versuchen heutzutage, mehr Zeit zu Hause zu verbringen, und reagieren damit auf das Gefühl, dass sie mit ihren eigenen Vätern eine wertvolle Erfahrung in Bezug auf Intimität und Nähe versäumt haben. Doch wie verhält es sich mit den Gefühlen von Wut und Traurigkeit, die viele der Väter empfanden? Gefühle, die als Vorbild und Bild auch in der Psyche ihrer Söhne eingelagert sind und die deren Vorstellung von sich selbst als Männer und Väter stark beeinflussen? Viele moderne Väter sitzen in der Klemme, durch den inneren Konflikt zwischen dem Wunsch nach mehr emotionaler Intimität mit ihrer Familie, mit ihren eigenen Kindern auf der einen Seite und ihrem verinnerlichten Vaterbild auf der anderen Seite. Die Angst, letzten Endes ein ebensolcher Vater für ihre Kinder zu werden, wie es ihr Vater für seine Kinder war, bildet für viele von ihnen eine gefühlsmäßige Hemmschwelle und macht es für sie häufig schwierig oder beängstigend, sich so aufgeschlossen, so zugänglich ihren Familienangehörigen gegenüber zu verhalten, wie sie sich das tief in ihrem Innern eigentlich wünschen.

Viele der von Osherson interviewten Männer sagten, dass sie dadurch, dass sie kein positives väterliches Vorbild hatten und dadurch bedingt kein gutes emotionales Verhaltensrepertoire, mit vielen Rückschlägen selbst ihren Weg zu ihren Kindern suchen müssen. Doch sie übersehen dabei einen wichtigen Aspekt: Der Mangel an einem guten emotionalen Verhaltensrepertoire bedeutet auch, dass sie selbst noch immer nicht in der Lage sind, ihre ungelösten Probleme mit dem eigenen Vater aufzuarbeiten, geschweige denn zu lösen. Und dass sie darum noch immer mit einer problematischen Vorstellung dessen herumlaufen, was an emotionaler Intimität und Unbeschwertheit zwischen Männern, also auch zwischen ihnen und ihren eigenen Söhnen, möglich ist. Es gibt eine Menge junger Väter, die sich emotional ausgezeichnet mit ihrer Tochter oder ihren Töchtern verstehen, jedoch ihrem Sohn bzw. ihren Söhnen gegenüber viel distanzierter sind. Es ist beunruhigend, zu sehen, dass Väter, früher wie heute, im Hinblick auf ihre Söhne Wut und sogar Feindseligkeit viel leichter zeigen als Fürsorglichkeit oder Zuneigung.

Möglicherweise ist es in diesem Zusammenhang wichtig, dass zwischen Vätern und Söhnen immer von einer ambivalenten (Liebes-)Beziehung die Rede ist. Sie ist die Schattenseite des hohen Werts, der dem männlichen Kind seit Jahrhunderten beigemessen wird und in vielen Kulturen noch immer beigemessen wird. Da ein so großer Teil der männlichen Identität auf Leistung beruht, sind Söhne dazu prädestiniert, ihre Väter eines Tages zu übertreffen. Auf diese Weise werden Söhne ambivalente Liebesobjekte, von ihren Vätern sowohl geliebt als auch gefürchtet. Hinzu kommt, dass ein Sohn die Sterblichkeit des Vaters auf eine für Letzteren sehr unbequeme Art symbolisieren kann. Wenn der Sohn zum Mann heranwächst, konfrontiert er in zunehmendem Maße den Vater damit, dass er älter wird. Durch die Tatsache, dass er, hinsichtlich der bekannten traditionellen Charakteristika, eines Tages stärker, anziehender und männlicher sein wird als sein Vater und seinen Vater folglich als schwächer betrachten wird, weckt er bei seinem Vater sowohl Angstgefühle als auch Frustration bzw. Wut.

Und dann ist da noch die andere Furcht, die Furcht, die von allen vorstellbaren am schwierigsten zwischen Vater und Sohn besprechbar ist, nämlich die Furcht vor Homosexualität. Was Väter hindert, ihre erwachsenen Söhne anzufassen, zu umarmen und zu küssen, ist, dass sie das nicht gewöhnt sind, weil sie so noch nie miteinander umgingen. Doch es zeigt sich beinahe immer, dass im Hintergrund die Angst, der andere könne homosexuelle Neigungen bei einem vermuten, eine wesentliche Rolle spielt. Bei einigen Männern ist die Angst sogar so stark, dass körperlicher Kontakt mit anderen Männern, also auch mit dem eigenen Sohn, tatsächlich Widerwillen hervorruft.

Auch Osherson meinte in seinen Interviews, dass es sehr schwierig sei, (ältere) Männer zu motivieren, hierüber zu sprechen. Obwohl sie es hinterher meist als gut und sogar erleichternd empfänden, darüber gesprochen zu haben.

Das Interview, das in dem Punkt, wie Väter und Söhne aus dieser beidseitigen emotionalen Sackgasse wieder herauskommen können, den tiefsten Eindruck bei mir zurückgelassen hat, ist dasjenige, bei dem sowohl der Vater als auch der Sohn anwesend waren und der Sohn in einem bestimmten Augenblick zum Vater sagte: »Ich habe dich immer sowohl als sehr stark als auch als sehr schwach empfunden. Als jemanden, von dem ich fürchtete, dass er mir sehr wehtun konnte, und als jemanden, vor dem ich Angst hatte, dass ich ihm wehtun konnte, ihn tief verletzen konnte. Ich war absolut sicher, dass, hätte ich dir erzählt, in welcher Hinsicht ich dich als schwach, als verletzlich und ängstlich empfinde, in tödlicher Angst vor jedem Anflug von Homosexualität, du unheimlich wütend werden und dich von mir abwenden würdest. Ich war sicher, dass das einzige Bild, das du mir von dir zugestehen würdest, das des starken Mannes ist, des Vaters, der sich seiner Verantwortung bewusst ist. Dass ich dich niemals so kennen lernen würde wie beispielsweise einen guten Freund.«

Worauf der Vater mit ebenso viel unterdrückter Ergriffenheit antwortete: »Ich habe mir, als du aufwuchsest, niemals auch nur einen Augenblick klargemacht, dass ich sowohl dein Freund als auch dein Vater sein könnte.«

7

Verlorene Söhne

Väter, die sich nicht bewusst sind, dass sie einmal die Freunde ihrer Söhne werden können und dass sie dafür schon früh die Basis legen müssen. Und Söhne, die sich nicht bewusst sind, wie entscheidend die Freundschaft mit ihrem Vater für ihr Selbstbild und ihre eigene Vaterschaft ist und die obendrein nicht wissen, wie man dafür die Basis legt.

In einem seiner Interviews fragte Sam Osherson David, einen 34-jährigen Polizisten und Vater eines kleinen 6-jährigen Jungen, was er gern mit seinem Vater tun wolle oder ihm sagen wolle, wenn er könnte. David überlegte einen Augenblick und sagte dann: »Ich würde ihm einfach auf eine ruhige und entspannte Weise sagen können wollen: ›Ich liebe dich.‹ Zu einem anderen kann ich das schon sagen. Aber es ist etwas, was mir bei ihm sehr schwer über die Lippen kommt. Ich wäre gerne fähig, so etwas wirklich Einfaches zu ihm zu sagen.«

Es zeigt sich, dass der Wunsch nach einer emotional intimeren, liebevolleren Beziehung zu seinem Vater, wie er ihn in Worte fasst, auch bei vielen anderen 30- und 40-Jährigen lebendig ist. Doch bei den meisten ist, genau wie bei David, das Zögern, ihre Gefühle gegenüber ihrem Vater zu outen, groß.

Oft verbirgt sich Angst hinter dem Zögern. An erster Stelle Angst, etwas zu tun oder etwas zu sagen, was stark von dem üblichen Verhalten zwischen Vater und Sohn abweicht. Es ist unter Söhnen nicht gebräuchlich, zum Vater zu gehen und zu sagen: »Ich wäre gern mit dir befreundet« oder: »Ich hätte gern einen besseren Kontakt zu dir.« Und doch gibt es beinahe keine Aussage zwischen Eltern und Kindern, die, in emotionaler Hinsicht, so viel bedeuten kann wie diese.

Viele Söhne haben auch Angst, dass sie, wenn sie sich dadurch, dass sie ihren Wunsch nach mehr Intimität aussprechen, verletzbar zeigen, ihr Vater mit dieser Bitte absolut nichts anzufangen weiß, sie möglicherweise einfach bloß Unsinn findet oder sie sogar rundheraus abweist: »Was hast du nur plötzlich? Sicher eins von diesen blöden Psychologiebüchern gelesen.«

Einige Söhne wollen auch absolut nicht selbst die Initiative für eine Verbesserung der Beziehung zu ihrem Vater ergreifen. Ihrem Empfinden nach ist das dasselbe, wie den Nacken zu beugen und zuzugeben, dass er letzten Endes doch Recht gehabt hat mit allem, was er über sie dachte und sagte. So wie einer der von Osherson interviewten Söhne es ausdrückte: »Wenn er aus freien Stücken kommt, nun, dann will auch ich gern, aber ich weigere mich, in der Rolle des Bittstellers auf ihn zuzugehen.«

Der emotionale Preis für die Dickköpfigkeit ist für beide Parteien häufig hoch. Denn wie man es auch dreht und wendet, das Misslingen oder Verlorengehen der Vater-Sohn-Beziehung lässt beinahe immer tiefe emotionale Wunden zurück, die sowohl den Vater wie auch den Sohn für lange Zeit verletzen. Auch wenn sie nach außen hin oft Coolness im Sinne von »Wir haben einander absolut nichts mehr zu sagen« demonstrieren.

Ein 62-jähriger Betriebsleiter behauptete anfänglich, dass er zu Oshersons Vater-Sohn-Analyse nichts beizusteuern hätte. »Denn«, so sagte er, »unsere Situation ist einzigartig. Vor zwanzig Jahren hat mein Sohn das Haus verlassen und ist nie wieder zurückgekommen. Wir haben keinerlei Kontakt mehr.« Doch die Frage, was es für ihn bedeute, wenn sein Sohn auch dann nicht erscheine, wenn er selbst oder seine Frau sterben sollte, brachte ihn emotional deutlich durcheinander. Bei der Fortsetzung des Gesprächs stellte es sich heraus, dass sein Wunsch, eine Beziehung mit seinem Sohn zu haben, keineswegs tot war. Allerdings konnte er sich nicht überwinden, selbst Kontakt aufzunehmen: »Er ist weggegangen, also ist es an ihm, zurückzukommen. Warum sollte ich derjenige sein, der nachgibt?«

Die Geschichte von wegbleibenden Söhnen ist häufig das Spiegelbild eines »Abstand haltenden« Vaters. Viele Söhne fühlen sich von ihrem Vater so wenig geliebt und anerkannt, dass sie nicht glauben, dass zwischen ihnen mehr als eine oberflächliche, höfliche Beziehung möglich ist.

»Ich bin mir sicher, dass er nie zufrieden mit mir gewesen ist«, erzählte der Sohn des Betriebsleiters, als er interviewt wurde. »Aber eigentlich ist zufrieden nicht der richtige Ausdruck. Wenn jemand nicht zufrieden mit einem ist, so ist das, nun ja, nicht schön, aber damit kann ich schon umgehen. Es ist mehr so, dass er mich als Person ablehnt, nicht schätzt. Er kann kein Quäntchen Anerkennung und folglich kein Quäntchen Interesse für das, was ich bin, aufbringen. Was muss ich dann mit ihm? Zwischen ihm und mir gibt es nur die Beziehung früher gemeinsam erlebter Enttäuschungen.«

Tatsächlich zeigt es sich, dass Väter sich angesichts des Wegs, den ihre Söhne eingeschlagen haben, häufig so enttäuscht fühlen, dass sie diese beinahe ununterbrochen als Beweis dafür erleben, dass sie selbst als Vater versagt haben. »Er ist ein Mann, der alle Möglichkeiten in sich trägt, der alle Chancen hat«, sagte ein 60-jähriger Vater über seinen 35-jährigen Sohn, »aber er weiß einfach keinen Gebrauch davon zu machen. Ich sage immer, dass er ein 8-Zylinder ist, der bloß auf 2 Zylindern läuft. Es ist beinahe nicht anders vorstellbar, als dass wir doch irgendetwas falsch gemacht haben.«

Bei Beziehungen wie diesen gibt es wenig Hoffnung in Bezug auf eine wirkliche Annäherung zwischen Vater und Sohn. Und wenn diese doch zustande kommt, dann oft unter Umständen, die für beide kaum wirklich befriedigend sind – beispielsweise, wenn es nach jahrelangem Abstand oder Feindseligkeit Krankheit bzw. Tod sein müssen, die Vater und Sohn für einige Tage, Wochen oder Monate zueinander bringt.

Was ist die Ursache, dass manche Söhne ihre Väter als Erwachsene (wieder)finden und andere ihr gesamtes Erwachsenenleben lang »vaterlos« bleiben?

Die Forschung bietet einige Hinweise dafür, wo wir die Antwort auf diese Frage suchen müssen. Zum Ersten, Vater und Sohn scheint es leichter zu gelingen, als Erwachsene ein gutes Verhältnis miteinander aufzubauen, wenn der Vater bei der Erziehung seines Sohnes aktiv beteiligt gewesen ist und Dinge gemeinsam mit ihm unternommen hat. Söhne, die sich an einen beteiligten, liebevollen Vater aus ihrer Kinderzeit erinnern – wieder diese Wichtigkeit der Erinnerung –, sind als Erwachsene eher bereit, eine schwierige oder spannungsgeladene Beziehung zu verbessern, als Söhne, die sich lediglich an einen Vater erinnern, der nie da war, oder noch schlimmer, der ihnen gegenüber körperlich oder emotional brutal auftrat. In den Fällen, wo Vater und Sohn einander nach Jahren der Entfremdung und Vernachlässigung letzten Endes doch in die Arme schließen, gab es beinahe immer eine Kinderzeit, während der die Beziehung im Allgemeinen gut war.

Zum Zweiten, die Chancen für eine solide Vater-Sohn-Beziehung sind größer, wenn beide entweder einen ähnlichen Beruf oder andere gemeinsame Interessen haben, die sich außerhalb des direkten familiären Kreises befinden. Auffallend, wenngleich nicht überraschend, ist, dass die Chance, gemeinsame Interessen zu entwickeln, bei Vätern, die viel mit ihren jungen Söhnen unternommen haben, größer ist.

Zum Dritten, im Gegensatz zu dem, was ziemlich oft behauptet wird, gibt es keinen einzigen Nachweis, dass die Stabilität der Beziehung etwas mit dem geographischen Abstand zwischen dem Wohnsitz des Sohnes und dem des Vaters zu tun hat (dasselbe gilt auch für Mutter und Tochter). Nähe zwischen Eltern und erwachsenen Kindern ist ein zweischneidiges Schwert, das im einen Fall der Vertrautheit zugute kommen kann, jedoch im anderen Fall auch zu erhöhter Spannung führen kann.

Schließlich, eine gute Vater-Sohn-Beziehung verlangt von beiden Männern ein hohes Maß an Takt und Einfühlungsvermögen. Die wichtigste Aufgabe für Väter besteht darin, zu der Einsicht zu kommen, dass ihre Söhne nicht nur das Recht haben, ihr eigenes Leben auf ihre eigene Weise zu führen, sondern dass sie auch ein Recht auf einen Vater haben, der verstehen will, warum sie nun genau diese Wahl treffen, in Bezug auf Beruf, Partner, Lebenseinstellung. Söhne haben außerdem ein Recht auf Väter, die kein Urteil aussprechen, wenn sie nicht ausdrücklich darum gebeten werden. Und die, wenn sie ein Urteil aussprechen, es immer als ihr Urteil deklarieren, nie als das Urteil.

Das ist Weisheit und Weisheit ist es, die Söhne von ihren Vätern fordern dürfen. Die Weisheit, die Väter benötigen, ist die, die die französische Schriftstellerin Marguerite Yourcenar in ihrem Buch *Ich zähmte die Wölfin. Die Erinnerungen des Kaisers Hadrian* dem römischen Kaiser in den Mund legte: »Es gibt mehr als nur eine Weisheit, und für die Welt sind sie alle notwendig. Es ist sicher gut, dass sie einander abwechseln.«

Die wichtigste Aufgabe für Söhne besteht darin, Lebensweise und Denkungsart ihrer Väter zu verstehen. Verstehen ist etwas grundlegend anderes als wissen. Als Sohn weiß man nach soundsovielen Jahren nur allzu gut, wie der eigene Vater auf bestimmte Dinge und gewisses Verhalten reagiert. Gerade dies erlebt man häufig als das Problem. Nur ist dies nicht das Problem. Das Problem ist, dass viele Söhne die Einstellungen und Reaktionen ihrer Väter nicht verstehen. Sie wissen oft so wenig über die Geschichte und Entwicklung ihrer Väter als Kinder und Jugendliche und damit von den Hintergründen und Ursachen des väterlichen Verhaltens, dass sie im wörtlichen und im übertragenen Sinne kein Verständnis aufbringen können.

Die Qualität einer Vater-Sohn-Beziehung lässt sich deswegen eigentlich nur an zwei Aspekten ablesen. Der Mühe, die beide Männer sich geben, um einander keine Dinge zu sagen, die im Grunde beabsichtigt sind, den anderen abzuwerten, zu beherrschen oder ins Unrecht zu setzen. Und der Mühe, die beide Männer sich geben, um einander erst zu verstehen, bevor sie einander um Verständnis bitten.

Die Geschichte eines Menschen ist in wesentlichem Maße die Geschichte des Geschlechts, aus dem er oder sie hervorgegangen ist. Die Familie ist von allen uns bekannten Einrichtungen die älteste und wichtigste für unser Leben und Überleben, weil die Familie die erste Gruppe in unserem Leben ist, das erste Beziehungsnetzwerk, in das wir uns einfügen und an das wir uns anschließen mussten. Die Familie gibt uns nicht bloß unsere genetische Ausstattung mit, sondern auch viele andere wesentliche Vorgaben, wie die Sprache, die wir sprechen, die Weise, in der wir unseren Gefühlen und Gedanken, unseren Besonderheiten und Vorlieben, Einstellungen, Überzeugungen und Gewohnheiten Ausdruck verleihen (oder nicht!). Da die Hauptpersonen in unserer Familiengeschichte durchgehend unsere Eltern sind, ist der folgende Ausspruch kaum übertrieben: »Je besser wir unsere Eltern verstehen, umso besser verstehen wir uns auch selbst.«

8

Die Geschichte Ihrer Eltern, Ihre eigene Geschichte

Menschen, schreibt Valentine Winsey in ihrem Buch *Yourself as History*[8], sind wie Eisberge. Mehr als 90 Prozent ihres Lebens, ihrer Erfahrungen, Erinnerungen und Gefühle liegen unter der Oberfläche eines Meers alltäglicher Beschäftigungen verborgen. Alles, was wir von ihnen zu wissen scheinen, ist das, was wir in unserem täglichen Umgang sehen und hören. Betrachten wir einmal unsere Eltern. Meist sehen wir sie als diejenigen, die uns erzogen und versorgt haben, die sich um alles kümmern oder kümmerten, als diejenigen, die die Entscheidungen für uns trafen und häufig noch immer treffen wollen. Manchmal betrachten wir sie noch als Vorbilder, öfter jedoch als Babysitter für unsere Kinder, als unausweichliche Entourage bei Geburtstagen und Familientreffen, als Leute, mit denen wir in erster Linie Belanglosigkeiten austauschen.

Aufgrund der typischen Eltern-Kind-Beziehung haben wir mit ihnen zumeist nicht den persönlichen Austausch wie mit Leuten im gleichen Alter. Dadurch vergessen wir ziemlich oft, dass unsere Mütter und Väter nicht bloß im Dienst der Familie stehen, Menschen sind, die wir aufgrund unserer familiären Bande gebrauchen oder missbrauchen können, sondern auch Personen mit individuellen Eigenschaften und einer Geschichte, die häufig genau so speziell und interessant ist wie die unserer besten Freunde. Mit dem Unterschied, dass die Geschichte unserer Eltern in wesentlichem Maße bestimmend für unsere eigene Geschichte ist. Die Redensart »Sage mir, wer deine Freunde sind, und ich sage dir, wer du bist« entspricht schlichtweg weniger der Wahrheit als »Erzähle mir die Geschichte deiner Eltern, und ich zeige dir dein wahres Wesen«. Dass diese letzte Redensart nicht existiert, kann kein Zufall sein.

Der Grund ist wahrscheinlich eine seltsame Eigenart vieler Kinder, nicht nur als Jugendliche, sondern auch als Erwachsene: Sie wollen nämlich nicht ihren eigenen Eltern gleichen. Schlimmer noch, viele Kinder schämen sich sogar mehr oder weniger für ihre Eltern. Es ist kein Zufall, zumindest in unserer Kultur, dass, wenn man zu jemandem sagt: »Du bist genau wie deine Mutter oder du bist genau wie dein Vater«, dies ein Synonym für Kritik ist.

Solche Reaktionen sind auf der einen Seite als Äußerungen unseres Bedürfnisses, uns von unseren Eltern abzulösen und unsere eigene Individualität zu bestätigen, begreiflich. Auf der anderen Seite aber spiegeln sie auch eine bedauerliche Distanz, sogar Entfremdung zwischen Generationen. Es ist absolut eine Illusion, auch wenn wir diese gerne pflegen, dass wir unser Leben selbst bestimmen. Sowohl physisch wie psychisch, aber auch sozial wurzeln unser Leben und unsere Persönlichkeit in der Vorgeschichte früherer Generationen. Wer sich selbst gut kennen und respektieren lernen will, wird diese Wurzeln kennen und respektieren lernen müssen. Anders ausgedrückt, unsere Selbsterkenntnis hängt zu einem wesentlichen Teil davon ab, wie gut wir mit unseren Vorfahren, unseren Eltern Kontakt gemacht haben.

Ich höre ziemlich oft von Leuten, deren Eltern gestorben sind, dass sie es schade finden, so wenig von ihnen zu wissen. So sagte jemand einmal zu mir: »Ich habe eigentlich nie darüber nachgedacht, was für Fragen ich meinem Vater stellen wollte oder wie ich sie stellen sollte.« Derselbe Mann hatte kurz nach dem Begräbnis seines Vaters zum ersten Mal über einen Onkel gehört, dass seine Mutter, die zwanzig Jahre früher gestorben war, einige Jahre in einer psychiatrischen Anstalt gesessen hatte.

Dort war sie auch gestorben. Die Enthüllung und die darauf folgenden Nachforschungen hatten ihm drei Einsichten vermittelt.

Die erste war, dass es ein sehr großes und tragisches Stück Familiengeschichte gab, von dem er nichts gewusst hatte, nun aber begann zu begreifen, wie stark dies die Atmosphäre während seiner Erziehung beeinflusst hatte. Das zweite war, dass die Verschlossenheit seines Vaters, die er ihm mehr und mehr vorgeworfen hatte und durch die immer mehr Distanz zwischen sie beide gekommen war, wahrscheinlich zu einem wesentlichen Teil Selbstschutz gewesen war. Unter anderem wegen der intensiven Selbstvorwürfe und Schuldgefühle darüber, wie es mit seiner Frau gelaufen war und über seinen möglichen Anteil daran. Das dritte war, dass die Depressionen, unter denen er selbst nun als Erwachsener litt, wahrscheinlich teilweise ihre Wurzeln in einer erblichen Belastung mütterlicherseits hatten. Aufgrund dieser letzten Einsicht war er auf einmal bereit, eine bestimmte Behandlung mit Antidepressiva nun doch zu versuchen.

Das Beispiel macht deutlich, wie wichtig es sein kann, noch zu Lebzeiten das Gespräch mit den Eltern über ihre Geschichte zu suchen. Außer, dass für Sie selbst wichtige und zuweilen sogar essenzielle Informationen dabei herauskommen können, hat es nicht selten auch zwei weitere wichtige Konsequenzen zur Folge. Die Eltern werden das Interesse Ihrerseits ihnen persönlich gegenüber zumeist schätzen. Sie werden, weil Sie Ihre Eltern besser kennen lernen, diese häufig mehr schätzen. Und eine gute Beziehung zu Ihren Eltern ist für Ihre eigene geistige Gesundheit wichtig.

Die Moral: Bitten Sie Ihre Eltern um ein Interview. Erklären Sie, warum Sie das möchten. Betonen Sie die Vertraulichkeit der Gespräche. Bitten Sie um Erlaubnis, Notizen, eventuell Bandaufzeichnungen zu machen. Und machen Sie ihnen klar, dass sie natürlich die Freiheit haben – hier kommt wieder dieser für Beziehungen so relevante Wert ins Spiel –, nicht alle Fragen beantworten zu müssen.

9

Im Gespräch mit den Eltern

»Als ich meinen Vater anrief, um ihn zu fragen, ob er sich von mir über sein Leben interviewen lassen wolle, war ich reichlich nervös. Ich hatte eigentlich gedacht, dass er es bloß als eine merkwürdige Bitte betrachten würde und es ablehnen würde. Aber zu meiner Überraschung reagierte er ausgesprochen positiv. Es war, als hätte er darauf gewartet, dass jemand ihn endlich einmal bitten würde, seine Geschichte zu erzählen.«

Viele erwachsene Kinder reagieren mehr oder weniger ängstlich, wenn ich sie auffordere, ihre Eltern einmal wirklich persönlich kennen zu lernen. Wenn ich Patienten oder Studenten empfehle, ihre Eltern über ihr Leben zu interviewen, lauten die ersten Reaktionen häufig: »Ist das wirklich notwendig? Ich weiß nicht, ob ich das jetzt wirklich will. Ich frage mich übrigens auch, ob meine Eltern das tatsächlich für eine gute Idee halten. Meiner Meinung nach hat das alles nicht so viel Sinn. Ich denke, dass ich die Leute bloß in eine traurige Stimmung versetze, wenn ich jetzt all die alten Geschichten wieder mit ihnen aufwärme.«

Bei näherer Betrachtung zeigt es sich, dass derartiges Zaudern meist wenig mehr ist als der soundsovielte Beweis für eine wenig persönliche, wenig emotional vertraute Beziehung zwischen dem/der Betroffenen und seinen bzw. ihren Eltern. Wenn ich frage, warum sie nun nicht oder kaum mit ihren Eltern über deren Leben gesprochen haben, dann ist die Antwort häufig undeutlich im Sinne von: »Ja, so ist unsere Beziehung nicht angelegt. Wir reden nicht so oft über diese Themen. Mein Vater spricht eigentlich nie über seine Vergangenheit, geschweige denn über seine Gefühle.« Wenn ich dann insistiere und frage: »Warum tut er das nicht, wissen Sie das? Wissen Sie zum Beispiel, wie das Verhältnis zwischen ihm und seinem Vater war? Wissen Sie, wie er es als Kind empfunden hat, dass zwischen ihnen nie etwas Persönliches besprochen wurde?« Dann müssen sie die Antwort zumeist schuldig bleiben.

Ich weise dann darauf hin, dass es durchaus möglich ist, dass sich ihr Vater wiederum so verhielt wie zuvor sein eigener Vater. Außerdem sei die Chance sehr hoch, dass, sollten sie selbst einmal Vater oder Mutter werden, sie mit ihren Kindern genau dasselbe tun würden. Letzteres bestreiten sie natürlich heftig. Denn sie sind felsenfest davon überzeugt, dass sie es einmal völlig anders machen werden.

Wenn ich solche Reaktionen bekomme, weise ich darauf hin, dass ihr eigener Vater dies vielleicht auch einmal gedacht hat, aber, wie sich herausstellte, darin letzten Endes doch nicht ganz so viel Erfolg hatte. »Vielleicht ist Ihr Vater ganz und gar nicht so glücklich damit, dass zwischen Ihnen kein wirklich persönliches Gespräch in Gang gekommen ist, wer weiß? Wie dem auch sei, es gibt nur eine Art und Weise, es herauszufinden. Außerdem, wenn Sie es selbst anders machen wollen, warum sollten Sie dann warten, bis Sie selbst Kinder haben, wenn Sie bereits jetzt die Chance haben, es anders anzupacken?« Während unseres Gesprächs über den Auftrag sind sie dann häufig selbst so ehrlich, zuzugeben, dass sie noch nie darüber nachgedacht haben, die Initiative für ein solches Gespräch mit ihrem Vater oder ihrer Mutter zu ergreifen. Sie haben demnach tatsächlich auch keine Ahnung, wie die Reaktion auf so ein Ansinnen aussehen wird.

Welche Fragen sollte man stellen?

Zuerst können Sie die gebräuchlichen Informationen einholen: Wo wurde Ihr Vater/Ihre Mutter geboren, wann, unter welchen Umständen (war ihr Vater in der Nähe oder befand er sich außer Haus?), handelte es sich um eine schwierige Geburt, gab es Komplikationen? Fragen Sie nach dem Haus, wo er/sie wohnte. Erkundigen Sie sich, wer ihre Nachbarn waren. In welcher Stadt sie damals wohnten. Fragen Sie, ob die Familie oft umgezogen ist (vor und nach der Geburt Ihres Vaters/Ihrer Mutter), was der Grund hierfür war. Fragen Sie, wie viele Brüder und Schwestern es in der Familie gab. Viele Leute denken, dass sie diese Dinge bereits von ihren Eltern wissen, bis sie hören, dass es nicht vier, sondern fünf Kinder in der Familie gab, dass eines bereits in jungen Jahren starb, dass jedoch über die Tragödie immer Stillschweigen bewahrt wurde, sowohl innerhalb der Familie als auch nach außen hin.

Fragen Sie, was für Spitz- oder Schimpfnamen die Kinder innerhalb der Familie trugen (und eventuell warum). Fragen Sie, mit welchem Bruder oder welcher Schwester Ihr Vater/Ihre Mutter am vertrautesten war. Warum? Mit wem in der Familie spielte er/sie am häufigsten und mit wem außerhalb der Familie. Fragen Sie nach den Geburtstagen der Familienangehörigen. Fragen Sie nach Lieblingsspielen, die sie als Kind hatten, nach Lieblingsgeschichten, Märchen, Büchern. Fragen Sie nach Aktivitäten innerhalb der Familie, die Ihre Eltern als Kinder gern ausübten und lassen Sie sich diese detailliert beschreiben.

Stellen Sie Fragen in Bezug auf die Schule. Wie viele Jahre ging er/sie zur Schule und auf welche Schulen? Unterschieden sich die Erwartungen innerhalb der Familie in diesem Punkt in Bezug auf Jungen und Mädchen?

Fragen Sie, wie dies von ihm und vor allem von ihr empfunden wurde. Fragen Sie nach besonderen Begabungen oder Geschicklichkeiten, dann nach Handicaps, die er/sie als Kind hatte und welchen Einfluss diese ausübten. Fragen Sie auch nach Training oder Ausbildung außerhalb der Schule (Musik, Kunst, Sonntagsschule).

Fragen Sie anschließend nach der Arbeit/der beruflichen Laufbahn. Wie sahen die Erwartungen innerhalb der Familie in Bezug auf Jungen und Mädchen aus? Wie kam die Wahl für einen bestimmten Beruf/eine bestimmte Arbeit zustande? Was war seine/ihre erste Stelle und wie war es dort? Welche Arbeitsstellen folgten, welche Probleme gab es damit und mit wem? Wenn er/sie eine Stelle aufgab, was war dann der Grund? Hat er/sie letzten Endes das Gefühl gehabt, Arbeit zu verrichten, die sinnvoll war? Welche Enttäuschungen haben Ihre Eltern während ihrer beruflichen Laufbahn erlebt und auf welche Weise wirkt sich das noch immer aus?

Fragen Sie dann nach Freizeit- und Familienaktivitäten. Welche besonderen Familienaktivitäten gab es früher (Geburtstage, hohe Feiertage, religiöse Aktivitäten)? Ging man mit der Familie in Urlaub? Wie stark bestimmten Gottesdienst und Religion das Familienleben und worüber wurde in dieser Hinsicht gesprochen, konnte gesprochen werden? Hatte er/sie früher bestimmte Hobbys? Was tat er/sie am liebsten in Bezug auf Ausgehen/Amüsement? Erhielt er/sie die Chance, zu reisen, und wenn ja, wohin?

Fragen Sie anschließend nach Paarbeziehungen und Ehe. Wie haben Ihr Vater und Ihre Mutter einander kennen gelernt? Wie war ihre Verlobungszeit? Warum fassten sie den Entschluss, zu heiraten, und wie alt waren sie damals? (Ich hörte vor kurzem von jemandem, dass er, als er diese Frage stellte, die überraschende Entdeckung machte, dass seine Eltern erst zehn Jahre zuvor (heimlich) standesamtlich geheiratet hatten, kurz bevor seine älteste Schwester in den Ehestand trat. Davor hatten sie ohne Trauschein zusammengelebt, da sein Vater früher verheiratet gewesen war und die Ehe aufgegeben hatte, um mit einer Angestellten (seiner Mutter) zusammenzuleben. Seine erste Frau hatte jedoch lange Zeit nicht in eine Scheidung einwilligen wollen. Fragen Sie auch, ob/wie sie durch die Schwiegereltern akzeptiert wurden. Welche Probleme in dieser Hinsicht möglicherweise auftraten. Und vielleicht noch immer auftreten.

Fragen Sie, ob beide Kinder wollten? Wollten sie auch so viele, wie sie schließlich bekamen? Hätten sie mehr/weniger gewollt? Wie haben sie die Kindererziehung erlebt? Was fanden sie am schwierigsten, was am schönsten? Haben sie das Gefühl, bestimmte »Fehler« ihrer eigenen Eltern wiederholt zu haben? Welche? Machen sie sich noch Sorgen über ihre Kinder? In welcher Hinsicht? Wie würden sie sich die Beziehung zu ihren Kindern in Zukunft wünschen?

Fragen Sie sie auch, wenn sie geschieden sind, ob sie erzählen wollen, wie es ihrer Meinung nach so weit gekommen ist. Es ist gut möglich, dass Ihre Eltern hier die nötige Zurückhaltung walten lassen. Einige Gründe (beispielsweise Ehebruch) werden sie möglicherweise nicht mitteilen wollen. Andere Gründe – »Ich fand deine Mutter (deinen Vater) einfach nicht mehr anziehend« – könnten sie durchaus als zu schmerzhaft für Sie empfinden. Lassen Sie ihnen die Wahl, sich hierüber zu äußern oder es zu lassen, aber gehen Sie dem Thema nicht von vornherein aus dem Weg.

Fragen Sie immer wieder neu bei jedem Teil, ob Ihre Eltern (weiter) darüber sprechen wollen. Wenn die Antwort »Nein« lautet, beginnen Sie dann nicht auf die »Warum«-Tour. Akzeptieren Sie die Antwort. Diese Einstellung vergrößert die Chance, dass Ihre Eltern doch einmal darüber sprechen werden, aber erst, wenn sie so weit sind.

Fragen Sie Ihren Vater auch nach Erfahrungen im Militärdienst, falls er daran teilgenommen hat. Wann, wie lange, was ist ihm in Erinnerung geblieben, war er an Kriegshandlungen beteiligt? Hat er die Vorstellung, dass die Ausbildung/Erfahrungen beim Militär sein späteres Leben beeinflusst haben?

Fragen Sie dann nach Engagement bei gesellschaftlichen, politischen und religiösen Organisationen. Komischerweise wissen Kinder in dieser Hinsicht häufig wenig über das, was ihre Eltern taten oder noch tun. Fragen Sie, ob sie Mitglied bei bestimmten Organisationen sind. Warum? Was machen sie da? Wie wichtig ist dies für sie? Haben sie bestimmte Ideale/Werte, die sie auf diese Weise zu verwirklichen versuchen? Welche?

Fragen Sie danach, wie sie ihre Freizeit am liebsten verbringen. Welche Musik (Sänger/Bands/Orchester) sie jetzt am liebsten hören. In welche Richtung ihre künstlerischen Interessen gehen. Fragen Sie auch, welche Personen innerhalb der Gesellschaft/Politik/Religion sie am meisten bewundern. Warum? Gab es politische oder gesellschaftliche Ereignisse in ihrem Leben, die großen Einfluss auf sie ausgeübt haben/Eindruck auf sie gemacht haben?

Fragen Sie nun nach ihrer Gesundheit. Litten sie in ihrer Jugend an bestimmten Krankheiten? An welchen? Wie hat dies ihr Leben beeinflusst? Was ist die häufigste Todesursache innerhalb der Familie während der vergangenen zwei oder drei Generationen gewesen? Beschäftigt sie das? Gibt es gesundheitliche Beschwerden/Probleme, worüber er/sie sich Sorgen macht? Hat er/sie Perioden von Niedergeschlagenheit, Angst oder andere psychische Beschwerden? Was für einen Einfluss hat das auf sein/ihr Leben? Sind solche Beschwerden auch bei anderen Familienmitgliedern aufgetreten?

Und fragen Sie schließlich nach besonderen Dingen, Erfahrungen, wie Lieblingsredensarten/Sprichwörtern, die in ihrer Familie in Umlauf waren. Nach bevorzugten Geschichten oder Anekdoten. Nach Familientraditionen. Fragen Sie, ob es ein »schwarzes Schaf« in der Familie gab. Oder einen »Helden« bzw. eine »Heldin«. Und fragen Sie nach (Familien-)Geheimnissen und Tragödien und danach, welchen Einfluss diese auf das Leben Ihrer Eltern gehabt haben. Und fragen Sie nach ihren Hoffnungen und ihren Sorgen in Bezug auf die Zukunft.

Wenn Sie in dem Gespräch mit Ihren Eltern so weit gekommen sind, vergessen Sie dann eine Sache nicht, nämlich ihnen abschließend für ihr Vertrauen zu danken und für den Beitrag, den sie auf diese Weise für Ihr gesamtes Leben geleistet haben.

Ich »habe nie verstanden«, schrieb ein Student in seinem Interviewprotokoll, »warum mein Vater uns nie anfasste und sich oft sogar sehr eigenartig verhielt, wenn wir das bei ihm taten. Als er jedoch erzählte, wie das gekommen war, konnte ich es nur allzu gut begreifen. Er war während des Krieges als 14-jähriger Junge mit einem Gleichaltrigen bei einem homosexuellen Spiel erwischt worden. Alle beide wurden ins Polizeibüro geschleift und innerhalb kürzester Zeit wusste das halbe Dorf, was geschehen war. Eine Zeit lang wurde ihnen von allen Seiten übel mitgespielt. Seitdem hatte er nie wieder gewagt, einen Jungen, selbst die eigenen Söhne nicht, anzufassen. Als er dies erzählte, wurde er plötzlich sehr emotional und ich empfand schreckliches Mitleid mit ihm. Ich habe ihn sogar kurz angefasst, obwohl ich es schwierig fand, weil er dadurch so angespannt reagierte.«

Der Student fügte hinzu, dass das Gespräch etwas sehr Wichtiges zwischen ihm und seinem Vater ausgelöst hatte, obwohl er nicht genau sagen konnte, was dies nun war. Dies ist die Erfahrung der meisten erwachsenen Kinder, die sich die Mühe machen und die Zeit nehmen, sich von ihren Eltern erzählen zu lassen, wie es in deren Leben gelaufen ist.

Zum Schluss noch das Folgende: Ich bin zuweilen beinahe geneigt, jedem Erwachsenen eine Fragenliste in die Hand zu drücken und zu rufen: »Gehen Sie nach Hause!« Denn nichts ist so traurig, wie die eigenen Eltern begraben zu müssen, ohne zu wissen, wer sie waren.

Es ist eine emotionale Katastrophe, wenn die Menschen, von denen man abstammt, immer Fremde für einen geblieben sind, das bedeutet in den meisten Fällen, dass man sie zu einem Großteil nicht verstanden hat und ihnen aus diesem Grunde auch nicht verzeihen kann.

Wenn wir über Eltern und Kinder reden, welche Werte sind dann für eine gute, von Wertschätzung getragene, wechselseitige Beziehung wichtig? Da Kinder in einer Umgebung geboren werden, in der die Werte in wesentlichem Maß für sie und nicht von ihnen festgelegt werden, müssen wir diese Frage eigentlich anders formulieren. Zu welchen Werten müssen Eltern sich »bekennen«, um die Chance für eine gute, wertvolle Beziehung zu ihren Kindern so groß wie möglich zu machen, auch wenn diese erwachsen sind? Damit auch ihre Kinder später eine Chance in Bezug auf »wertvolle« Beziehungen mit anderen haben?

Ich werde nachfolgend versuchen, eine Antwort auf diese Frage zu geben, die so »neutral« wie möglich ist, zumindest so wenig wie möglich von religiöser oder kultureller Präferenz bestimmt. Übrigens bin ich mir dessen bewusst, dass so etwas niemals vollständig gelingen kann.

Doch bevor ich dies tue, will ich noch einen Punkt erwähnen. Wenn es zwischen Eltern und Kindern schief geht, wenn sie ihre Beziehung gegenseitig als »wertlos« empfinden oder wenn sie einander als »wertlose« Menschen betrachten, dann müssen wir diese Qualifikationen wirklich wörtlich nehmen. Kinder betrachten ihre Eltern als »wertlose« Menschen, weil sie wesentliche Werte im Umgang mit ihnen nur mangelhaft zum Ausdruck bringen oder in der Vergangenheit zum Ausdruck gebracht haben. Und sie beurteilen ihre Eltern als wertvolle Menschen, haben Respekt vor ihnen, wenn sie sehen, dass diese sich dafür einsetzen, bestimmte essenzielle Werte zur Richtschnur in ihrem Leben und ihrem Umgang miteinander, mit ihren Kindern und mit anderen zu machen. Wenn Eltern ihrerseits, obwohl sie das meist viel schwerer zugeben oder äußern können, keinen Respekt vor ihren Kindern haben, dann liegt das nicht daran, dass die Kinder es gesellschaftlich vielleicht weniger weit gebracht haben, als sie das gehofft hatten. Sondern es liegt beinahe immer daran, dass sie für die Werte und Normen ihrer Kinder wenig oder keine »Wertschätzung« aufbringen können.

Eigentlich gibt es nichts, womit Eltern und Kinder einander so viel Schmerz zufügen können, wie hiermit: zu wissen und zu erfahren, dass die Menschen, die von einem selbst abstammen, oder die Menschen, von denen man selbst abstammt, sich nicht für die grundlegendsten Lebenswerte interessieren.

10

Vier essenzielle Werte

Bereits mehrere tausend Jahre sprechen Philosophen, Geistliche und gewöhnliche Menschen von den vier Werten oder Tugenden, die als »Kardinaltugenden«, das heißt als die »vornehmsten« Tugenden betrachtet werden. Dies sind Gerechtigkeit, Vernunft, Mut und Maß. Viele Leute denken, es handle sich um vier christliche Werte oder Tugenden, aber das ist nicht der Fall. Bereits die griechischen Philosophen Plato und Aristoteles kannten diese Begriffe und sie haben sie zweifellos wieder von ihren Vorgängern oder Vorfahren übernommen. Die vier Kardinaltugenden wurden dann von der philosophischen Schule der Stoiker übernommen, die etwa so um den Beginn unserer Zeitrechnung herum ihre Blütezeit erlebte. Zwischen der Stoa und dem Buddhismus, der zu jener Zeit ebenfalls existierte, gibt es in diesem Punkt auch wieder wesentliche Parallelen.

Wie dem auch sei, die vier Kardinaltugenden sind nicht christlichen, sondern heidnischen Ursprungs. Das ist eine wichtige Feststellung, denn es geht offensichtlich um Werte, die Religion und Kultur übersteigen.

Nun will ich im Zusammenhang mit den vier Kardinaltugenden noch einen weiteren wichtigen Aspekt erwähnen. Er besteht darin, dass es sich keineswegs um »soziale« oder »relationale« Tugenden zu handeln braucht. Zumindest brauchen drei der vier Tugenden nicht zu einem besseren Kontakt oder glücklicheren Beziehungen zwischen Menschen beizutragen. Jemand, der wie ein Eremit, fern vom Rest der Menschheit lebt, kann mutig, maßvoll und vernünftig sein, doch andere brauchen nichts davon zu bemerken. Ich glaube deswegen mehr an die »relationale« Fassung der vier Tugenden. In dieser Version sind es die folgenden vier: Gerechtigkeit, Großzügigkeit, menschliche Würde und Freiheit.[9]

Meiner Meinung nach sind das die vier Pfeiler, auf denen alle zwischenmenschlichen Beziehungen, beginnend bei der Eltern-Kind-Beziehung, so weit wie irgend möglich gründen müssten. Unsere Welt wäre eine völlig andere, würden die Normen, die Umgangsformen von Menschen untereinander, jungen wie alten, so weit wie möglich diesen Werten entlehnt und daran stets aufs Neue geprüft, interpretiert und gedeutet.

Im Folgenden werde ich jeden der vier Werte einzeln analysieren. An erster Stelle im Hinblick auf die Bedeutung der Eltern-Kind-Beziehung, jedoch damit zusammenhängend auch in Bezug auf andere Beziehungen. Vor diesem Hintergrund werde ich zeigen, welche Normen bzw. Umgangsformen für eine gute Eltern-Kind-Beziehung wichtig sind und warum. Weiter hinten in diesem Buch werde ich dasselbe Prinzip auf Paarbeziehungen anwenden.

Gerechtigkeit

»Wenn die Gerechtigkeit verloren geht,
hat es keinen Sinn mehr, dass Menschen auf der Erde leben.«

Immanuel Kant[10]

Gerechtigkeit ist vermutlich der wichtigste der vier essenziellen Beziehungswerte. Im einfachsten Sinne des Wortes bedeutet Gerechtigkeit, das »Vermögen, richtig zu handeln«. Gerechtigkeit wird traditionell häufig als eine junge Frau mit verbundenen Augen dargestellt, in der rechten Hand eine Waage, in der linken ein Schwert. Gerechtigkeit ist blind, schaut nicht auf Abstammung, Reichtum, Schönheit, Intelligenz, persönliche Vorlieben, Charakter usw. Wenn Eltern das eine (erwachsene) Kind dem anderen vorziehen, weil sie es mehr mögen, entweder, weil es lieber ist oder weil es besser aussieht, oder weil es ein Mädchen ist oder ein Junge, dann handeln sie zwar begreiflich, doch ungerecht, unfair. Eigentlich genauso ungerecht, wie ein Staat oder ein Rechtssystem, das für dasselbe Vergehen einen schwarzen Bürger härter bestraft als einen weißen.

Ungerechtigkeit ist auch im Spiel, wenn Eltern bei Konflikten zwischen Kindern oder zwischen ihnen selbst und ihren Kindern Entscheidungen treffen, die bereits im Vorhinein die Schuld der einen oder der anderen Partei zuweisen. Das Strafen eines Kindes ohne »ausreichenden« Beweis (»Sicherlich bist du das wieder gewesen ...«) ist auch ein Ausdruck von Ungerechtigkeit. Dasselbe gilt für den Fall einer Schuldzuweisung ohne stichhaltigen Beweis: bei einem bestimmten Problem oder einer schwierigen Beziehung mit einer Schwiegertochter oder einem Schwiegersohn (»Stünde mein Kind nicht so unter Druck von diesem/dieser ..., dann wäre ...«).

Übrigens, jemandem den Vorzug geben oder eine bestimmte Vorliebe für jemanden haben ist an und für sich noch kein Zeichen von Ungerechtigkeit. Die aus diesem Grund »in gleichen Angelegenheiten ungleiche Behandlung« von Kindern ist dies wohl.

Eine andere damit zusammenhängende Form von Ungerechtigkeit ist das willkürliche Strafen von Kindern, ohne dass ihnen zuvor klar gemacht oder erklärt worden wäre, dass, wenn sie bestimmte Dinge tun, dies bestimmte Konsequenzen nach sich ziehen wird. (In einem ordentlichen Rechtssystem heißt dies das *Sine-lege-nulla-poena*-Prinzip: »Ohne vorhergehende gesetzliche Bestimmung keine Strafe.«) Eine Menge Kinder, vor allem aus der Babyboomer-Generation, die in großen Familien aufwuchsen, mussten erleben, dass ihre Eltern ihnen ohne dass ihnen deutlich gewesen wäre, warum, plötzlich spontan eine Strafe aufbrummten. Wenn das Kind dagegen protestierte oder nach einer Erklärung fragte, trug ihm das lediglich eine noch härtere Strafe ein.

In vielen Paarbeziehungen kommt diese Form von Ungerechtigkeit in leicht verdeckter Form beinahe epidemisch vor. Der eine Partner fordert vom anderen, zu erfühlen, was er will. Und wenn das nicht erfühlt wird, hat er Pech gehabt. Mögliche Reaktionen hierauf, wie böse weglaufen, schweigen oder weinen, sind Formen, den »nicht-erfühlenden« Partner zu strafen. Doch ist das eine Strafe sine lege, ohne vorhergehende Erklärung. Und damit eine ungerechte Reaktion. Auffallend ist, dass frustrierte Partner eine ungerechte Reaktion häufig mit der Behauptung, dass eine Erklärung eigentlich gar nicht notwendig sein sollte, verteidigen: »Wenn ich es ihm erst erklären oder ihn darum bitten muss, dann ist es für mich nicht mehr nötig, dann ist mir das Vergnügen schon im Vorhinein verdorben.« Das ist und bleibt jedoch eine eigenartige Verteidigung. Denn warum sollten Sie jemanden für die Tatsache strafen, dass er nicht tut, worum Sie nicht gebeten haben, oder für etwas, was Sie nicht erklärt haben?

Ich will übrigens nicht behaupten, dass Strafen in Eltern-Kind-Beziehungen oder in Paarbeziehungen nicht erlaubt oder niemals angemessen ist. Aber Strafe muss gerecht sein, sie muss sich auf etwas beziehen, das erklärt oder angekündigt ist. Und sie muss das richtige Maß haben. Das Gerechteste ist meines Erachtens darum das Prinzip »Auge um Auge«. Bei diesem Prinzip geht es nicht, wie viele Leute meinen, darum, jemandem das, was er getan hat, mit gleicher Münze zurückzuzahlen. Es geht hier um das so genannte »Gleichheitsgesetz«: Die Strafe muss in Relation zum Schaden stehen und darf nicht größer sein. Daher die berühmten biblischen Verse aus dem Buch *Exodus*: »Auge um Auge, Zahn um Zahn, (...) Brandmal um Brandmal, Wunde um Wunde, Beule um Beule.«[11] Ein Kind schlagen, weil es weint, weil es ungehorsam gewesen ist, weil es etwas weggenommen hat, weil es einen großen Mund gehabt hat, ist ein Verstoß gegen dieses Gesetz und ist demnach ungerechtfertigt. Aus demselben Grund ist auch Gewalt zwischen Partnern immer ungerecht und deswegen ungerechtfertigt.

Eine andere, häufig vorkommende Ungerechtigkeit ist es, von Ihrem Kind zu verlangen, dass es bestimmten Anforderungen genügt, denen Sie selbst in diesem Augenblick nicht genügen. Eine Mutter, die schreiend von ihrem Kind fordert, dass es aufhört zu schreien, ist hierfür ein Beispiel. Ebenso ein Vater, der sein Kind schlägt, weil dieses sich mit dem Nachbarsjungen geprügelt hat. Auch Erwachsene fordern häufig Selbstbeherrschung, Treue oder Aufmerksamkeit voneinander, wo sie selbst nicht genügen. Sich über die Tatsache, dass Ihr Partner Ihre Eltern kritisiert, erbosen, während Sie Ihrerseits selbst auch regelmäßig seine oder ihre Eltern kritisieren, ist ungerecht. Psychologen sagen häufig, dass es auch nicht »angemessen« ist, von einem anderen zu verlangen, dass er etwas unterlässt, während man dasselbe durchaus tut. Man vermittelt dann das falsche »Vor«-Bild. Das stimmt. Nur worum es geht, ist nicht, ob Sie ein falsches Vorbild vermitteln, sondern ob Sie ein wertvolles, in dieser Hinsicht gerechtes Vorbild sind oder nicht.

Ungerecht ist es auch, Versprechen zu geben und diese, ohne Erklärung oder Ankündigung, nicht zu halten. Viele Eltern tun dies ihren Kindern gegenüber. Oft, weil sie in der Zeit und unter den Umständen, in denen sie das Versprechen gaben, über dessen praktische Umsetzung nicht gut genug nachgedacht haben. Weil Versprechen oft gemacht werden, um ein Kind zu einem erwünschten Verhalten zu bewegen, ist das Nichteinlösen davon, wenn das Kind das entsprechende Verhalten gezeigt hat, immer ungerecht. Es ist auch immer ungerecht, etwas zu versprechen, wenn man nicht die Absicht hat, das Versprechen einzuhalten. Übrigens, vielen Leuten ist es in dem Augenblick, in dem sie das Versprechen geben, ernst damit. Was danach oft geschieht, ist, dass sie selbst den Entschluss fassen, das Versprechen nicht einzuhalten, jedoch den anderen, ihr Kind oder ihren Partner, nicht darüber informieren.

Das ist eine Form der Täuschung, die, abgesehen davon, dass sie ungerecht ist, für den anderen häufig auch äußerst schmerzhaft ist. Das einschneidendste, doch leider häufig vorkommende Beispiel hierfür ist, den Partner mit einem Scheidungsentschluss zu konfrontieren, der in aller Stille schon lange vorbereitet wurde (zum Beispiel innerhalb einer außerehelichen Beziehung). Das ist Ungerechtigkeit im Extrem. Denn das beidseitige Versprechen, auf dem die Beziehung zu Beginn, zum Beispiel bei der Eheschließung, basierte, wurde von einem längst gebrochen, während der andere sein Leben noch immer dem Versprechen gemäß gestaltet. Dass eine solch grobe Ungerechtigkeit außer Kummer auch immense Wut und sogar Rachegefühle auslöst, kann man sich denken. Sie ist einer der Hauptgründe für Mord. Ich kann es auch provokanter ausdrücken: Durch Ungerechtigkeit werden Menschen oft zu Mördern.

Eine andere Form, Versprechen nicht einzuhalten, und demzufolge von Ungerechtigkeit, ist das Nichtzurückbezahlen von Schulden oder das Nichtzurückgeben von Dingen, die man vertrauensvoll geliehen bekam. Auch der unsorgfältige Gebrauch oder Unterhalt des Geliehenen ist ein Brechen von (häufig impliziten) Versprechen und damit ungerecht. Und in diesem Punkt sind es sicherlich häufiger die Kinder und insbesondere die erwachsenen Kinder, die sich ungerecht verhalten.

Weiterhin ist es ungerecht, erwiesene Vergünstigungen nicht oder in zu geringem Maß zu erwidern. Auch wenn jemand die Vergünstigungen gewährt hat, ohne zu bitten, dafür in irgendeinem Moment etwas zurückzubekommen. Kinder und insbesondere erwachsene Kinder haben häufig die Neigung, viel mehr zu »nehmen«, als ihnen zusteht oder als angemessen ist, einfach, weil sie wissen, dass ihre Eltern doch nicht »Nein« sagen. Der Grund ist, dass die Eltern Angst haben, die Beziehung zu ihren Kindern könne sich dadurch verschlechtern. Es handelt sich hier um eine Form von verdeckter Erpressung.

Auch zwischen Partnern ist dieses Muster keine Seltenheit. Ein Partner nimmt häufig mehr vom andern als umgekehrt, einfach, weil Letzterer nicht den Mut hat, »Nein« zu sagen. Entweder aus Angst vor Verstimmung (ein Ausdruck von Strafe) oder aus Angst, dass dadurch die Wahrscheinlichkeit auf ein Scheitern der Beziehung wächst. Solche Muster führen häufig zu einer »ungerechten« Verteilung von Pflichten, wie Haushalts- und Erziehungsaufgaben. Und zu einer unehrlichen Verwendung von Geld und anderen Mitteln.

Hier geht es um etwas, was häufig Gegenseitigkeit oder Fairness innerhalb von Beziehungen genannt wird. Auch dies ist ein wesentlicher Aspekt von Gerechtigkeit.

Das Fazit, das wir aus all dem ziehen können, ist eigentlich eine Variation auf das Kant-Zitat, das ich zu Beginn dieses Kapitels zitierte: »Wenn die Gerechtigkeit verloren gegangen ist, hat es keinen Sinn mehr, dass Menschen eine Beziehung miteinander haben.«

Wohltätigkeit

»Je besser ein Mensch ist, umso mehr Schwierigkeiten hat er, andere der Schlechtigkeit zu verdächtigen.«

Marcus Tullius Cicero[12]

Wohltätigkeit ist die Tendenz bzw. Bereitschaft, Schaden an anderen zu vermeiden, ihnen keinen Schaden zuzufügen, Schaden wieder gutzumachen oder anderen so viel wie möglich Gutes zu tun. Es ist ein Wert, der eng mit Gerechtigkeit verbunden ist, jedoch nicht identisch mit diesem. Längst nicht alle Wohltätigkeit ist eine Frage der Gerechtigkeit. Jemand, der für einen guten Zweck Geld spendet, einem Nachbarn in Not hilft, am Strand einen rostigen Nagel aufhebt und in einen Mülleimer wirft, sodass ein spielendes Kind sich nicht daran verletzen kann, oder der sich weigert, eine Klatschgeschichte weiterzuerzählen, praktiziert Wohltätigkeit. Leider praktizieren wir im täglichen Umgang miteinander vor allem das Entgegengesetzte von Wohltätigkeit: nämlich Kriminalität. Und leider gilt ein Großteil unseres persönlichen und öffentlichen Einsatzes dem Schlechten.

In der Beziehung zwischen Eltern und Kindern ist Wohltätigkeit so essenziell und für viele glücklicherweise auch so selbstverständlich, dass sie selten genannt wird. Sehr viele Eltern wollen für ihre Kinder das Beste und versuchen, so weit wie möglich zu verhindern, dass ihr Kind Schaden nimmt, sei es körperlich, psychisch oder sozial. Doch nicht alle Eltern tun das, und sehr viele Eltern tun es, aus Unwissenheit oder unbewusst, nicht immer.

Es gibt Eltern, die ihre Kinder wissentlich schädigen. Sie probieren immer wieder neu, zu verhindern, dass ihr Kind Selbstvertrauen und Selbstständigkeit entwickelt. Sie reden ihm ständig ein, dass es nicht gut oder »nicht gut genug« ist, versuchen zu verhindern, dass es sich für andere einsetzt, dass es sich im Umgang mit anderen Verdienste erwirbt und Beziehungen außerhalb der Familie aufbaut. Solche Eltern begehen, was Psychologen mitunter »Seelenmord« nennen. Lesen Sie bitte das Folgende.

Psychoprüfung für Eltern?

Gibt es einen Zusammenhang zwischen der Art, wie ein Kind von seinen Eltern aufgezogen wurde und den Problemen, die es später als Erwachsener hat? Keine unwichtige Frage. Doch wie lautet die Antwort? Sie lautet Ja. Und der Zusammenhang ist klar. Das heißt übrigens nicht, dass alle Kinder, die eine schädigende Erziehung mitbekommen haben, als Erwachsene mit Problemen zu kämpfen haben, die ihr Leben aus dem Gleichgewicht bringen. Es heißt wohl, dass eine Erziehung, die unter einem ungünstigen Stern steht, die Chance darauf stark erhöht. Einfach gesagt: Eltern können ihr Kind schädigen und die Schädigung kann sich ein Leben lang bemerkbar machen. Dies ist ein Satz, der in unserer Gesellschaft nicht gern gehört wird. Denn er steht im Widerspruch zu der Auffassung, dass Erwachsene selbst für ihre Probleme und Eigenheiten verantwortlich sind. Nur kann von einem Widerspruch nicht die Rede sein. Erwachsene sind für ihre Probleme selbst verantwortlich. Das heißt, sie müssen selbstständig Lösungsansätze finden. Aber Verantwortlichkeit bedeutet etwas anderes als Schuld oder Ursache.

Viele Erwachsene kämpfen mit psychischen Problemen, auf die sie selbst eine Antwort finden müssen, während sie keinerlei Schuld an ihren Problemen trifft und sie auch nicht die Ursache dafür sind. Es ist eine dieser intrinsischen Ungerechtigkeiten, die das Leben uns aufbürdet. Wir haben die Last von etwas zu tragen, was vornehmlich andere, beispielsweise unsere eigenen Eltern, uns eingebrockt haben. In der eindrucksvollen Studie der Academia Europea mit dem Titel *Psychosocial Disorders in Young People* (Psychosoziale Probleme bei Jugendlichen) wird ein Überblick darüber vermittelt, was wir über den Zusammenhang zwischen Merkmalen der Kernfamilie und Problemen, die ein Jugendlicher oder junger Erwachsener hat, wissen.

Daraus wird unter anderem Folgendes deutlich: Junge Leute aus Familien, in denen viel Stress zwischen Eltern und Kindern herrscht, laufen ein erhöhtes Risiko, später viele Probleme zu bekommen. Dies ist auch der Fall, wenn Eltern nicht fähig oder nicht bereit sind, genügend Zuwendung zu geben oder Kontrolle auszuüben, wenn sie nicht auf wirksame Weise Grenzen zu setzen wissen, wenn sie unzureichende emotionale Unterstützung geben oder wenn sie ihr Kind emotional vernachlässigen. Dies führt zu Problemen, wie Nichtbeendigung von Schule oder Ausbildung, Arbeitslosigkeit, einem negativen Selbstbild und einem negativen Urteil in Bezug auf das eigene Können, schlechten Beziehungen zu Gleichaltrigen, Kriminalität, Alkohol- und Drogenabhängigkeit, Essstörungen (Anorexia und Bulimie), Depression und Suizid.

Erwachsene mit solchen Problemen haben durchaus einen triftigen Grund, wenn sie behaupten, dass die Probleme auch eine Folge dessen sind, wie ihre Eltern sie behandelt haben. Heißt das, dass die junge Frau, die einmal vor Gericht ging, um ihren Vater verurteilen zu lassen, der dadurch, dass er sie schlecht behandelte, psychische Probleme bei ihr verursacht hatte, hätte Recht bekommen müssen? Das Gericht sprach den Vater aus Mangel an Beweisen frei. Es erachtete als nicht ausreichend bewiesen, dass die Art, wie der Vater die junge Frau in ihrer Jugend als Kind behandelt hatte, ihre derzeitigen Probleme verursacht hatte.

Das Urteil ist sowohl bedeutungsvoll als auch beschränkt. Es ist bedeutungsvoll, weil das Gericht damit zu erkennen gibt, nicht auszuschließen, dass Probleme im Erwachsenenalter die Folge emotionaler Misshandlung von Kindern durch ihre Eltern sein können. Es muss lediglich von Fall zu Fall bewiesen werden. Und darin liegt die Beschränktheit des Gerichtsurteils. Denn wie können Sie beweisen, dass die Art, wie Ihre Eltern Sie zwischen null und zehn behandelt haben, die Ursache Ihrer psychischen Probleme mit fünfundzwanzig ist? In den dazwischen liegenden fünfzehn Jahren sind Sie zahlreichen anderen Einflüssen ausgesetzt gewesen: Schule, Alterskameraden, Kollegen, Krankheiten, Unglücksfällen etc. Häufig ist nicht mehr zu trassieren, was der Einfluss Ihrer Eltern oder der anderer Faktoren gewesen ist.

Außerdem gibt es Kinder, die auf dieselbe Art oder noch ärger von ihren Eltern behandelt wurden und als Erwachsene durchaus gut zurechtkommen. Und selbst, wenn Sie den Beweis für den Zusammenhang zwischen damals und jetzt liefern könnten, welchen Sinn hätte das? Müssten Ihre Eltern dann verurteilt und bestraft werden? Letzteres wäre natürlich nur berechtigt, wenn sie wussten, was sie taten, oder sogar die Absicht hatten, Sie nachhaltig zu schädigen.

Dem amerikanischen Psychiater Shengold zufolge ist dies übrigens keine Seltenheit. 1987 brachte er eine Publikation unter dem Titel *Soulmurder* (Seelenmord) heraus. »Soulmurder« ist, so Shengold, beispielsweise Folgendes: Ein Junge war in der Gegenwart seines Vaters immer angespannt. Dieser hatte die Angewohnheit, ihn regelmäßig anzuherrschen, lächerlich zu machen oder auszuschimpfen. Seine Mutter sah es, nahm ihn jedoch nicht in Schutz. In der Schule wurde er häufig gepiesackt. Seine Eltern sagten, das sei seine eigene Schuld. Eines Tages, am Strand, wollte er gern zuschauen, wie die Flut kam. Er hatte gelesen, dass das mittags um zwölf geschehen würde. Sein Vater wollte früher nach Hause gehen, um zu essen. Doch anstatt den Jungen an der Hand zu nehmen und zu sagen: »Du, wir müssen jetzt nach Hause gehen«, begann er, ihn zu verwirren: »Die Flut kommt erst um halb zwei. Dadurch, dass der Wind anders steht, kommt sie später.«

Der Junge ließ nicht locker: »Nein, Papa, sie kommt um zwölf Uhr. Schau mal, hier steht es«, und er zeigte auf den Gezeitenplan von Ebbe und Flut.

Schließlich wurde der Vater so böse, dass er den Sohn an den Haaren nach Hause zurück zog. Auf diese und ähnliche Ereignisse zurückblickend sagte der Junge später als Erwachsener mit unterdrückter Wut, dass das, was seine Eltern taten, etwa gleichbedeutend war mit der Aussage: »Wenn du lieb bist, darfst du weiter atmen, dann werden wir dich nicht dem Erdboden gleichmachen.«

Was dieses Verhalten der Eltern zu »soulmurder« macht, ist, dass die Eltern dem Kind zu Unrecht das Gefühl vermitteln, dass es selbst immer falsch handelt. Sie erniedrigen es fortwährend. Das Kind gerät dadurch ernsthaft in Verwirrung – was macht es immer falsch? Doch haben Eltern immer Recht. Denn Eltern lieben ihre Kinder und Kinder lieben ihre Eltern. So einfach ist das. Shengold definiert Seelenmord als mehr oder weniger bewussten Versuch seitens der Eltern, die Fähigkeit zu lieben und Freude am Leben zu empfinden bei ihrem Kind zu zerstören und das Kind zu hindern, ein stabiles Gefühl von Selbstvertrauen aufzubauen. »Soulmurder« ist deswegen eine schwere Form von Kindesmisshandlung, nicht weniger schwer wiegend als körperlicher und sexueller Missbrauch, und kommt häufig in Kombination damit vor.

Was mit vielen Kindern geschieht, ist so entsetzlich, dass sie es nicht verarbeiten können und in eine Art Betäubungszustand geraten. Sie werden zu mechanisch funktionierenden Automaten. Ihr Verlangen nach guten, liebevollen Eltern, die ihre Angst verringern, ist so groß, dass sie zu ihrer eigenen Beruhigung die Wahnidee entwickeln, gute, fürsorgliche Eltern zu haben. Sie machen sich selbst vor, dass ihre Eltern sie zu ihrem eigenen Besten erniedrigen und bestrafen. Wenn sie glauben, etwas falsch gemacht zu haben, können sie sogar ausdrücklich darum bitten, bestraft zu werden. Einige Kinder hegen, auch als Erwachsene, die Illusion, dass all die Ablehnung und Wut sich einmal in Liebe verwandeln wird.

Dass es irgendwann zwischen ihnen und ihren Eltern wieder gut werden wird. Die Illusion macht sie in hohem Maß von ihren Eltern abhängig und lässt sie Dinge akzeptieren, die eigentlich emotionaler Terror sind. Shengold zufolge sind Eltern, die »soulmurder« begehen, psychisch schwer gestört. Aber auch viele Eltern, die ihre Kinder nicht vorsätzlich emotional misshandeln, leiden, möglicherweise als Folge ihrer eigenen Erziehung, an psychischen Störungen. Genau da liegt der Hund begraben. Denn die psychische Gesundheit der Eltern ist der wichtigste »ausschließliche« Garant der psychischen Gesundheit von Kindern und zukünftigen Erwachsenen. Die Moral lautet: Solange es für Eltern keine »Psychoprüfung« gibt, und sei es auch bloß auf freiwilliger Basis in einer Beratungsstelle, gehen wir in Bezug auf Wohltätigkeit, auf die unsere Kinder ein Recht haben, bei vielen unserer Jugendlichen unverantwortbare Risiken ein.

Eltern können ihr Kind auch wissentlich in einer Beziehung missbrauchen. Das heißt, dass sie mit ihrem Kind eine Verbindung eingehen, die das Kindsein beeinträchtigt. Viele geschiedene Eltern versuchen beispielsweise, ihr Kind so stark wie möglich an sich zu binden und es von ihrem Expartner so fern wie irgend möglich zu halten. Sie versuchen, das Kind davon zu überzeugen, dass der Ex sich als Partner und als Vater bzw. Mutter absolut indiskutabel verhalten hat und laden auf diese Weise ihre eigenen emotionalen Probleme auf die Schultern des Kindes. Oder sie halten das Kind physisch so fern wie möglich von ihrem Ex. Sie behindern eine Umgangsregelung oder halten sich einfach nicht an die getroffenen Absprachen.

Das bedeutet nahezu immer, dass man das Kind für persönliche Rache missbraucht und ihm damit schadet, sowohl kurz- als auch langfristig. Geschiedene Eltern tun das nicht bloß mit ihren kleinen Kindern, sondern probieren das oft auch noch bei ihren erwachsenen Kindern.

Stiefeltern tun häufig etwas Vergleichbares. Sie fordern von ihrem Partner, dass er sich zwischen ihnen und den Kindern entscheidet, in dem Sinne, dass die Kinder an zweiter Stelle kommen: »Es muss absolut klar sein, dass du mich mehr liebst als deine Kinder.« So eine Entscheidung bedeutet beinahe immer, dass man den Kindern schadet, sicherlich, wenn sie noch jung sind. Aber es zerrüttet auch bei erwachsenen Kindern häufig die Beziehung zu den eigenen (biologischen) Eltern.

Eine andere Art, auf die Eltern in der Regel absichtslos oder aus Unwissenheit ihren Kindern Schaden zufügen, ist durch Probleme, die sie persönlich oder in der Beziehung miteinander haben und die sie nicht lösen können, wofür sie keine professionelle Hilfe aufsuchen. Unter allen Ursachen von Entwicklungs- oder Verhaltensproblemen bei (kleinen) Kindern hat keine so viel Einfluss wie psychische Probleme eines oder beider Elternteile.[13] Depressionen, Angststörungen und Sucht bei Eltern, sowohl beim Vater als auch bei der Mutter, haben eine tief greifende negative

Wirkung auf die kindliche Entwicklung, wobei der Einfluss häufig bis weit ins Erwachsenenalter hineinreicht.

Auch chronische Beziehungsprobleme von Eltern untereinander haben einen sehr negativen Einfluss. Häufig übertragen Eltern, ohne sich selbst hierüber deutlich Rechenschaft abzulegen, den Schmerz, den sie sich im Umgang miteinander zuziehen, auf ihre Kinder. Chronische Spannungen zwischen Eltern bewirken oft, dass Kinder angespannt und unglücklich sind.

In all diesen Fällen bedeutet Wohltätigkeit, dass man Schritte unternimmt, um die Probleme so weit wie möglich zu verringern oder zu lösen. Ein wesentlicher positiver Schritt besteht häufig im Aufsuchen (professioneller) Hilfe.

Was für Eltern-Kind-Beziehungen gilt, gilt übrigens in gleicher Weise auch für Paarbeziehungen. Partner schädigen einander, verhalten sich »kriminell« in Bezug aufeinander, wenn sie sich weigern, bei tief greifenden Problemen, wie beispielsweise Sucht oder pathologischer Eifersucht, von denen sie sich nicht selbstständig befreien können, Hilfe zu suchen.

Ich habe es bereits früher gesagt und sage es an dieser Stelle noch einmal, wenn auch zögerlich, denn es fällt mir nicht leicht, es auszusprechen: Einige Paare tun besser daran, sich nicht für die Elternschaft zu entscheiden. Sie eignen sich einfach nicht dafür. Und wenn sie sich aus dem einen oder anderen Grund, beispielsweise dem Wunsch des anderen Partners, doch dazu entscheiden, dann sollten sie sich eigentlich dazu entschließen, sich in ihrer Elternrolle »coachen« zu lassen. Das kann eine Wohltat für ihre Kinder sein.

Es gibt noch eine andere wesentliche Wohltat, die Eltern vor allem ihren erwachsenen Kindern erweisen können. Sie besteht darin, dass sie ernsthaft den »Anklagen« eines erwachsenen Kindes in Bezug auf seine oder ihre Erziehung zuhören und die Versäumnisse zugeben, die ihnen bewusst sind, oder, nach einigem Nachdenken, bewusst werden.

Denn wenn es einen Vater oder eine Mutter gibt, die Wohltätigkeit praktizieren, dann handelt es sich sicherlich um Eltern, die, ihre Erziehung überblickend, zu der Schlussfolgerung kommen, dass bestimmte Dinge in Bezug auf ihr Kind nicht gut gelaufen sind, dies aus eigenem Antrieb zugeben, versuchen, es wieder gutzumachen und eine Lehre daraus ziehen.

Was das betrifft, muss ich noch ab und zu an die Bemerkung meiner eigenen Mutter denken, die einmal, nach einem heftigen Streit zwischen meinem Vater und mir, wobei dieser mich einer Sache bezichtigte, die nicht stimmte und mir anschließend, ohne etwas zu sagen, einen Zehner in die Hand drückte, zu mir sagte: »Du musst Menschen nicht nur im Hinblick darauf beurteilen, was sie dir an Schlechtem angetan haben, sondern auch im Hinblick darauf, wie sie sich im Nachhinein damit fühlen.«

Würde

»Eine Perle bleibt eine Perle, auch wenn die Schweine sie nicht begehren.«

Barend Rijdes[14]

Würde impliziert, dass man andere Menschen würdig, als wertvolle Wesen, behandelt. Auch diese Tugend, dieser Wert hängt mit Gerechtigkeit zusammen und bildet möglicherweise sogar ihre Grundlage, ist jedoch nicht identisch mit dieser. Eltern, die ein Kind in der Gegenwart Fremder »anschnauzen«, oder ein Lehrer, der einen Schüler vor versammelter Klasse lächerlich macht, schändet diesen Wert. Wer seinen Partner öffentlich im Beisein anderer kritisiert, begeht ebenfalls eine solche Schändung. Doch das Schänden menschlicher Würde geschieht auch auf banalere Weise. Beispielsweise dadurch, dass man tagelang kein Wort zu seinem Kind oder Partner sagt, tut, als ob der andere Luft ist, weil er etwas getan oder gesagt hat, was einem in die falsche Kehle geraten ist. Oder ohne zu grüßen an den Nachbarn vorbeiläuft, obwohl man noch keinen Kontakt mit ihnen gehabt hat, einzig und allein, weil einem ihr Gesicht oder ihre Kultur nicht gefällt. Oder als Autofahrer über einen Zebrastreifen rast, in dem Moment, in dem ein Fußgänger bereits im Begriff it, die Straße zu überqueren und wie ein Hase zurück auf den Gehsteig preschen muss.

Menschliche Würde steht auch zur Diskussion, wenn wir uns weigern, einem anderen Lob für eine Sache zu zollen, die dieser wirklich gut gemacht hat oder wenn wir mit jemandes Kummer, Verlust oder Handicap Spott treiben. Auch Rassismus und Diskriminierung sind Angriffe auf die Menschenwürde. Oft wird Würde mit dem Wort Respekt angedeutet, wobei es dann vor allem um Respekt vor jemandes »Eigenart« oder Autonomie geht. Wenn wir jemanden als Person lächerlich machen, weil er oder sie eine Meinung, einen Geschmack oder Glauben hat, der von unserem abweicht, dann handeln wir respektlos.

Der Ausdruck »jemandes Würde nicht verletzen« drückt die Essenz dessen aus, worum es hier geht. Wenn Eltern ihr Kind aufgrund seiner Partnerwahl heftig kritisieren – »Wie konntest du dich bloß in diesen Jungen verlieben; ich hätte doch erwartet, dass du mit etwas Besserem nach Hause kommst« –, dann »entwerten« sie sowohl ihr Kind als auch dessen Partner oder Partnerin. »Entwertung« führt zu »Entrüstung« und das kennzeichnet nicht selten den Beginn einer abbröckelnden Beziehung.

Übrigens sind Kinder häufig bestimmt keine Helden im Bekunden von Würde und Respekt im alltäglichen Leben ihren Eltern oder anderen Erwachsenen gegenüber. Viele Kinder sind zu Hause einfach unhöflich. Sie grüßen beispielsweise nicht, wenn sie sich an den Frühstückstisch setzen, und danken auch nicht, wenn sie abends nach dem warmen Essen wieder aufstehen. Auch sind viele Kinder nicht gerade großzügig mit Komplimenten ihren Eltern gegenüber oder mit dem Zeigen von Interesse für deren Aktivitäten.

Schlimmer noch, viele Kinder haben, sowohl in der Pubertät als auch als Erwachsene, kein Problem damit, sich in Gesellschaft ihrer Eltern einfach unverschämt zu verhalten, beispielsweise laut und deutlich rülpsen oder furzen oder sie hinterlassen in ihrem Zimmer bzw. in der Küche einen Saustall. Ein Kind, das aus der Schule nach Hause kommt, einen Teller und Butterbrote nimmt, sich ein Glas Milch einschenkt und, nachdem es gegessen und getrunken hat, wegläuft, ohne den Kram aufzuräumen, verhält sich unwürdig. Dadurch, dass es einen schmutzigen Teller und Becher zurücklässt, sagt es stillschweigend zu den anderen: »Mich stört es nicht, aber wenn es dich stört, würde ich es mal aufräumen, wenn ich du wäre.« Ob es das nun so meint oder nicht, es sind Symptome für fehlenden Respekt und demnach »unangemessene« Verhaltensweisen, mit den Eltern umzugehen.

Was viele Kinder nicht begreifen, und viele Erwachsene demzufolge leider auch nicht, ist, dass Höflichkeit bzw. Anstand eine der einfachsten, aber auch eine der wichtigsten Weisen ist, würdig mit anderen umzugehen. Es ist außerdem eine sehr heilsame Art, Spannungen zwischen Personen, sowohl Personen, die einander kennen als auch zwischen Unbekannten, zu verringern oder zu verhindern.

Grüßen ist sozial betrachtet wichtig

Gemeinsam mit einer Freundin der Familie gehe ich in einem Vorort von Apeldoorn spazieren, nahe am Waldrand. Plötzlich begegnen wir auf dem Pfad einem Mann mit einem Hund. Als er vorbeigeht, sagt der Mann, während er uns anschaut, mit klarer Stimme: »Guten Tag.« Überrascht sagen auch wir beide jetzt »Guten Tag«.

»Ulkig, nicht wahr«, sagt die Freundin, während wir weitergehen, »das tun sie hier noch, einander grüßen, auch wenn es Unbekannte sind.«

Im anschließenden Gespräch gestehen wir uns ein, dass wir den Mann nicht gegrüßt hätten, wenn er nicht als Erster gegrüßt hätte – das tun wir Fremden gegenüber in der »hoch entwickelten« Randstadt nicht. Wir sind uns auch darüber einig, dass es eigentlich eine liebenswürdige Angewohnheit ist. Und wir gestehen einander ein, dass so gegrüßt zu werden, und übrigens auch selbst zurück zu grüßen, die eigene Stimmung ganz plötzlich beflügeln kann.

Einige Tage später komme ich frühmorgens ins Wartezimmer meines Zahnarztes. Ich sage »Guten Morgen«, bekomme von den beiden vor mir Wartenden dasselbe zur Antwort und setze mich neben einen Tisch mit einem Stapel Zeitschriften. Ich stöbere ein wenig in dem Stapel, finde nichts, was mich interessiert, und entscheide mich, statt zu lesen, lieber ruhig nachzudenken, bis ich an der Reihe bin. Auf der anderen Seite des Tisches liest ein Mann Zeitung. In einem bestimmten Augenblick ist er damit fertig und faltet die Zeitung zusammen. Als er sie auf den Tisch legen will, bemerkt er mich. Die Zeitung in meine Richtung reichend, sagt er dann: »Möchten Sie?« Ich nehme die Zeitung dankbar an.

Etwas später kommt ein junger Mann ins Wartezimmer. Er grüßt nicht und hievt sich wie ein blinder Passagier auf einen Stuhl in einer Ecke des Wartezimmers. Die Auswirkung dieses Geschehens auf die Atmosphäre, zumindest erlebe ich es so, ist die einer kurzen unangenehmen Spannung. Noch etwas später kommt ein älterer Mann herein. Während er seine Hände warm reibt, sagt er mit fröhlicher Stimme: »Guten Morgen allerseits.« Und er fügt, während er noch immer seine Hände reibt, hinzu: »Kalt, nicht?« Es folgt ein kurzes, zustimmendes Gemurmel eines Teils der Anwesenden. Die Spannung, die durch das Eintreffen des jungen Mannes entstanden war, löst sich durch diesen Zwischenfall meinem Empfinden nach wieder auf. Sie weicht einer Atmosphäre prinzipiellen Wohlwollens.

Seltsam, nicht wahr, dass die Tatsache, wie sich Leute, die einander nicht kennen, in Situationen fühlen, in denen sie »gezwungenermaßen« miteinander zu tun haben, von so subtilen Prozessen wie Grüßen oder Nichtgrüßen abhängt. Was ist so spezial am Grüßen, dass die Art, wie wir eine Situation bzw. andere oder uns selbst erleben, dadurch so spürbar beeinflusst wird? Und ist das bloß eine Frage des Gefühls? Oder hat bereits das Nichtgrüßen tatsächlich eine Auswirkung darauf, wie Leute, auch wenn sie einander nicht kennen, sich im Umgang miteinander verhalten? Hätte mir beispielsweise der Mann im Wartezimmer die Zeitung auch angeboten, wenn ich beim Hereinkommen nicht gegrüßt hätte?

In der Psychologie, die sich mit der Erforschung kultureller Unterschiede beschäftigt, wird ein Verhalten wie Grüßen als eine Form von »phatischer« Kommunikation bezeichnet. Das Wort »phatisch« leitet sich vom altgriechischen Wort für sprechen ab. Phatische Kommunikation ist Kommunikation, bei der es nicht so sehr darum geht, was man sagt, sondern dass man etwas sagt. Es ist Kommunikation, die bezweckt, gleichsam die Kommunikationskanäle zwischen Menschen zu öffnen, sodass anschließend inhaltlich wichtigere Dinge leichter zwischen ihnen hin- und hergesandt werden können. Einfach ausgedrückt, Nachbarn, die einander regelmäßig grüßen, können sich, wenn sich in der Gegend einmal eine wirklich schwierige Situation ergibt, mehr aufeinander verlassen und haben auch mehr Mut, einander in Anspruch zu nehmen, als Nachbarn, die einander nicht grüßen.

Die Erklärung hierfür ist folgende: Eine der permanenten Aufgaben, mit denen wir von Beginn bis Ende unseres Lebens konfrontiert sind, besteht darin, dass wir uns in vielerlei soziale Gruppen einfügen müssen. Gruppen, mit denen wir längerfristig zu tun haben, wie unsere Familie und die Familie, in die wir hineingeboren wurden, weiterhin die Schule, Gruppen mit Altersgenossen, Kollegen, Freizeitclubs und die Nachbarschaft, in der wir wohnen. Daneben auch Gruppen, mit denen wir vorübergehend zu tun haben, wie die Gesellschaft, mit der wir in Urlaub, zum Kursus, zur Konferenz oder zum Training gehen, die Feste oder Empfänge, bei denen wir erwartet werden, die Leute, die mit uns das Krankenzimmer teilen oder im Wartezimmer sitzen.

Immer wieder ist es unsere Aufgabe, uns ein- und auszuklinken in immer wieder andere Gruppen. Phatische Kommunikation wie Grüßen ist gleichsam das Signal, die Glocke, mit der wir ankündigen, uns für kurze oder längere Zeit als Mitglied dieser sozialen Gruppe anzumelden und für eine bestimmte Form des Austauschs offen zu sein. Wir erkennen gleichsam den Wert des anderen mit an, was bedeutet, dass wir bereit sind, ein gewisses Maß an Nähe oder Umgang zu akzeptieren oder zumindest nicht prinzipiell abzuweisen.

Nicht grüßen ist, so betrachtet, gleichbedeutend mit dem Signal, dass wir die Nähe des anderen nicht akzeptieren oder emotional abweisen. Deswegen ruft die Tatsache, wenn wir von jemandem, mit dem wir kurze oder längere Zeit zu tun haben, nicht gegrüßt werden, sehr oft ein bestimmtes Maß unangenehmer Spannung hervor. Auch wenn das Nichtgrüßen schlichtweg die Folge der Tatsache ist, dass wir den anderen nicht bemerkt haben oder den anderen einfach nicht wiedererkannt haben. Für viele Leute ist nicht wiedererkannt werden gleichbedeutend mit nicht anerkannt werden, demnach ist nicht grüßen auch in diesem Fall häufig eine Ursache für Unlustgefühle.

Der Zusammenhang zwischen grüßen und anerkannt werden führt mich zu einer anderen wesentlichen Funktion des Grüßens. Grüßen erhöht auch die Wahrscheinlichkeit zukünftigen wünschenswerten Verhaltens zwischen Menschen. Wenn ein Autofahrer vor einem Zebrastreifen anhält und der überquerende Fußgänger durch eine »grüßende« Geste mitteilt, dass er sich dafür bedankt, dann wächst die Wahrscheinlichkeit, dass der Autofahrer in Zukunft dasselbe risikofreie Verhalten an den Tag legt. Außerdem trägt dieser Austausch beider zu einem prinzipiellen Wohlwollen bei.

Aber nehmen Sie an, der überquerende Fußgänger negiert das rücksichtsvolle Verhalten des Autofahrers einfach oder guckt starr in die andere Richtung – beispielsweise von der eigenartigen Vorstellung beseelt, dass der Mann einfach anzuhalten hat und es demnach keinen einzigen Grund gibt, dafür ein Zeichen der Dankbarkeit zu geben. Dann nimmt die Wahrscheinlichkeit, dass der »durchschnittliche« Autofahrer beim nächsten Mal noch eben probiert durchzufahren – wie falsch das auch sein mag – zu. Durch Grüßen oder ähnliche Äußerungen von Freundlichkeit oder Dankbarkeit erziehen Menschen einander also zu wohlwollenderem und sichererem Verhalten.

Ein anderes Beispiel. Wenn jemand beim Betreten eines Ladens die schwere gläserne Ladentür für denjenigen, der hinter ihm geht, kurz aufhält, anstatt sie einfach hinter sich zufallen zu lassen, dann ist dies eine Geste der Höflichkeit. Außerdem auch eine Geste sozialer Verantwortlichkeit und Sicherheit, denn der andere kann sich leicht an der zurückschwingenden Tür verletzen. Die Wahrscheinlichkeit dieser Art freundlichen, verantwortungsvollen und sicheren Verhaltens nimmt zu, wenn der »Empfänger« mitteilt, dass er das schätzt, entweder durch eine Geste oder dadurch, dass er »Danke« oder etwas in diesem Sinne sagt. Übrigens nimmt die Wahrscheinlichkeit nicht bloß beim Absender, sondern auch beim Empfänger zu. Ein gutes Vorbild ist entscheidend für das soziale Engagement sämtlicher Beteiligter.

Ergibt sich daraus nun die Konsequenz, dass Sie fortan den ganzen Tag grüßend herumlaufen müssen? Natürlich nicht. Doch es fördert freundlichere, sicherere und verantwortlichere Beziehungen, sowohl im eigenen Haus als auch außer Haus, wenn Sie und andere die folgenden Regeln etwas häufiger zu beherzigen versuchen:

1. Grüßen Sie beim Eintreten in Räume, in denen Sie kürzere oder längere Zeit mit anderen verbringen werden.
2. Grüßen Sie beim Verlassen von Räumen, in denen Sie einige Zeit mit anderen verbracht haben.

3. Grüßen Sie die Leute, von denen Sie wissen, dass sie bei Ihnen in der Straße oder Umgebung wohnen.
4. Grüßen Sie oder danken Sie, wenn ein anderer höfliches oder verantwortungsvolles Verhalten Ihnen gegenüber zeigt.
   Und zuletzt, denn wie bei jedem Lernprozess liegt auch hier die Kraft in der Wiederholung:
5. Grüßen Sie weiterhin, auch wenn Sie zuweilen nicht zurückgegrüßt werden.

Wie essenziell Anstand bzw. Höflichkeit als Ausdruck von Würde und Voraussetzung für Flexibilität im Umgang zwischen Menschen ist, wurde wahrscheinlich von keinem anderen so treffend ausgedrückt wie von dem deutschen Philosophen Arthur Schopenhauer, notabene der pessimistischste unter den Philosophen. Schopenhauer schrieb: »Sonach ist die Höflichkeit dem Menschen, was die Wärme dem Wachs.«[15]

Freiheit

Freiheit ist die Haltung, die ermöglicht, dass Menschen in jedem Lebensalter so selbstständig wie möglich ihre eigene Wahl treffen können und treffen. Wesentlich sind unter anderem: freie Partnerwahl, die Freiheit, sich fortzupflanzen, Glaubensfreiheit, Meinungsfreiheit, die Freiheit, einen eigenen Lebensstil zu wählen. Einige Leute glauben noch, dass, wenn jemand die Freiheit besitzt, selbst zu entscheiden, der Betreffende dann auch selbst für die Folgen davon aufkommen muss. »Man muss die Suppe auslöffeln, die man ...« Doch ist dies eine problematische Einstellung im Hinblick auf den Wert der Freiheit. Jemand besitzt beispielsweise die Freiheit, am Wochenende mit seinem Verein Fußball zu spielen. Das bedeutet jedoch nicht, dass wir sagen müssen, wenn er während eines Wettkampfs sein Bein bricht: »Pech gehabt ... Nun schau selbst, wie du wieder gesund wirst.«

Wahlfreiheit bedeutet nicht, dass Solidarität überflüssig ist. In gewisser Weise ist es sogar umgekehrt. Wir können einander Wahlfreiheit geben und wir können von unserer Wahlfreiheit Gebrauch machen, weil wir, wenn unsere Wahl sich als falsch erweist, trotzdem auf Solidarität zählen können. Für die Eltern-Kind-Beziehung bedeutet das beispielsweise, dass, wenn Ihr Kind einen Partner wählt, mit dem Sie absolut nicht einverstanden sind, und es zeigt sich, dass Ihre Tochter oder Ihr Sohn tatsächlich unter dieser Wahl leidet, Sie dennoch als Ansprechpartner helfend zur Verfügung stehen.

Wer diesen Wert wirklich ernst nimmt, straft sein Kind nicht für die negativen Folgen seiner Wahl, sondern verhält sich auch in Zukunft solidarisch mit ihm.

Es gibt noch ein weiteres, weit verbreitetes Missverständnis in Bezug auf Wahlfreiheit, nämlich, dass innerhalb dieser Freiheit keine Grenzen gesetzt werden oder gesetzt werden dürfen. Wahlfreiheit bedeutet nicht, dass jeder wie es ihm beliebt zu Werk gehen kann oder dass es keinerlei Einschränkungen in Bezug auf einige Wahlmöglichkeiten geben darf. Eltern können einem Kind Geld geben, über das es frei verfügen darf und doch den Verwendungszweck eingrenzen. Sie können beispielsweise sagen, dass es das Geld nicht für Drogen oder ein Motorrad ausgeben darf.

Die Grenzen, die Eltern dann in Bezug auf die Wahlfreiheit ihres Kindes setzen, brauchen die Freiheit als Wert nicht zu verletzen. Sie sind nicht willkürlich oder »autoritär«, wenn sie von einem der bereits genannten Werte, wie Wohltätigkeit, inspiriert sind. Die Eltern wollen, indem sie an die Wahlmöglichkeit appellieren, beispielsweise verhindern, dass das Kind sich selbst oder anderen Schaden zufügt. Eltern können die Freiheit eines Kindes auch unter dem Aspekt der Gerechtigkeit eingrenzen. Zum Beispiel wurde bei einem Geschwister, das früher einen vergleichbaren Betrag erhielt, der Verwendungszweck eingeschränkt und nun tun die Eltern dies wieder.

Kurz und gut, die Werte von Wohltätigkeit und Gerechtigkeit können die Freiheit einschränken. Aber noch wichtiger ist, dass die Eltern beim Setzen der Freiheitsgrenzen die Würde des Kindes respektieren. Das bedeutet unter anderem, dass die Eltern dem Kind die Gründe für die Grenzen erklären und die Tatsache, dass das Kind dagegen protestiert – das heißt, wenn es anderer Meinung ist –, nicht als Undankbarkeit oder Ärger ablehnen oder strafen.

Eine wichtige Eigenschaft von Menschen, denen die Freiheit viel bedeutet, ist, dass sie bei anderen akzeptieren, auch wenn es sich um ihre eigenen Kinder handelt, dass diese eine eigene Meinung angesichts einer bestimmten Situation oder eines bestimmten Verhaltens haben. Es bedeutet auch, dass sie bei anderen akzeptieren, dass diese sie im Hinblick auf ihr Verhalten im Haus, auf der Straße oder in einem anderen öffentlichen Raum ansprechen können. So, wie sie auch erwarten, dass andere, und insbesondere Kinder, dies ihrerseits akzeptieren (was nicht dasselbe ist, wie es angenehm finden).

Dies alles gilt übrigens mit folgender Einschränkung: Das Recht auf freie Meinungsäußerung beinhaltet nach Ansicht vieler, dass Kinder und Erwachsene einander alles sagen dürfen, was sie denken. Doch das ist wirklich Unfug. Auch hier wird die (Meinungs-)Freiheit von den anderen drei Werten eingeschränkt. Wenn jemand seine Meinung frei äußert, dadurch jedoch die menschliche Würde des anderen angreift, dann handelt er im wörtlichen und im übertragenen Sinne doch »wertlos«. Ein Vater, der zu seiner heranwachsenden Tochter sagt, dass sie einen dicken Hintern hat und später deswegen keinen Mann finden wird, äußert frei seine Meinung, verhält sich jedoch wertlos, denn er richtet emotionalen Schaden an. Ein Kind, das seine Eltern im Beisein anderer beschimpft, handelt wertlos, egal wie sehr es auch von dem, was es sagt, überzeugt sein mag.

Auf gleiche Weise gilt, dass, wenn wir unsere Partner auf eine Sache ansprechen oder Kritik an etwas äußern, oder wenn wir jemanden auf der Straße in Bezug auf sein Verhalten ansprechen, es wichtig ist, ob wir dies auf eine respektvolle, würdige Art tun oder auf eine unwürdige, beleidigende Weise.

Dasselbe gilt, wenn wir jemanden beschuldigen, handle es sich nun um ein Kind, Eltern, Partner oder einen entfernten Bekannten. Wenn wir dessen Schuld, ohne dass diese hinreichend bewiesen ist, »allein vom Hörensagen« oder aus der Zeitung erfahren, dann nutzen wir unsere Meinungsfreiheit auf ungerechte Weise und missbrauchen sie folglich. Kurz und gut, wir haben unsere Freiheit erst verdient, wenn wir sie auf eine gerechte, wohltätige und würdige Weise einsetzen.

Das ist es vermutlich auch, was der französische Philosoph Albert Camus sagen wollte, als er, überaus pointiert, schrieb: »Gelingt es einem Menschen nicht, Gerechtigkeit und Freiheit miteinander zu verbinden, dann gelingt ihm nichts.«[16]

Schlussbetrachtung

Jean-Paul Sartre, der einmal der Hohepriester der französischen Philosophie des 20. Jahrhunderts genannt wurde, schrieb 1944 ein Buch mit dem Titel *Huis clos* (Bei geschlossenen Türen). Ein Satz aus diesem Buch ist weltberühmt geworden. Er lautet: »Die Hölle, das sind die anderen.« (»L'enfer, c'est les autres«.) Menschen sind füreinander die vornehmlichste Ursache von Unglück und Schmerz. Das ist eine schwer zu leugnende Tatsache.

Doch man selbst braucht das Spiel nicht mitzuspielen, man kann es verweigern. Man kann sich weigern, am Unglück der anderen mitzuwirken.

Ich glaube, dass demjenigen, der diese Verweigerung wirklich in die Tat umsetzen will, kein anderer Weg offen steht, als sein Verhalten ununterbrochen an den vier essenziellen Werten zu orientieren, die wir bereits an anderer Stelle erörtert haben. Dies beinhaltet, dass man sich Tag und Nacht die folgende Frage stellt.

Wo stehe ich in Bezug auf die Menschen, die mir nahe stehen, und in Bezug auf alle anderen Menschen, also alle Menschen, hinsichtlich folgender Aspekte?

gerecht	__________	versus	__________	ungerecht
wohltätig	__________	versus	__________	kriminell
würdig	__________	versus	__________	unwürdig
Freiheit gewährend	__________	versus	__________	Freiheit entziehend

Es werden zweifellos Augenblicke, Tage, vielleicht sogar Wochen auf Sie zukommen, während derer Ihnen Ihr Urteil über Sie selbst wehtun wird. Wie ich schon des Öfteren in diesem Buch erläutert habe, bedeutet Schmerz beinahe immer, dass etwas Wichtiges auf dem Spiel steht. Konfrontieren Sie deswegen den Schmerz, machen Sie mit ihm Kontakt und gehen Sie von diesem Kontakt aus auf die Suche nach Methoden, den Schmerz zu verringern, möglicherweise sogar zu heilen.

Dies kann beispielsweise bedeuten, dass Sie andere, Kinder, Eltern, Partner und andere für Sie wichtige Personen, einweihen in das, was die vier Werte Ihnen persönlich bedeuten. Dies erfordert einigen Mut. Doch dieser Mut zahlt sich beinahe immer aus.

Lassen Sie mich dies anhand eines Beispiels näher erläutern: Stellen Sie sich vor, Sie haben eine Klatschgeschichte über jemanden erzählt. Etwas Negatives, von dem Sie wissen, dass es ihm oder ihr Schaden zufügen kann, aber von dem Sie nicht sicher wissen, ob es stimmt. Wenn Sie sich selbst nach Anleitung der vier Werte ehrlich beurteilen, dann machen Sie auf jeden Fall in der Rubrik gerecht/ungerecht ein Kreuz in der Umgebung des letzten Punktes. Denn Sie waren beschäftigt, der Person Schaden zuzufügen oder haben auf jeden Fall das Entgegengesetzte getan, um zu verhindern, dass dies geschehen konnte.

In dieser Situation ist es wichtig, dass Sie Ihre Erkenntnisse in klare Botschaften an Sie selbst umsetzen wie: »Ich bin ungerecht in Bezug auf jemanden gewesen und habe ihn schlecht behandelt, denn ich habe etwas Negatives über ihn gesagt, wovon ich nicht weiß, ob es stimmt, doch wovon ich sicher weiß, dass es ihm Schaden zufügen kann.« Das ist eine wesentliche, wenngleich schmerzliche Erfahrung, die Sie in Bezug auf sich selbst machen. Dennoch: Machen Sie Kontakt mit dem Schmerz und suchen Sie nach Methoden, gerechteren, wohltätigeren und würdigeren Methoden, um ihn zu verringern. Beispielsweise indem Sie anderen gegenüber auf die Klatschgeschichte zurückkommen und sagen, dass Sie möglicherweise zu vorschnell gewesen sind. Oder indem Sie sich bei demjenigen, auf den sich der Klatsch bezog, entschuldigen und fragen, ob es etwas gibt, was Sie tun können, um es wieder gutzumachen.

Letzteres ist für die meisten Leute ein äußerst schwieriger Schritt, weil sie die Wut des anderen fürchten. Aber das Wagnis, sich dem Schmerz über die Wut eines anderen auszusetzen, die dieser andere zu Recht über einen ergießt, ist wahrscheinlich einer der wichtigsten, weil einer der wertvollsten Schritte, die man in einer Beziehung machen kann. Der Beweis, dass man in letzter Instanz unerschütterlich für die eigenen Werte einsteht, auch oder sogar gerade dann, wenn man einen Fehler gemacht hat.

So, wie es der Begründer der Psychologie in Amerika, William James, in seinem prachtvollen Buch über Werte und Normen mit dem Titel *The Will to Believe* ausdrückte: »Der ultimative Test eines Wertes erweist sich in dem Verhalten, das er evoziert und dadurch inspiriert.«[17]

11

Richtlinien für Eltern

»Dies ist, meines Erachtens, die Essenz der Elternschaft: die Entschlossenheit, ein Kind niemals auszustoßen. So, wie es die Essenz einer Gesellschaft ist, einen Menschen niemals auszustoßen. Der größte Sieg, den Eltern verzeichnen können, ist, ein verlorenes Kind zurückzugewinnen. So, wie der größte Sieg, den eine Gesellschaft erringen kann, darin besteht, dass ein Mensch, der verloren war, in ihre Mitte zurückkehrt.«

Es gibt eine Menge Leute, nicht bloß Eltern, sondern auch Lehrer, Partner, Freunde, Nachbarn, die denken, dass es für den Umgang zwischen ihnen und anderen keine klaren Regeln, keine deutlichen Normen gibt. Doch dies kann nicht der Wahrheit entsprechen, wenn es eindeutige Werte für ein gutes Miteinander gibt, wie wir im vorhergehenden Kapitel gesehen haben. Die Werte müssen in praktische Regeln oder Vereinbarungen umgesetzt werden und umgekehrt müssen praktische Regeln oder Vereinbarungen auf diese Werte zurückführbar sein. Natürlich hat jede Beziehung außerdem auch ihre Eigenheiten, dagegen ist nichts einzuwenden. Denn diese machen eine Beziehung häufig speziell, spannend, stimulierend. Aber die »typischen« Eigenheiten dürfen nicht mit den Grundwerten in Widerspruch stehen. Sie müssen gewissermaßen zwischen die Graduierungen von Freiheit passen.

Von welchen praktischen Regeln oder Normen kann gesagt werden, dass sie mehr oder minder für eine Kultur und Gesellschaft wie die unsrige gelten? Die Psychologen Argyle und Henderson nennen einige in ihrem Buch *Die Anatomie menschlicher Beziehungen*[18], das sich auf ihre eigenen Studien und die von Kollegen beruft. Auffallend ist, dass im Titel und übrigens auch im Buch selbst das Kapitel »Werte/Regeln/Kompetenzen« fehlt.

Die folgende Liste mit Regeln für Eltern im Umgang mit ihren Kindern bezieht sich größtenteils auf die Erkenntnisse Argyles und Hendersons und der nach ihnen kommenden Forscher. Die Liste wurde auf Grundlage dessen, was wir bereits in dem Kapitel über die vier essenziellen Werte beschrieben haben, ergänzt. Nochmals in aller Deutlichkeit: Wir haben es hier vor allem mit der Beziehung zwischen Eltern und ihren Kindern nach der Pubertät oder im Erwachsenenalter zu tun.

Regeln für Eltern im Umgang mit ihren Kindern

1. Respektieren Sie die Privatsphäre (= Freiheit) Ihres Kindes. Stöbern Sie beispielsweise nicht heimlich in seinen oder ihren Sachen. Lesen Sie nicht ohne Zustimmung in Tagebüchern, Briefen oder E-Mail.
2. Geben Sie, falls nötig oder wenn Sie gefragt werden, Hilfe und Rat, doch seien Sie vor allem durch Ihr Verhalten ein Vorbild. Erläutern Sie, wo Ihre Grenzen liegen, erklären Sie warum und »leben Sie sie vor«. Aber legen Sie Ihrem Kind keine Grenzen auf, die Sie sich selbst nicht auch auferlegen.
3. Betreiben Sie niemals Sex mit Ihrem Kind. Wenden Sie niemals körperliche Gewalt Ihrem Kind gegenüber an.
4. Regen Sie Ihr Kind zu eigenen Ideen an und ermutigen Sie es, selbst Ideen zu entwickeln.
5. Respektieren Sie die Meinung Ihres Kindes. Äußern Sie Kritik immer als Ihre persönliche Ansicht, nie als allgemein gültige Ansicht.

6. Leisten Sie emotionale Unterstützung.
7. Zeigen Sie offen Zuneigung Ihrem Kind gegenüber.
8. Behalten Sie Ihnen anvertraute Geheimnisse für sich.
9. Beanspruchen Sie Ihr Kind nicht für sich allein, nicht öffentlich und nicht im Geheimen.
10. Behandeln Sie Ihr Kind als eine Person, die Verantwortung übernehmen kann.
11. Teilen Sie die Freude an den Erfolgen und Glücksfällen im Leben Ihres Kindes.
12. Halten Sie Blickkontakt mit Ihrem Kind, während Sie mit ihm sprechen.
13. Sprechen Sie Ihr Kind mit dem von ihm gewünschten Vornamen an.
14. Geben oder schicken Sie zu Geburtstagen und zu anderen wichtigen Gelegenheiten Karten und kleine Geschenke.
15. Setzen Sie sich für Ihr Kind ein, wenn es selbst nicht anwesend ist.
16. Sprechen Sie mit Ihrem Kind über Sexualität und Tod.
17. Sprechen Sie mit Ihrem Kind über Politik und Religion.
18. Zeigen Sie Respekt Ihrem Kind gegenüber und verhalten Sie sich auch selbst respektabel. Seien Sie höflich und entschuldigen Sie sich für (unbeabsichtigte) Unhöflichkeiten.
19. Bezahlen Sie Schulden, erwidern Sie Gunstbeweise und Komplimente.
20. Kritisieren Sie nie die Wahl des Partners/des Freundes oder der Freundin Ihres Kindes.
21. Erfüllen Sie Versprechen, die Sie Ihrem Kind gegeben haben, und, wenn Sie dies nicht können oder Sie darauf zurückkommen möchten, erklären Sie, warum.
22. Machen Sie Ihrem Kind klar, dass Sie körperliche Gewalt oder Betrug seinerseits anderen gegenüber niemals akzeptieren und dass Sie dagegen immer, so weit das in Ihrer Macht liegt, vorgehen werden.

Es versteht sich von selbst, dass die meisten dieser Regeln auf die vier essenziellen Werte zurückgehen. Sie sind im Grunde normbildend für diese Werte.

Einige Bemerkungen am Rande. Erstens, betrachten Sie diese Regeln als Regeln, die Sie persönlich so weit wie möglich in Bezug auf Ihr Kind befolgen. Ich sage dies, weil noch viele Eltern die Tendenz haben, einen größeren oder kleineren Teil der Regeln an ihren miterziehenden Partner zu delegieren. Dieser achtet beispielsweise darauf, dass für den Geburtstag Ihres Kindes ein Geschenk gekauft und eine Karte geschickt wird. Es ist verlockend, auf die »Delegations«-Tour zu gehen, aber es ist nicht besonders ehrlich. Eltern, die ein Vorbild für ihr Kind sein wollen, untergraben dieses Vorbild, wenn sich einer von ihnen an die Regeln hält, der andere jedoch nicht.

Zweitens, besprechen Sie mit Ihrem Partner regelmäßig, wie genau Sie sich an diese Regeln halten. Machen Sie dies zu einem wichtigen Thema in Ihrer Beziehung. Führen Sie das Gespräch so weit wie möglich im Bewusstsein der zugrunde liegenden Werte. Fragen Sie einander beispielsweise, ob die Kritik, die Sie gegenüber dem Partner Ihres Kindes geäußert haben, wirklich berechtigt war. Wenn Sie keinen miterziehenden Partner haben und allein sind, gehen Sie die Regeln dann regelmäßig selbstständig durch oder zusammen mit einem guten Freund/einer guten Freundin.

Drittens, trauen Sie sich, sich selbst, Ihrem Partner und eventuell Ihrem Kind einzugestehen, wenn es schwierig für Sie ist, sich an bestimmte Regeln zu halten, weil Sie einfach nicht wissen, wie Sie das tun müssen. Weil Ihnen die Kompetenz fehlt. Oder Sie es eigentlich noch lernen müssen. Viele Leute in unserer Gesellschaft nehmen an, dass, wenn man weiß, was »man tun muss«, man auch gleichzeitig weiß, wie man das tun muss. Das ist einfach nicht wahr. Einige Eltern haben viel mehr Mühe, sich in die Gefühle ihres Kindes hineinzuversetzen, als andere und demzufolge viel mehr Mühe, ihrem Kind emotionalen Halt zu geben. Das ist kein Grund für (Selbst-)Vorwürfe oder Kritik. Doch sehr wohl für Respekt (= Würde). Ihrem Kind gegenüber, das etwas nicht so gut kann oder etwas schwierig findet. Ihnen selbst gegenüber, dass Sie noch das eine oder andere zu lernen haben. Werte und Normen erfordern Kompetenzen, die nicht jeder ohne weiteres beherrscht.

Und zum Schluss, als vierter und wahrscheinlich wichtigster Rat: Wie unbequem es Ihr Kind Ihnen auch macht, sich an die Regeln zu halten, brechen Sie nie den Kontakt ab. Glauben Sie es oder glauben Sie es nicht, aber es gibt nichts im Leben, worüber Eltern letztlich so viel Bedauern empfinden, wie die Tatsache, dass sie den Kontakt zu ihrem Kind abgebrochen haben. Manchmal kann es sehr schwierig sein, dies nicht zu tun. Besonders, wenn Ihr Kind Sie schwer wiegender Dinge wegen anklagt, die nicht stimmen. Oder wenn das Kind selbst etwas Kriminelles getan hat. Wie tief Ihre Verletztheit auch sein mag, wie groß auch Ihr Schmerz, dies sind die Momente, auf die es wirklich ankommt.

Natürlich dürfen Sie Kritik äußern, auch schwer wiegende, vorausgesetzt, dass Sie sie auf eine gerechte und würdige Art äußern. Es kann sogar sehr weise sein, in solchen Situationen nicht mit seiner Kritik hinterm Berg zu halten. Aber wenn Sie den Kontakt zu Ihrem eigenen Kind definitiv abbrechen, vernichten Sie ein für alle Mal ein Stück Ihres Selbst. Dann entsteht eine Wunde, für die es keinerlei Heilung gibt und keinen Trost. Dann entsteht eine Wunde, die immer eitern, immer schmerzen wird. Die nie heilt und die Ihre emotionale und körperliche Gesundheit dauerhaft untergraben wird.

Natürlich ist es furchtbar, erkennen zu müssen, dass ein Wesen, das etwas Grässliches getan hat, aus Ihnen selbst hervorgegangen ist, von Ihnen erzogen und sogar geliebt wurde. Aber es ist noch furchtbarer, die Existenz dieses Wesens aus diesem Grund für immer zu verleugnen, es aus dem eigenen Leben auszugrenzen. Dadurch überlassen Sie Ihr Kind vollkommen seinem bösen Schicksal, liefern es für immer dem Bösen aus. In einem hervorragenden Essay mit dem Titel *Urteilt nicht* schreibt der Priester und Psychologe Eugen Drewermann hierzu Folgendes[19]: »Es gibt Kulturen, oder es gab sie zumindest, die nach unseren Maßstäben primitiv sind, weil sie kannibalistisch sind, wo jedoch Menschen, die ein Verbrechen begingen, sehr viel humaner behandelt werden, als das bei uns üblich ist. Anstatt wie bei uns den Delinquenten auszustoßen, gibt man sich dort die größte Mühe, ihn in die Gemeinschaft zu integrieren. (...) Nicht Ausstoßung, sondern intensives Engagement bildet hier die ›Strafe‹ .«

Dies ist meines Erachtens die Essenz von Elternschaft: die Entschlossenheit, ein Kind niemals auszustoßen. So, wie es die Essenz einer Gesellschaft ist, einen Menschen niemals auszustoßen. Der größte Sieg, den Eltern verzeichnen können, besteht darin, ein verlorenes Kind zurückzugewinnen. So, wie der größte Sieg, den eine Gesellschaft erringen kann, darin besteht, dass ein Mensch, der verloren war, in ihre Mitte zurückkehrt.

12

Richtlinien für Kinder

Es besteht das Risiko, dass Sie, wenn Sie das vorhergehende Kapitel über Richtlinien für Eltern in der Rolle des Kindes gelesen haben, denken: »Aha, das werde ich den beiden einmal unter die Nase reiben; ich werde sie einmal lesen lassen, wo überall sie etwas falsch gemacht haben. Und es noch immer tun!«

Hier irren Sie sich. Sie dürfen Ihre Eltern selbstverständlich auf entsprechende Regeln hinweisen. Aber nur, wenn Sie selbst auch bereit sind, sich an diese Regeln zu halten. Es ist unredlich, ungerechtfertigt, von einem anderen zu verlangen, auch wenn es sich hierbei um Ihre eigenen Eltern handelt, dass dieser Richtlinien befolgt, an die Sie sich selbst nicht halten.

Daher die folgenden Regeln für Kinder:

Regeln für Kinder im Umgang mit ihren Eltern

1. Respektieren Sie die Privatsphäre und Freiheit Ihrer Eltern. Stöbern Sie nicht heimlich in ihren Sachen. Nehmen Sie nichts von ihnen mit, ohne dass Ihre Eltern hierfür ihre Zustimmung gegeben haben.
2. Behalten Sie Ihnen anvertraute Geheimnisse und Vertraulichkeiten für sich.
3. Betreiben Sie keinen Sex mit Ihren Eltern; verhalten Sie sich ihnen gegenüber niemals gewalttätig und drohen Sie auch nie mit Gewalt.

4. Lassen Sie Ihre Eltern an Ihren Erfolgen teilhaben, auf jeden Fall dadurch, dass Sie ihnen davon erzählen.
5. Respektieren Sie die Rechte Ihrer Eltern, beispielsweise hinsichtlich ihrer Grenzen, ihrer Wünsche im Hinblick auf Lärm, Telefongebrauch, die Benutzung des Autos und so weiter.
6. Seien Sie höflich Ihren Eltern gegenüber, sowohl in Gesellschaft als auch, wenn Sie mit ihnen allein sind.
7. Setzen Sie sich für Ihre Eltern ein, auch während ihrer Abwesenheit.
8. Schicken Sie Karten oder überreichen Sie kleine Geschenke zu Geburtstagen und anderen wichtigen Anlässen.
9. Halten Sie Blickkontakt mit Ihren Eltern, während Sie mit ihnen sprechen.
10. Sprechen Sie mit ihnen über Sexualität und Tod.
11. Sprechen Sie mit ihnen über Religion und Politik.
12. Nehmen Sie Freunde und Freundinnen mit nach Hause.
13. Bitten Sie um persönlichen Rat.
14. Bezahlen Sie Schulden, wie vereinbart, erwidern Sie Gunstbezeigungen und Komplimente.
15. Informieren Sie Ihre Eltern, falls Sie noch bei ihnen wohnen, über Ihre Termine. Und wenn Sie nicht bei ihnen wohnen, informieren Sie sie über längere Perioden, in denen Sie abwesend sind (wie Ferien, Reisen und dergleichen mehr).
16. Respektieren Sie die Werte und Gewohnheiten Ihrer Eltern, auch wenn sie Ihnen altmodisch vorkommen.
17. Kritisieren Sie Ihre Eltern nicht öffentlich.
18. Vertrauen Sie Ihren Eltern persönliche Dinge an.
19. Erzählen Sie Ihren Eltern (gelegentlich) von Ihren persönlichen Gefühlen und Problemen.
20. Fragen Sie Ihre Eltern, wie Sie bestimmte Dinge in Angriff nehmen sollen, und akzeptieren Sie, ohne dass Sie unbedingt einer Meinung sein müssen, ihren Ansatz.

21. Erfüllen Sie Versprechen, die Sie Ihren Eltern gegeben haben, und wenn dies nicht möglich ist oder wenn Sie darauf zurückkommen möchten, erklären Sie, warum.
22. Machen Sie Ihren Eltern klar, dass Sie körperliche Gewalt oder Betrug eines von ihnen oder beider anderen gegenüber nicht akzeptieren und dass Sie sie diesbezüglich immer gerecht und würdig darauf hinweisen werden.

Eine Regel, und sicherlich nicht die unwichtigste, die sowohl für Eltern als auch für Kinder gilt, habe ich noch nicht genannt, nämlich:

Kritisieren Sie lediglich das Verhalten des anderen, niemals die Person selbst. Und äußern Sie die Kritik immer als Ihre auf den Augenblick bezogene Meinung, nie als das »letzte Urteil«.

Sagen Sie als Eltern nicht zu Ihrem Kind: »Du hast nie zu irgendetwas getaugt.« Und sagen Sie als Kind nie zu Ihren Eltern: »Ihr seid immer egozentrisch gewesen.« Sagen Sie stattdessen: »Wenn du auf diese Art reagierst, jagst du mich regelmäßig auf die Palme.« Oder: »Wenn Ihr nicht wissen wollt, wie es mir damit geht, dann frage ich mich, ob euch das überhaupt interessiert.«

Bei Untersuchungen – unter anderem Analysen, die ich einmal zusammen mit Kollegen durchgeführt habe – zeigte es sich, dass die meisten Kinder, ungefähr neun von zehn, angeben, dass sie ihre Eltern lieben. Umgekehrt gilt dasselbe: Neun von zehn Eltern lieben ihre Kinder. Dass häufig doch vieles schief läuft, mit allem damit verbundenen Elend und Kummer, ist demnach nicht so sehr Folge eines »Missstands«, sondern mehr eines »Missverständnisses«. Eines Nicht-Begreifens, Nicht-Abstimmens und Nicht-Erläuterns der Werte und Regeln, die sie im Umgang miteinander befolgen. Vom Nicht-Teilen, sondern Urteilen, wie Drewermann es so schön ausdrückt.

Und das ist häufig wieder die Folge eines Umstands, der zwischen Eltern und Kindern beinahe nicht besprechbar ist, der aber in nahezu allen Beziehungen auf die eine oder andere Art eine Rolle spielt: Eifersucht. Wie verrückt es auch klingen mag, die meisten Eltern sind auf die eine oder andere Weise eifersüchtig auf ihre Kinder und Schwiegertöchter bzw. Schwiegersöhne. Und sehr viele Kinder sind auf die eine oder andere Weise eifersüchtig auf ihre Eltern. Eifersucht ist der Zündstoff für viele Konflikte und Verstimmungen zwischen Eltern, ihren Kindern und deren Angehörigen. Warum?

13

Eltern und Kinder: Der Kampf um den ersten Platz

»Wer ist jetzt an der Reihe?«, fragt der spanische Metzger in gebrochenem Deutsch hinter seiner Theke, während er die Hände an seiner längst nicht mehr sauberen Schürze abwischt.

»Ich glaube, ich bin an der Reihe!«, ruft eine von fünf Kundinnen, eine korpulente Frau im Bikini, die nonchalant ein Umschlagtuch um ihre ausladenden Formen drapiert hat.

»Das glaube ich doch nicht!«, übertönt eine andere Kundin sie sofort.

Wie angestochen dreht sich die erste Frau um, schaut mit tiefer Verachtung die Störenfriedin an und sagt: »Wieso nicht ...? Ich war hier doch bestimmt ...!« Als fühle sie sich zu gut, um wegen dieser Sache noch mehr Worte zu vergeuden, dreht sie sich abrupt um und übermittelt ihre Bestellung dem Metzger in einem Ton, der keinerlei Widerspruch duldet.

Doch der zögert noch, und sein Zögern nutzt Nummer zwei, um mit einem »Moment mal!« dem Metzger klar zu machen, dass er es sich nicht einbilden soll, die Dicke als Erste zu bedienen.

Plötzlich wird es heiß in der, verglichen mit der Außentemperatur, relativ kühlen Metzgerei. Umso mehr, als eine weitere Kundin sich nun ebenfalls einmischt mit den Worten: »Meiner Ansicht nach war die Frau tatsächlich ...«

Nummer eins kann schließlich den Streit zu ihrem Vorteil entscheiden, aber nicht ohne dass sie, während sie noch in der

Metzgerei steht, jede Menge unangenehmer Bemerkungen auf sich zieht, wie etwa: »Diesen Streich spielen Sie mir kein zweites Mal, Sie ekelhafter Fettkloß.«

Als sie bezahlt hat und den Plastiksack mit Einkäufen vom Metzger herübergereicht bekommt, dreht sie sich noch rasch zu Nummer zwei um, beugt ihren Kopf ein klein wenig, schließt kurz die Augen und gibt provozierend ihre Triumphbotschaft durch, so etwa im Sinne von: »Seeehr gut ... Brav gewartet, bis du dran warst, jetzt bist du an der Reihe.« Der Erniedrigungsversuch trägt ihr einen aufrichtigen Abschiedsgruß ein: »Ich hoffe sehr, dass Ihnen und Ihrer Scheißfamilie das Fleisch im Halse stecken bleibt.«

Eine amüsante Szene, doch auch eine außerordentlich aufschlussreiche. Häufig sprechen wir leichthin über derlei Konflikte, als seien sie eine Art Begleiterscheinung im Umgang miteinander. Aber der Streit beeinflusst die Betroffenen so stark, sie liefern sich ihm dermaßen intensiv aus und sie können so weit darin gehen – es hätte leicht zu einer Schlägerei in der Metzgerei kommen können –, dass es sich hier um etwas Wesentliches handeln muss. Dieses Wesentliche ist der Wunsch des Menschen, nicht auf den zweiten Platz zu kommen, nicht zweitrangig zu sein. Oberflächlich betrachtet, scheint der Konflikt in der Metzgerei zwar eine Folge des Tatbestands zu sein, dass Unklarheit darüber bestand, wer zuerst an der Reihe war, und wäre leicht durch die Ausgabe von Kundennummern zu verhindern gewesen. Doch psychologisch betrachtet ist das nicht mehr als eine praktische Maßnahme, um einer fundamentalen menschlichen Neigung Zügel anzulegen, nämlich vordrängeln zu wollen, als Erster Aufmerksamkeit und Versorgung zu erhalten, als Erster gehört werden zu wollen.

Diese Tendenz ist in ihrer reinsten und ungeniertesten Ausprägung bei Kindern zu beobachten, die ihren Eltern das Leben mit ihrem andauernden »Warum darf sie zuerst?« das Leben schwer machen und die versuchen, sich untereinander eifersüchtig zu machen, indem sie rufen: »Ich darf zuerst ... und du nicht!«

Ein Kind kann es sich selbst psychologisch nicht erlauben, nicht der Erste zu sein, was Aufmerksamkeit und Liebe der Eltern, in erster Linie die der Mutter, angeht, und schon gar nicht, davon ausgeschlossen zu werden. Deswegen drängen Kinder sich häufig zwischen ihre Eltern, wenn diese einander anfassen oder miteinander schmusen. Der Ausruf der Eltern in solchen Momenten im Stil von »Schau mal ... der Kleine ist eifersüchtig« beinhaltet eine viel ernster zu nehmende Wahrheit, als die Neckerei vermuten lässt. Denn die Eifersuchtsreaktion drückt unmissverständlich eine essenzielle Wahrheit über den Menschen aus, die Ernest Becker in seinem Buch *Die Dynamik des Todes*[20] folgendermaßen formuliert: Er muss sehen, muss spüren, dass er mindestens ebenso viel, und am liebsten noch mehr, zählt wie etwas anderes oder ein anderer.

Der *Mythos des Ödipus*, nach dem Freud seinen berühmtesten Komplex, den Ödipuskomplex benannt hat, beschreibt die schrecklichen Folgen, wenn diese Wahrheit nicht erkannt und verstanden, sondern verdrängt wird. Ödipus tötete, ohne es zu wissen (also unbewusst) während eines Gefechts den Mann, der, wie sich später herausstellen sollte, sein Vater war. Danach heiratete er eine Frau, die, wie sich zeigte, ebenfalls ohne dass er dies zuvor wusste, seine Mutter war.

Der Mythos drückt damit den unbewussten fundamentalen Wunsch des Kindes aus, in der elterlichen Liebe auf den ersten Platz zu kommen und keinen Konkurrenten neben sich zu dulden. Für eine gesunde Entwicklung ist das Loslassen des Ödipuskomplexes notwendig, denn das bedeutet, dass man die Entwicklung des Vermögens zu lieben oder besser, alles dessen, was Liebe spendet, mit anderen teilt, anderen ebenso Gelegenheit gibt, sich daran zu erquicken, anstatt alles für sich selbst zu beanspruchen. Das Steckenbleiben in diesem Komplex, auch

»ödipale Fixierung« genannt, ist mit dem Unvermögen identisch, etwas oder jemanden neben sich zu dulden: Alle Liebe, alle Aufmerksamkeit oder auf jeden Fall der größte Teil davon, muss mir gehören und niemand anderem.

Im Verhalten vieler Erwachsener sind die neurotischen Spuren der Tatsache, dass sie nicht fähig waren, diesen Komplex zu lösen oder zumindest zu erkennen, bis ins hohe Lebensalter nachweisbar. Sie dulden in einer Paarbeziehung nichts und niemanden neben sich, keine Arbeit, keinen Wunschtraum ihres Partners und selbst ihr eigenes Kind nicht.

Die Eifersucht, die Erwachsene in Bezug auf die Liebe ihres Partners hinsichtlich ihres gemeinsamen Kindes hegen, führt zu einem gestörten Umgang mit ihrem Kind, wobei sogar die Sicherheit des Kindes gefährdet sein kann. Doch auch in der Beziehung zu einem Kind kann ein »ödipal fixierter« Elternteil große Mühe haben, die Liebe des Kindes mit anderen zu teilen, selbst wenn das Kind bereits erwachsen ist. Im Volksmund spricht man dann davon, dass der Betreffende sein Kind nicht loslassen kann. Aber die psychologische Wirklichkeit sieht so aus, dass der »ödipal fixierte« Elternteil es nicht ertragen kann, in der Liebespriorität des Kindes auf den zweiten oder einen noch niedrigeren Platz zu kommen.

Die Aggression oder Frustration hierüber wird, obgleich es sich natürlich um eine Wahl des Kindes selbst handelt, oft nicht direkt auf dieses abreagiert, sondern auf denjenigen, der nun den ersten Platz einnimmt. So kommt es, dass das offene oder versteckte Abwerten, Kritisieren oder sogar Untergraben der Bedeutung und Funktion des Schwiegersohns oder der Schwiegertochter und aller weiteren angetrauten Familienmitglieder eine Art Nationalsport sind. Nicht selten aber geschieht es auch, dass die Frustration auf den (erwachsenen) Sohn oder die (erwachsene) Tochter abreagiert wird. Das äußert sich dann häufig in einem chronischen Gekränktsein und Klagen wie »Ihr kommt so selten« und in einem unkritischen Aufwerten dessen, wie die erwachsenen Söhne oder Töchter anderer Eltern sich verhalten.

Kurz und gut, um unsere Probleme in Beziehungen zu anderen und insbesondere zu unseren Eltern und Kindern zu verstehen, müssen wir die folgende Frage beantworten: »Wie bewusst sind wir uns der Aktionen, die wir unternehmen, um bei anderen auf den ersten Platz zu kommen?«

Die meisten Leute werden zunächst sagen, dass sie nicht daran denken, den ersten Platz bei anderen zu beanspruchen. Eine Art, sich von dieser Illusion zu befreien, ist, andere auf diesen Punkt anzusprechen. Fragen Sie einmal Ihre Kinder, ob sie den Eindruck haben, dass Sie ein Alleinrecht auf Aufmerksamkeit beanspruchen oder nicht. Fragen Sie einmal Ihre Eltern, ob sie finden, dass Sie noch immer so tun, als könnten Sie uneingeschränkt Anspruch auf ihre Aufmerksamkeit und Versorgung erheben. Oder stellen Sie diese Frage Ihrem Partner. Es ist sehr gut möglich, dass Sie, wenn Sie diese Frage ehrlich beantworten, entdecken, dass andere bereits eine ganze Menge »beziehungsmäßige Zwangsarbeit« für Sie haben verrichten müssen.

Es wird Ihnen übrigens nicht leicht fallen, damit von einem Augenblick auf den anderen aufzuhören. Was hier auf dem Spiel steht, ist einer der vier Beziehungswerte, der Wert der Freiheit. Dies ist auch genau jener Wert, der sich nicht mit Eifersucht vereinbaren lässt. Eifersucht ist Widerstand gegen die Freiheit des anderen, selbst zu bestimmen, welchen Platz Sie in seinem oder ihrem Leben einnehmen. Obwohl der einzige Platz, für den Sie sich frei entscheiden können, der Platz ist, den der andere Ihnen freiwillig gewährt.

Das führt mich wieder zu einem dieser eigenartigen Paradoxa, an denen unser Leben so reich ist: Je mehr Sie die Freiheit des anderen respektieren, umso größer ist der Raum, den Sie in dessen Leben einnehmen.

Teil 3

Über Freundschaft und Paarbeziehungen

»Freundschaft macht ein Glück noch glänzender,
das Unglück aber, indem sie teilt und mitteilt, leichter.«

Marcus Tullius Cicero[1]

Einführung

Ein Meister fragte seine Schüler, woran sie erkennen könnten, dass die Nacht vorüber und der Tag angebrochen sei.

Ein Schüler antwortete: »Wenn du ein Tier in der Ferne siehst und sagen kannst, ob es ein Hund oder ein Schaf ist.«

»Nein«, antwortete der Meister.

Ein anderer Schüler antwortete: »Wenn du einen Baum in der Ferne siehst und sagen kannst, ob es ein Feigen- oder ein Pfirsichbaum ist.«

»Auch nicht«, antwortete der Meister.

»Aber«, fragten die Lehrlinge, »woran kann man es dann erkennen?«

Der Meister antwortete: »Wenn du in das Gesicht eines beliebigen Mannes oder einer beliebigen Frau schaust und siehst, dass er dein Bruder und sie deine Schwester ist. Wenn du das nicht siehst, ist es noch immer Nacht, wie spät es dem Stand der Sonne nach auch sein mag.[2]

Von allen Antidepressiva dieser Welt ist wahrscheinlich keines so kraftvoll wie Freundschaft, die Tatsache, dass es Menschen gibt, die uns liebenswert finden und wir sie. Die sich verwandt mit uns fühlen, auch wenn sie keine Blutsverwandten von uns sind. Ich sage dies nicht aus Idealismus oder Hoffnung, obwohl auch diese eine Rolle spielen. Es gibt eine ungeheure Fülle Untersuchungen, die zeigen, dass Freundschafts- und Liebesbeziehungen für die meisten von uns lebenswichtig sind, im wörtlichen und im übertragenen Sinn. Wenn wir solche Beziehungen haben, sind wir besser gefeit gegen Krankheit, Verzweiflung und Schmerz, leben wir länger und entwickeln wir uns besser: körperlich, emotional und sozial.

Eines der beeindruckendsten Beispiele, wie spätere Freundschafts- und Paarbeziehungen den Schaden, den Kinder in jungen Jahren erlitten haben, wieder gutmachen können, finde ich noch stets in der Studie, die der britische Kinderpsychiater Michael Rutter in den 80er-Jahren unter erwachsenen Frauen, die in einem Kinderheim erzogen worden waren, durchführte:

Der britische Kinderpsychiater Rutter und sein Mitarbeiter Quinton untersuchten 90 erwachsene Frauen, die als Kinder lange in einem Kinderheim erzogen worden waren. Obwohl diese Gruppe Frauen im Schnitt viel mehr psychische Probleme hatte als eine Gruppe vergleichbarer Frauen, die keine Erziehung in einem Kinderheim »genossen« hatten, zeigte es sich, dass sie sehr unterschiedlich waren. Es stellte sich heraus, dass etwa ein Drittel der früheren Heimkinder als Erwachsene das Leben sehr gut bewältigte.

Rutter forschte nach, welche Faktoren dafür verantwortlich waren, und es zeigte sich, dass einer davon darin bestand, dass sie auf der Oberschule positive Erfahrungen gemacht hatten, nicht so sehr in Bezug auf gute Noten, sondern auf Erfolge in Sport, Musik, im Erwerb einer akzeptierten und verantwortungsvollen Position in Schule oder Klasse und einem guten Kontakt zum Mentor oder Lehrer. Diejenigen, die solche Erfahrungen gemacht hatten, schnitten als Erwachsene viel besser ab als die anderen. Der andere, wichtigste Indikator war eine gute, stabile Beziehung zu einem unproblematischen (»nicht-gestörten«) Mann. Es war jedoch auffallend, dass die Chance, eine Beziehung zu einem solchen Mann zu haben, bei den Frauen größer war, die die erwähnten positiven Schulerfahrungen mitgemacht hatten.[3]

Was macht Beziehungen so relevant? Auf Basis des verfügbaren wissenschaftlichen Materials lassen sich sieben Gründe hervorheben.

An erster Stelle sind Freundschafts- und Liebesbeziehungen bei der Verarbeitung destabilisierender Lebenserlebnisse wichtig. So hat beispielsweise jemand, der seinen Partner oder seine Stelle verliert, aber von Kindern oder Freunden gut aufgefangen wird, mehr Möglichkeiten, den Kummer gut zu verarbeiten, und mehr Hilfe beim Lösen der verschiedenen Probleme, die als Folge dieses Verlusts auftreten.

Zweitens bilden Beziehungen, wie schon erwähnt, ein wichtiges Gegenmittel gegen Depression. Jemand, der Probleme hat und darüber rund um die Uhr mit anderen reden kann, läuft viel weniger Gefahr, zu grübeln und Gefühle wie Ratlosigkeit, Hilflosigkeit und Verzweiflung zu entwickeln. Dies sind, wie wir bereits früher sahen, die Gefühle, die in erster Linie den Nährboden für Depression bilden. Eine Depression bildet wiederum einen fruchtbaren Boden für die Entwicklung von Krankheiten. Drittens bieten Beziehungen, außer der Möglichkeit, zu reden, auch die Chance für eine andere Art von Kontakt, und zwar eine, die vom ersten Moment unseres Lebens an, sogar schon in der Gebärmutter, für eine gesunde Entwicklung wichtig gewesen ist: körperlicher Kontakt und zärtliche Berührung.

Viertens bilden soziale Kontakte eine wesentliche Informationsquelle im Hinblick darauf, wie »normal« unsere Gefühle und Erfahrungen verglichen mit denen anderer Menschen sind, darauf, wie wir damit umgehen können und wie andere uns sehen. Das Feedback anderer ist wiederum für ein genaues Selbstbild wichtig, für ein effektiveres und akzeptableres Auftreten, für Ermutigung eines solchen Auftretens und damit für mehr Selbstvertrauen. Und das ist wiederum ein wirksames Gegenmittel gegen Depression.

Fünftens haben soziale Beziehungen, vor allem der intime soziale Kontakt innerhalb einer Paarbeziehung, doch auch Beziehungen in Wohngemeinschaften mit anderen (nicht intimen) Partnern, wesentlichen Einfluss auf unsere Körperfunktionen und somit auf unsere psychische und physische Gesundheit. So funktioniert unser Hormonhaushalt, wenn wir mit anderen zusammenwohnen, anders, als wenn wir allein wohnen.

Sechstens gibt es entsprechende Hinweise, dass ein aktives soziales Leben die Produktion bestimmter Stoffe im Gehirn fördert. So hat man festgestellt, dass im Körper von Menschen, die einander helfen, bestimmte Stoffe produziert werden können, die Gefühle von Wohlbefinden hervorrufen. Dieser Effekt hat bei amerikanischen Psychologen den Namen *helper's high* bekommen.

Siebtens, schließlich, zeigte es sich, dass Menschen, die in einer festen Beziehung leben, weniger angespannt sind, besser für sich selbst sorgen, ein regelmäßigeres Leben führen und, nicht wirklich überraschend, aber darum nicht weniger wichtig, weniger einsam sind.

Doch gerade wegen all dieser »Vorteile« gibt es nahezu nichts in unserem Leben, mit dem wir so zu kämpfen haben, das uns so herunterziehen kann, wo wir so viel Schädliches, so viel Sorge und Schmerz erleiden können wie durch Ärger innerhalb oder Verlust unserer Freundschafts- und Liebesbeziehungen. Was dies angeht, so spricht das folgende Beispiel Bände:

»1975 erschien in den Vereinigten Staaten das so genannte Hammond-Gutachten über die Folgen des Rauchens für die Gesundheit. Auf Basis dieses Gutachtens traf der *Surgeon General*, der amerikanische Minister für Volksgesundheit, die Entscheidung, dass auf jeder Packung Zigaretten künftig die bekannte Warnung aufgedruckt sein muss. Kurz nach Erscheinen des Gutachtens schrieb ein amerikanischer Gelehrter, der Biophysikprofessor Harold Morowitz, einen kritischen Artikel über dieses Gutachten. Eine seiner Schlussfolgerungen war, dass ein geschiedener Nichtraucher in einem bestimmten Jahr ein doppelt so hohes Risiko zu sterben läuft wie ein verheirateter Nichtraucher. Und ein verheirateter Raucher läuft ein kaum größeres Risiko als ein geschiedener Nichtraucher!«[4]

Wenn Freundschafts- und Liebesbeziehungen so wichtig sind, wie sehen dann eigentlich die wichtigsten Elemente solcher Beziehungen aus, wie pflegt und wie destabilisiert man sie? Darüber werden wir im folgenden Kapitel sprechen.

1

»What is love?«

Die psychologische Fachliteratur weist eine Fülle an Auffassungen und Theorien zum Thema Liebe auf. Ich werde versuchen, diese einigermaßen zu strukturieren, mithilfe zweier hervorragender Experten in Sachen Liebe, nämlich dem Psychologen Robert Sternberg mit seiner so genannten Dreieckstheorie der Liebe, die zugleich auch eine Theorie zum Thema Freundschaft ist, und dem Psychiater Erich Fromm, Autor des Klassikers *Die Kunst des Liebens*[5], worüber ich bereits in Teil 1, Kapitel 13 gesprochen habe! Im Folgenden werde ich mich vor allem auf Sternbergs Liebes- und Freundschaftstheorie beziehen.

Die Dreieckstheorie über Liebe und Freundschaft

Ich habe in diesem Buch bereits an anderer Stelle den Standpunkt vertreten, dass emotionales Wissen emotionale Macht ist und dass es eigentlich keine besser angewandte Macht gibt als die Beherrschung unserer Emotionen. Wenn emotionales Wissen und demnach emotionale Macht irgendwo angewandt werden kann, dann ist das meiner Meinung nach in Liebes- und Freundschaftsbeziehungen. Wenn wir verstehen, was Freundschaft ist, wenn wir verstehen, was Liebe ist, und wenn wir verstehen, wie kompliziert beide Begriffe sind, was beide uns abverlangen, dann, und eigentlich erst dann, wissen wir, was wir zu tun haben, wenn wir uns Liebe und Freundschaft von anderen wünschen.

Robert Sternberg, dem »geistigen Vater« der Dreieckstheorie zum Thema Liebe zufolge, könnte viel Kummer und Schmerz in Beziehungen vermieden werden, wenn beide Partner begriffen, was der andere unter Lieben versteht und wo die Parallelen bzw. Unterschiede in ihren Auffassungen liegen. Sternberg zufolge können wir Liebe am besten verstehen, wenn wir uns ein Dreieck vorstellen, in dem alle drei Winkel einen Aspekt von Liebe verkörpern.

Den einen Winkel nennt er »commitment« oder »Engagement«. Er besteht aus zwei Aspekten, einem Kurz- und einem Langzeitaspekt. Der Kurzzeitaspekt ist der Entschluss, jemanden zu lieben. Es klingt vielleicht eigenartig, von einem Liebesentschluss zu sprechen, aber so funktioniert es in der Praxis tatsächlich. Kinder beispielsweise beschließen, Freunde zu werden, oder sie spielen »Vater und Mutter«. Erwachsene beschließen auch, sich (ganz und gar) auf jemanden einzulassen. Das tun sie natürlich nicht, ohne etwas für die betreffende Person zu empfinden, doch auch der umgekehrte Fall trifft zu. Sie können etwas für jemanden empfinden, aber um eine Beziehung mit jemandem zu beginnen, müssen Sie erst noch den Entschluss fassen, dies zu tun. Das gilt für Liebesbeziehungen ebenso wie für Freundschaften. Zwei Männer können beschließen, Freunde zu werden. Zwei Brüder können dies beispielsweise tun, Vater und Sohn ebenfalls, oder zwei Kollegen.

Der Langzeitaspekt von »commitment« ist die Entscheidung, die Beziehung weiterzupflegen. Letzteres ergibt sich nicht selbstverständlich aus Ersterem, der Entscheidung, ein Verhältnis miteinander zu beginnen. Denn, wie oft geschieht es nicht, dass zwei Menschen sich entscheiden, eine Liaison miteinander zu haben, aber dass der eine oder der andere, oder beide, absolut nicht die Absicht haben, die Beziehung auch fortzusetzen.

Den zweiten Winkel des Dreiecks nennt Sternberg »Intimität«. Intimität ist die Einheit von Gefühlen und Verhaltensweisen, die der Beziehung ihre »Innigkeit« verleihen. Es geht hier vor allem um Aspekte wie (a) die emotionale Unterstützung des anderen; (b) die Pflege einer von Vertrauen getragenen Verständigung mit dem anderen; (c) die Einstellung, die Gegenwart des anderen für das eigene Leben als wertvoll anzusehen; (d) den Wunsch, zum Wohlbefinden des anderen beizutragen; (e) das Aufbringen von Respekt dem anderen gegenüber; (f) das Fördern von und Investieren in die persönliche Entwicklung des anderen.[6]

Den dritten Winkel des Dreiecks bezeichnet Sternberg mit dem Wort »Passion«, »Leidenschaft«. Das beinhaltet, dass man sich vom anderen angezogen fühlt, dass man seine Berührung und Nähe schätzt, dass man den Wunsch hat, sich dem anderen körperlich hinzugeben, und das Verlangen, dass der andere dies umgekehrt auch tut. Mithilfe dieses Dreiecks unterscheidet Sternberg, indem er alle möglichen Winkelkombinationen miteinander kombiniert, acht Beziehungsvarianten:

1.	Commitment	+	Intimität + Leidenschaft (»Vollkommene Liebe«)
2.	Commitment	+	Intimität (»Kameradschaftliche Liebe«)
3.	Commitment	+	Leidenschaft (»Unvernünftige Liebe«)
4.	Intimität	+	Leidenschaft (»Romantische Liebe«)
5.	Commitment		(»Leere Liebe«)
6.	Intimität		(»Freundschaftliche Liebe«)
7.	Leidenschaft		(»Besessenheit«)
8.	______________		(»Die Nicht-Liebesbeziehung«)

Die Studien Sternbergs und seiner Kollegen zeigen, dass die meisten Leute die erste Variante als idealste Liebesbeziehung betrachten. Das ist eine Beziehung, in der beide Partner fest entschlossen sind, einander zu lieben, die Absicht haben, ihre Liebesbeziehung zu pflegen, emotionale Intimität miteinander auszutauschen, und sich körperlich stark voneinander angezogen fühlen.

Das bedeutet übrigens ganz sicher nicht, dass alle anderen Kombinationen als unerwünscht oder minderwertig betrachtet werden müssen. In vielen »langjährigen« Paarbeziehungen zeigt es sich beispielsweise, dass die leidenschaftliche Komponente kleiner geworden ist, Intimität und »commitment« jedoch zugenommen haben. Das bedeutet, dass eine solide »freundschaftliche Beziehung« entstanden ist, die für beide sicherlich nicht weniger wertvoll zu sein braucht als die Beziehung vom Typ 1, die sie möglicherweise zuvor miteinander teilten. Auch besondere Freundschaften, die in puncto Leidenschaft keine Paarbeziehungen (gewesen) sind, sind häufig Beziehungen vom Typ 2. Dasselbe gilt für besonders gute Eltern-Kind-Beziehungen.

Elternliebe im Dreieck

Wir können das, was wir an anderer Stelle über Elternliebe gesagt haben, auch sehr gut in der Terminologie von Sternbergs Dreieckstheorie ausdrücken. In dieser Theorie sind die essenziellen Bestandteile elterlicher Liebe »commitment« und Intimität und damit etwas, was Eltern von anderen Erziehern unterscheidet:

1. Der Entschluss, ihre Kinder zu lieben;
2. die Verpflichtung, die Liebe ein Leben lang aufrechtzuerhalten und die Beziehung nie abzubrechen;
3. die Einstellung, dass die Anwesenheit von Kindern in ihrem Leben etwas ist, was sehr wertvoll ist, und:
4. die Entschlossenheit, Hilfe aufzusuchen, wenn sie spüren, dass sie nicht (länger) zu liebevollem Engagement und Intimität mit ihren Kindern in der Lage sind.

Es gibt auch Leute, für die die idealste Beziehung die vom Typ 4 ist, die romantische Liebe. Keinerlei praktische Verpflichtungen einander gegenüber, auch keine Versprechungen, dass die Beziehung von Dauer sein soll, dafür reine Hingabe an das Erleben von Intimität und Leidenschaft im gegenwärtigen Augenblick. Dem Psychologen Robert Johnson zufolge ist diese Art Liebe diejenige, die innerhalb unserer Kultur am meisten idealisiert wird. Er bezeichnet sie als »den Mythos der westlichen Kultur«. Es ist die Liebe, wie sie im Mythos von Tristan und Isolde und in der Geschichte Romeos und Julias beschrieben ist. Da »commitment« nicht vorhanden bzw. möglich ist, sind sich die Liebenden fortwährend der Vergänglichkeit ihrer Liebesbeziehung bewusst. Auf der einen Seite kreiert dies Traurigkeit, auf der anderen eine kamikazeähnliche Haltung, bei der man sich mit Haut und Haar emotional und körperlich dem anderen ausliefert, solange dies noch möglich ist. Auch manche Urlaubslieben gehören diesem Typus an.

Romantische Liebe: Die Religion des dritten Jahrtausends

Es ist eines der großen Paradoxa unserer Kultur, dass die märchenhafte, romantische Liebe unser höchstes Liebesideal ist, eine enorm große treibende Kraft hinter zahllosen Verhaltensweisen und kulturellen Äußerungen, und dass dieses Ideal beinahe nie auf Dauer von zwei Menschen gelebt werden kann. Filme, Literatur, Musik, Malerei, »Frauen«- und Sensationsblätter, Brautmode, um nur einige Kulturträger zu nennen, sie alle widmen sich ausführlich der Thematik der romantischen Liebe. Für die meisten Menschen verkörpert sie nicht nur die höchste, sondern auch die »einzige echte« Form der Liebe.

Was ist romantische Liebe? Viele Leute, vor allem Männer, verbinden mit dem Wort »romantisch« ambivalente Gefühle. Bei ihnen weckt es Assoziationen an »romantische Dinners«. Für sie hat dies etwas »Klebriges«, etwas, was viel mit Gefühlen und Herzschmerz und zu wenig mit Fakten und Zahlen zu tun hat. Es sind auch zumeist Frauen, die den Wunsch äußern, ihr Partner solle etwas romantischer sein. Doch hat die Romantik auch für Männer eine starke Anziehungskraft, auch wenn sie sich unsicher im Umgang mit diesem Thema fühlen. Warum rufen Romantik und romantische Liebe so starke Reaktionen hervor? Die Antwort ist in gewisser Weise bereits in den Assoziationen enthalten, die der Ausdruck romantische Liebe hervorruft. Sie ist ganz sicher nicht dasselbe wie sexuelle Liebe. Aber sie ist auch kein Synonym für »lieben«.

Bei romantischer Liebe geht es im Grunde um einen Zustand ständiger Verliebtheit. Psychologische Merkmale von Verliebtheit äußern sich in einem ständigen Verlangen nach Kontakt mit dem anderen, dem Wunsch, sich dem anderen völlig hinzugeben, dem Gefühl, dass alles vollkommen ist, und der Vorstellung, alles bewältigen zu können, wenn die Verliebtheit erwidert wird. Ein wesentliches Merkmal von Verliebtheit ist auch die Vorstellung, dass »sie einen überkommt«, dass sie stärker ist als man selbst. Sie ist ein Zustand, in dem man keine Kontrolle mehr über die eigenen Gefühle, Gedanken und das eigene Verhalten hat. Das Ideal, in völliger Hingabe an einen anderen vollständig aufzugehen, verleiht der romantischen Liebe ihre magnetische Anziehungskraft. Der andere wird idealisiert, wird ausschließlich als gut, liebenswert, attraktiv, moralisch integer betrachtet. Er wird einen niemals benutzen oder missbrauchen. Deswegen kann man sich ihm auch rückhaltlos anvertrauen.

Interessant ist, dass das Ideal der romantischen Liebe bereits zu Beginn des vorigen Jahrtausends entstanden ist, und zwar so um das 12. Jahrhundert herum, zurzeit der Troubadoure. Zuweilen wurde es auch höfische Liebe genannt. Die Liebe funktionierte nach einer Anzahl fester Gesetze. Die Verliebten waren ständig Feuer und Flamme füreinander, sehnten sich nach intimem körperlichem Kontakt, hatten diesen jedoch nicht. Ihre Liebe war und blieb, wie schwer es ihnen auch fiel, eine geistige. Die Liebenden durften einander nicht heiraten. Meist war die Frau mit einem anderen getraut, der Mann (der Ritter) blieb in der Regel unverheiratet. In den Augen des Mannes war die Frau das Symbol idealer Weiblichkeit. Er berührte sie nie, doch, inspiriert von ihr, erfüllte er schwierige und häufig gefährliche Aufgaben im Kampf gegen das Böse und entwickelte sich dadurch zu einem ethisch integren Menschen. Einem Menschen, der sein Potenzial voll entwickelte.

Der Kern des romantischen Liebesideals ist demnach, dass der Mann sich auf psychischer Ebene mit dem Weiblichen verbindet, die weiblichen Seiten in sich selbst entwickelt und dadurch ein gefühlvollerer, ausgeglichenerer und besserer Mensch wird. Für die Frau gilt etwas Vergleichbares. Was wir heute in der romantischen Liebe suchen, trägt noch immer Spuren dieses Ideals. Wir suchen nie bloß eine menschliche Beziehung oder menschliche Liebe. Wir suchen auch nach etwas, wodurch wir uns selbst übersteigen, uns über den Geliebten gleichsam mit einer universalen Liebeskraft verbinden können. Achten Sie einmal auf den Blick eines romantisch Verliebten. Seine oder ihre Augen schauen nicht bloß auf den Geliebten, sie blicken auch in die Ferne, als suchten sie nach etwas, was über die eigene Person hinausgeht.

Tausende von Jahren haben Menschen versucht, diese Erfahrung in der Religion zu suchen, und oft auch gefunden. Für die meisten von uns gilt heute, dass wir in diesem Sinne nicht mehr religiös sind. Wir glauben bloß noch an das Greifbare, Physische, Technische, Sexuelle. Die Liebesbeziehung zu einem anderen Menschen aus Fleisch und Blut muss uns jetzt den Kontakt mit einem alles durchdringenden Liebesgefühl vermitteln, das uns über uns selbst hinaussteigen lässt, uns transformiert und ganzheitlich heilt. Doch das erfordert gleichsam einen Zustand fortwährenden Verliebtseins. Den können wir selten in der Beziehung zu ein und demselben Menschen finden. Deswegen verlieben sich immer mehr Menschen stets häufiger in immer neue Menschen. Die romantische Liebe ist somit die heutzutage am häufigsten praktizierte Religion geworden. Ich denke, dies ist es auch, was uns, wenn auch unbewusst, trotz der vielen Scheidungen, noch immer so fasziniert, wenn wir eine Eheschließung sehen. Vor allem wenn diese in einer Kirche, dem Ort der Religion, stattfindet.

In gewisser Weise schauen wir mit der Hoffnung, mit der Erwartung, dass die Verbindung von Mann und Frau, von Weiblichem mit Männlichem, beiden ermöglicht, sich selbst zu übersteigen. Es ist die Hoffnung, dass zwei Menschen so voneinander inspiriert werden, dass sie bessere, vollkommenere Persönlichkeiten werden. Daher auch der Ausdruck »meine bessere Hälfte«. Dies ist die innere Wirklichkeit, der Mythos. Die äußere Wirklichkeit sieht so aus, dass unsere Liebe für den einen häufig unsere Abweisung für den anderen impliziert. Die romantische Liebe, unser Verständnis von Liebe, unser Verständnis von Religion, bringt, wie alle früheren Religionen, ihre eigenen Grausamkeiten und Opfer hervor.

Es wird Zeit, dass wir lernen, einen anderen nicht nur ein ganzes Leben lang zu lieben, sondern auch, in ihn verliebt zu bleiben. Solange wir hierfür noch kein Curriculum entwickelt haben, bleibt unsere Liebes-Religion häufig im Egoismus stecken und lieben wir nicht wahrhaftig genug.

Es gibt auch Beziehungen, in denen Leute ausschließlich ihre Leidenschaft mit einem anderen teilen wollen. Oft, doch längst nicht in allen Fällen, sind dies so genannte »außereheliche« Beziehungen. Zwei Leute, die mit einem anderen eine Beziehung vom Typ 2, 4, 5 oder 6 haben, teilen dann eine geheime, leidenschaftliche Beziehung miteinander, die in vielen Fällen stark obsessiven Charakter hat (die englische Bezeichnung hierfür lautet »infatuation«). Solche Beziehungen beginnen häufig unter dem Motto »Liebe auf den ersten Blick«. Man kennt den anderen überhaupt nicht, weiß nichts von ihm oder ihr, und ist doch von einem Augenblick auf den andern total verliebt und weiß, dass dies der einzig Wahre oder die einzig Wahre sein muss. Und das, obwohl es keinerlei emotionale Intimität gibt oder gegeben hat und auch von »commitment« keinerlei Rede ist. Weder von der Seite desjenigen, auf den die Leidenschaft gerichtet ist, noch vonseiten dessen, der leidenschaftlich verliebt ist.

Es stimmt deswegen auch nicht, dass man dann in die *Person* des anderen verliebt ist, denn die kennt man überhaupt noch nicht. In Wirklichkeit ist die Verliebtheit eine Folge der Tatsache, dass man allerlei Idealbilder auf den anderen projiziert. Dadurch nimmt Verliebtheit nicht selten den Charakter von Besessenheit an, die auch ins Gefährliche abgleiten kann. Dieser Liebestypus beruht deshalb auch häufig, anders als die romantische Liebe, nicht auf Gegenseitigkeit. Ein tragisches Vorbild dieses Liebestyps hat Goethe in seinem Roman *Die Leiden des jungen Werther* beschrieben, in dem die Hauptperson, Werther, an ihrer »besessenen Liebe« für die junge Lotte zugrunde geht.

Freundschaftliche Liebe, der sechste Typus, bedeutet, dass man einen warmen, gefühlsbetonten Kontakt mit einem anderen unterhält, ohne dass Leidenschaft im Spiel ist und ohne dass »commitment« gefragt oder erwünscht ist. Es ist die Beziehung, in der es sich gut anfühlt, sehr gut sogar, wenn »wir einander treffen«, doch ist es auch in Ordnung, wenn wir einander längere Zeit nicht sehen. Die Augenblicke, in denen Kontakt oder Austausch stattfindet, tragen ihren Wert in sich.

»Leere« Liebe, der fünfte Typus, bedeutet, dass es bloß »commitment« gibt, den Entschluss, einander zu lieben und auf jeden Fall so lange wie möglich beieinander zu bleiben, ohne dass von emotionaler Intimität oder Leidenschaft die Rede ist. Es ist nicht selten die letzte Phase einer Beziehung, in der Leidenschaft und emotionale Intimität nachgelassen haben und schließlich ganz verschwunden sind. In vielen Beziehungen ist dies die letzte Beziehungsetappe vor dem Tod. Viele Verhaltenstherapeuten haben erlebt, dass es schwierig und nahezu unmöglich ist, solchen Beziehungen noch neues Leben einzuhauchen. Übrigens kann so auch die erste Phase einer Beziehung aussehen. Bei »arrangierten« Eheschließungen, Ehen, bei denen die Eltern den Partner auswählen, ist anfänglich bloß von »commitment« die Rede. Die Aufgabe der Partner besteht dann darin, zu versuchen, während sie bereits zueinander verurteilt sind, Leidenschaft und Intimität zu entwickeln.

Die Nicht-Liebesbeziehung, der achte Typus schließlich, ist praktisch wenig mehr als eine sachliche oder »funktionelle« Beziehung. Ein Mann und eine Frau, die kollegial zusammenarbeiten, aber darüber hinaus weder das Bedürfnis nach gegenseitigem, persönlichem Austausch haben noch körperlich etwas füreinander empfinden, haben eine solche Beziehung. Noch einmal in deutlichen Worten: Es kann äußerst wichtig sein, dass Leute, die geschäftlich viel miteinander zu tun haben, solche »non-love«-Beziehungen miteinander haben und fortsetzen. An diesem Punkt kann es oft schief gehen. Ein Chef beispielsweise will eine neue Sekretärin einstellen und achtet während der Bewerbungsgespräche mit unterschiedlichen Kandidatinnen mindestens so stark auf das, was deren körperliche Reize bei ihm auslösen, als auf das, was ihre funktionellen Qualitäten ausmachen. Dies führt ziemlich häufig dazu, dass diejenige, die den Job bekommt, auch im Hinblick auf mögliche andere Beziehungen wie die »Nicht-Liebes«-Beziehung ausgewählt wird. Langfristig löst dies allerhand Spannungen aus. Kurzfristig ist oder scheint es auf alle Fälle spannend.

Sternbergs Theorie ist deshalb so intelligent, weil sie hilft, Beziehungsprobleme zu verstehen und, so weit wie möglich, zu lösen. Lassen Sie mich im Folgenden versuchen, dies zu erklären. Wenn zwei Menschen, die eine Beziehung miteinander eingegangen sind, sich deutlich darüber im Klaren sind, was für einen Beziehungstypus sie haben, und sich dafür einsetzen, dann gibt es eigentlich nie ein Problem. Probleme entstehen, wenn der »Dreiecks«-Typus, den der eine will, ein anderer ist als der Typus, den der andere sich wünscht. Wenn der eine beispielsweise sowohl »commitment«, Intimität als auch Leidenschaft (»vollständige Liebe«) anstrebt, der andere jedoch kein Bedürfnis nach körperlichem Kontakt hat, dann gibt es ein Problem oder kann leicht ein Problem entstehen.

Probleme gibt es auch, wenn der eine denkt oder erwartet, eine Beziehung eines bestimmten Typs zu haben, während der andere diesen Typus nicht im Angebot hat, aber doch so tut, als sei dies der Fall. Partner können beispielsweise eins miteinander sein in Bezug auf den Umstand, dass sie passionierte Gefühle in Bezug aufeinander hegen, und sehr intim miteinander sein. Doch während der eine Partner daneben auch »commitment« aufbringt, den ausdrücklichen Entschluss, die Beziehung so lange wie möglich aufrechtzuerhalten, kann es sein, dass der andere dies nicht beschlossen hat, es jedoch nicht sagt. Es ist sogar möglich, dass der eine Partner bereits lange entschieden hat, die Beziehung zu einem bestimmten Zeitpunkt zu beenden, während der andere noch immer an ein gegenseitiges Engagement innerhalb der Beziehung glaubt.

Sternberg drückt dieses Faktum sehr treffend in der Formulierung aus, dass sich in einer Beziehung häufig zwei Beziehungen verbergen: seine Beziehung zu ihr und ihre Beziehung zu ihm. Und seine Beziehung zu ihr ist eine andere als ihre Beziehung zu ihm. Doch ist sich manch einer dessen nicht bewusst. Es kann auch sein, dass beide sich dessen nicht bewusst sind.

Wenn Partner sich in ihrer Vorstellung hinsichtlich des Beziehungstyps, den sie miteinander haben, unterscheiden, sind Schmerz und Chaos früher oder später unausweichlich. Lassen Sie uns diesen Sachverhalt einmal näher untersuchen.

2

»Als-ob«-Beziehungen

»Ich denke«, sagt sie leise, während sie ihren Blick von mir abwendet, »dass ich für mich selbst schon vor Jahren den Entschluss gefasst habe: Wenn die Kinder aus dem Haus gehen, dann gehe ich auch.«

In der Stille, die eintritt, scheint es, als hörte ich die Gedanken in ihrem Kopf herumschwirren. Gedanken an Jahre routinierten Zusammenlebens, an emotionale Oberflächlichkeit, an unerfüllte Sehnsucht nach ... wonach eigentlich?

»Weiß er davon, von Ihrem Entschluss?«, frage ich schließlich. Ihre Antwort ist ebenso deutlich wie traurig: »Nein, das weiß er nicht. Und das sage ich ihm auch erst, wenn es so weit ist.«

Als sie gegangen ist und ich das Gespräch noch einmal rekapituliere, kehrt auch das eigenartige Gefühlsgemisch aus Frustration, Bitterkeit, Trauer und vor allem Wehmut, das unser Gespräch kennzeichnete, wieder zurück. Ihre Geschichte ist für mich nicht neu. Ich habe sie mittlerweile so oft von Frauen und Männern gehört, um daran gewöhnt sein zu müssen.

Aber so einfach ist es nicht. Nicht für mich und natürlich schon gar nicht für die Betroffenen. Je länger man darüber nachdenkt, umso absurder ist die Geschichte, emotional betrachtet. Zwei Leute managen eine Beziehung und eine Familie miteinander, als sei dies etwas, was ihr ganzes Leben ausmacht. Doch während der eine diese »Als-ob«-Situation absolut nicht als eine scheinbare, sondern als die erwünschte Wirklichkeit betrachtet, ist der andere sich Tag für Tag ihres scheinheiligen

Charakters, ihrer Verlogenheit bewusst. Das Wesen der Lüge ist ja, dass man sagt oder tut, woran man nicht glaubt. Oder umgekehrt, dass man nicht sagt oder nicht tut, woran man doch glaubt. Man würde erwarten, dass man es als Partner doch mitbekäme, wenn man mit jemandem zusammenlebt, der eigentlich weg möchte, der sich vorgenommen hat, wegzugehen.

Für viele Partner jedoch gilt das nicht. Was sie nicht glauben wollen, das sehen sie häufig auch nicht. Darüber hinaus ist das auch nicht so leicht zu erkennen, wenn man mit jemandem zusammenlebt. So, wie bei dem Mann, der sagte: »Ich lebe nicht mit ihr, weil ich sie liebe, sondern als ob ich sie liebte.«

Ich erinnere mich, dass ich denselben Mann einmal fragte: »Wenn Ihre Frau Sie fragt, ob Sie sie lieben, was antworten Sie ihr dann?« Woraufhin er antwortete: »Dann sage ich ja.« Als ich ihn fragte, warum er dies tue, sagte er: »Na, dann fühlt sie sich besser, und ich mich auch. Bereits dadurch, dass ich sage, dass ich sie liebe, liebe ich sie auch ein bisschen, zumindest in diesem Moment.«

Indem man so tut, als fühle man etwas, kann man bis zu einem gewissen Grad dieses Gefühl verwirklichen. Fiktion wird Wirklichkeit, Wahn und Wirklichkeit fallen in einem bestimmten Moment genau zusammen.

Es gibt Leute, wie den deutschen Gelehrten Hans Vaihinger, der 1911 ein Buch publizierte mit dem Titel *Die Philosophie des Als Ob*, die glauben, dass alle menschlichen Werte und Gefühle in gewisser Weise ein »als ob« sind. Ein Beispiel: Viele Leute leben, »als ob« es einen Gott gebe, und viele, »als ob« es ihn nicht gebe. Viele Leute leben auch, als ob es für sie »den oder die Richtige« gebe, und andere, als ob dies Unsinn sei. Für die erste Gruppe ist es dann sicher, dass »der oder die Richtige« existiert (das einzige Problem ist, ihn oder sie zu finden), und für die zweite Gruppe ist es das nicht (es hat demnach auch keinen Sinn, weiterzusuchen).

Von dem amerikanischen Psychologen Alan Watts stammt, glaube ich, die Äußerung, dass das Leben ein Spiel ist, dessen erste Spielregel lautet: »Dies ist kein Spiel, dies ist tödlicher Ernst.« Viele Leute spielen ihr Beziehungsspiel nach der bitterernsten ersten Spielregel: Was ich jetzt verliere (und was er eventuell gewinnt), dadurch, dass ich die Beziehung zu ihm aufrechterhalte, bis die Kinder auf eigenen Füßen stehen, das gewinne ich in Zukunft wieder zurück (eventuell bei einem anderen), wenn ich erst einmal aus dem Haus bin.

Dies entspräche auch der Wahrheit, wäre das Leben ein so genanntes Nullsummen-Spiel, wie Paul Watzlawick es in seiner *Anleitung zum Unglücklichsein* beschrieb. Ein Nullsummen-Spiel ist ein Spiel, bei dem der Verlust des einen Spielers der Gewinn des anderen ist; wobei man später wieder zurückgewinnt, was man als Spieler erst verloren hat. Die Summe aus Gewinn und Verlust ist demnach null. Äußerungen wie »Das hole ich später schon noch nach« sind typisch für jemanden, der das Leben nach dem Prinzip des Nullsummen-Spiels anpackt. Das Problem ist bloß, so Watzlawick, dass das Leben kein Nullsummen-Spiel ist. In einem solchen Spiel heben Gewinn und Verlust einander nicht auf. Das bedeutet, dass die Summe von Gewinn und Verlust oberhalb oder unterhalb von Null liegen kann. In einem solchen Spiel können alle Spieler verlieren oder gewinnen bzw. steht man als (einzelner) Spieler meist auf der Verlierer- bzw. auf der Gewinnerseite.

Weil das Leben kein Nullsummen-Spiel ist, verhält es sich auch so, dass man das, was man heute an Ruhe, Glück oder Liebe verliert, morgen nicht einfach nachholen kann. Umgekehrt gilt, dass man heute erfahrenes Glück oder Liebe morgen nicht verlieren kann. In einer »Als-ob«-Beziehung ist jede Stunde, jede Woche, jedes Jahr, die die Beziehung besteht, in emotionaler Hinsicht ein nicht wieder gutzumachender Verlust. Natürlich kann man versuchen, den emotionalen Verlust mit anderen Vorteilen, wie materiellem Komfort, Vertrautheit oder dem Bewusstsein, nicht als geschiedener Mann oder als geschiedene Frau durchs Leben gehen zu müssen, zu kompensieren. Allerdings ist dies kein emotionaler Gewinn und deswegen kompensieren Sie den Verlust nicht.

Und es kommt noch etwas hinzu. Wenn Sie viele Jahre auf die »Als ob«-Weise gelebt haben, dann gewöhnen Sie sich auf Dauer so an den eigenen emotionalen Verlust, dass Sie in dem Moment, in dem Sie sich als emotionaler Gewinner fühlen, doch verlieren. Sie wissen vielleicht nicht einmal, wie Sie so etwas angehen müssen. Sie haben möglicherweise Angst, dass Sie letzten Endes wieder leer ausgehen. Oder Sie halten sich inzwischen für zu alt, um noch eine neue Chance zu haben.

Sehr viele Männer und Frauen in »Als-ob«-Beziehungen, mit denen ich sprach, verloren sich letzten Endes in einer Sackgasse. Sie haben das Spiel weitergespielt. Bloß ein einziges Mal, als der große Spielverderber ihren Partner hinwegraffte, erfuhr ihre Persönlichkeit eine vollständige Metamorphose, als emanzipierten sie sich, würden sie befreit. Doch der Tod ist selbstverständlich nicht der einzige Spielverderber, die einzige Möglichkeit, aus dem Würgegriff der Regeln dieses bitterernsten Unglücksspiels erlöst zu werden.

Die einzige andere Regel (schreibt Paul Watzlawick in seinem oben genannten Buch), die das »Als-ob« durchbrechen kann, ist keine Regel, die in dem Spiel selbst vorkommt: Sie ist das, was wir »Offenheit« oder »Fairness« oder »Würde« oder »Mut« im Hinblick auf den anderen nennen, was tatsächlich alles auf dasselbe hinausläuft. Die Mehrzahl der Menschen, die sich in einer »Als-ob«-Beziehung befinden, wissen in gewisser Weise sehr gut, dass es sich um eine »wertlose« Beziehung handelt. Eine Beziehung, in der essenzielle Werte wie Gerechtigkeit und Würde täglich verletzt werden. Sie können dennoch beschließen, eine solche Beziehung weiterzuführen. Aber die »Wertlosigkeit«, die Sie da hineininvestieren, bekommen Sie zurück. Sie unterminiert früher oder später Ihr Gefühl für Eigenwert, Selbstrespekt. Wie wir in den Wald hineinrufen, so schallt es zurück.

Das wissen wir in unserem Innern alle, doch sind es nur diejenigen, die am wenigsten unglücklich sind, die das wirklich beherzigen. Eine berühmte Aussage Dostojewskis aus seinem Buch *Die Dämonen* variierend, könnte man sagen: »Alles ist gut ... alles. Der Mensch ist unglücklich, weil er vor allem das tut, was er nicht darf. Bloß deswegen. Das ist alles. So simpel ist die Lösung.«

Dieses Letzte ist nicht als Scherz gemeint. Es geht tatsächlich um eine einfache Wahl, nämlich die zwischen einer Kompromissbeziehung und einer Beziehung, die auf Konsens beruht. Es ist eine einfache Wahl, da sie immer getroffen werden muss. Es gibt kein Entrinnen. Viele Leute sind sich nicht bewusst, dass sie das eine bzw. andere in ihrer Beziehung gewählt haben, aber das ändert nichts an der Tatsache, dass es eine Wahl ist. Sehr viele Leute sind sich genauso wenig bewusst, dass ein Großteil ihrer Schmerzen, ihrer Probleme, die sie in ihrer Beziehung mitmachen, auf diese Wahl zurückzuführen ist. Denn selbst, wenn die Wahl eine einfache ist, die Konsequenzen sind dies nicht.

3

Kompromissbeziehungen

»Ich bin 84 Jahre alt und lebe schon 63 Jahre in einer ›Als-ob‹ -Beziehung. Es hat mir immer am nötigen Mut gefehlt, meine wahren Gefühle zu offenbaren. Aber ich habe auch immer Zweifel gehabt, ob ich von einer Beziehung nicht zu viel erwarte. Vielleicht ist ein anständiger Kompromiss einfach das Maximum dessen, was man erreichen kann.«

»Aber«, so geht der Brief, dem dieses Zitat entstammt, weiter, »ich traue mir selbst nicht ganz, wenn ich dies sage. Vielleicht versuche ich mich sogar dadurch, dass ich so denke, zum Narren zu halten. Aus Angst. Angst vor emotionalen Risiken. Was für einen Sinn hätte dies dann auch noch in meinem Alter?«

Der Brief war eine von vielen Reaktionen, die ich einmal auf einen von mir veröffentlichten Artikel über »Als-ob«-Beziehungen erhielt. Während ich die Briefe las, habe ich mir selbst regelmäßig in Erinnerung rufen müssen, dass ich wahrscheinlich ein »negatives« Exempel vor mir hatte, andernfalls hätte ich das Vertrauen in die Beziehungsfähigkeit der Niederländer möglicherweise sofort aufgekündigt und Sartre (»Die Hölle, das sind die anderen«) Recht gegeben. Männer und Frauen, die schon seit Jahrzehnten in einer festen Beziehung leben und dann doch Sätze schreiben wie: »Ich habe von Beginn unserer Ehe an gedacht, dass es viel mehr Liebe geben muss, als das zwischen uns der Fall war. Dieses Gefühl ist im Lauf der Jahre noch stärker geworden. Man lernt, damit zu leben. Sogar der 30-jährige Hochzeitstag kann ein schönes Fest werden, wenn man bloß genügend Leute um sich hat. Hätten wir ihn zu zweit feiern müssen, wäre sicherlich nichts daraus geworden.«

Ein Brief hat mich besonders berührt. Darin schrieb eine Frau, Akademikerin und Direktorin einer florierenden Firma: »Ich denke oft, worüber beklage ich mich nun eigentlich? Er trinkt nicht, er schlägt mich nicht, er ist ein guter Vater, er trägt mich auf Händen. Das Problem ist bloß: Ich kann nicht sagen, dass ich ihn liebe, denn das tue ich nicht. Ich frage mich gelegentlich: Würde Gott, wenn es ihn gäbe, es als eine Sünde betrachten, wenn man mit jemandem zusammenlebt, den man nicht liebt, während man so tut als ob? Man hält einen anderen zum Narren und das ist schon schlimm genug. Aber man hält auch sich selbst zum Narren. Denn ich will mich selbst als ehrlichen, offenen Menschen betrachten können. In meiner Arbeit versuche ich auf alle Fälle, so zu sein.

Aber jeden Tag, an dem ich in der wichtigsten Beziehung, die ich tatsächlich habe, nicht rede, spüre ich, dass meine Aufrichtigkeit nachlässt. Je länger man schweigt, umso schwieriger wird es, zu reden. Auf welche Weise muss ich mich verteidigen, falls ich es jemals schaffe, ihm reinen Wein einzuschenken, wenn er mir vorwirft, dass ich ihn all die Jahre hindurch bewusst getäuscht habe? Dass ich ihm die wichtigste Information vorenthalten habe, worauf man als Mensch ein Recht hat, nämlich zu wissen, ob derjenige, mit dem man lebt, einen (wirklich) liebt oder nicht?«

Aber was mich noch mehr berührte als diese Passage des Briefs, war der darauf folgende Absatz. Da gibt sie, ehrlich bis aufs Blut, sich selbst gegenüber zu, wie sehr sie sich der Werte, die sie durch ihr Verhalten aufs Spiel gesetzt hat, bewusst ist. Oder noch härter ausgedrückt, diese unaufhörlich schändet.

»Wenn ein Arzt mir, nachdem er mich untersucht hat, nicht sagen würde, wie schwer krank ich bin, wäre ich wirklich wütend. Denn er enthielte mir dann etwas Wichtiges, was mich selbst betrifft, vor, das zu wissen ich ein Recht habe, wie schwierig zu hören ich es möglicherweise auch finden würde. Und hier bin ich und tue demjenigen, der mir trotz allem doch am nächsten steht, genau das an, von dem ich absolut nicht will, dass ein anderer es mir antut. Und trotzdem, trotzdem wage ich es nicht. Ich weiß, dass, wenn ich rede, alles kaputtgeht, meine Ehe, meine Familie. Dass alles zusammenbricht, dass es dann keinen Weg zurück gibt. Mein einziger schwacher Trost ist, dass es wahrscheinlich Hunderttausende anderer gibt, die ihre Beziehungen auf ähnliche Art gestalten. Aber, genau wie im Fall von Steuerbetrug, ist dies natürlich keine Entschuldigung.«

Ihre letzte Frage an mich lautete kurz und bündig: »Wie komme ich hier um Gottes willen wieder raus?« Meine Antwort darauf lautet, dass die Frage zu früh gestellt wird. Die Frage, die zuerst beantwortet werden muss, ist: »Wie zum Kuckuck sind Sie da hineingeraten?«

Sehr viele Leute sind, genau wie diese Frau, häufig gleich zu Beginn in einer so genannten Kompromissbeziehung gelandet.[7] Die Basis einer solchen Beziehung ist eine Art Abkommen zwischen Partnern, wobei beide bestimmte Ansprüche und Wünsche (»Winkel des Dreiecks«) im Austausch für das Weiterbestehen ihrer Beziehung aufgegeben haben. Das Abkommen ist häufig unbewusst zustande gekommen. Es wurde nicht offen darüber gesprochen, geschweige denn verhandelt. Im Laufe der Beziehung haben sich beide Partner mehr oder weniger intuitiv auf eine Art des Umgangs eingestellt, die am wenigsten Ärger aufliefert. Über bestimmte Dinge wird nicht (mehr) geredet, bestimmte Gefühle, Gedanken, Wünsche oder Bedürfnisse werden innerhalb der Beziehung nicht offen zur Sprache gebracht. Ein anderer Briefschreiber drückte diesen Aspekt folgendermaßen aus: »Ich habe nach einiger Zeit aufgehört, mit ihr über diese Dinge zu sprechen, denn sie rastete jedes Mal total aus und dann hing häufig tagelang der Haussegen schief.«

Nicht selten wird sogar eine ganze Familie in ein solches Abkommen mit einbezogen, wie sich aus der Fortsetzung desselben Briefs ergab: »Ich sage auch häufig hinter ihrem Rücken zu den Kindern ›Ssstt, fang darüber jetzt nicht Mama gegenüber wieder an, denn dann weißt du ja, dass sie da ...‹ .«

In einer solchen Kompromissbeziehung steht emotionale Kommunikation, im wahrsten Sinne des Wortes, als erstes unter Druck. Viele Erfahrungen und Gedanken, auch sehr wichtige, sind nicht »Gemeingut«. Die Partner werden eigentlich in ihrer Intimsphäre Fremde füreinander und ihre persönliche Entwicklung wird durch die Beziehung eher gebremst als gefördert. Häufig machen sie sich mitschuldig an der Instandhaltung bestimmter unangenehmer oder egozentrischer Eigenschaften des anderen.

Denn die Entwicklung unserer eigenen Persönlichkeit und die unseres Partners/unserer Partnerin ist in hohem Maß von der Information, dem Feedback, das wir einander geben, abhängig, wie unser Verhalten gegenseitig erlebt wird. Das macht uns – zuweilen schmerzlich und demzufolge relevant – bewusst, wer wir sind, und schafft dadurch auch den Anreiz, unser Verhalten möglicherweise zu ändern.

Erhalten wir dieses Feedback nicht oder geben wir selbst dieses Feedback nicht an unseren Partner weiter, dann halten wir bestimmte nachteilige Charakterzüge oder Verhaltensmuster instand oder machen sie sogar schlimmer. Wenn Sie mit dem anderen nicht besprechen, worunter Sie leiden oder was Sie bedrückt, dann treffen Sie selbst die Wahl, dass sich die Situation für Sie beide möglicherweise später verschlechtert. Hier ein Zitat aus einem anderen Brief: »Eigentlich schon seit Beginn unserer Beziehung habe ich es mir abgewöhnt, auf Partys länger als ein paar Minuten mit einem anderen Mann zu reden, denn sonst gab es garantiert Ärger, wenn wir wieder auf dem Weg nach Hause waren. Er kann das nicht ertragen.«

Bei solchen unausgesprochenen Abkommen ist es zumeist so, dass ein Partner in Bezug auf seine persönliche Entwicklung mehr Autonomie aufgibt als der andere: »Er mochte es überhaupt nicht, dass ich abends über meinen Lehrbüchern brütete, also habe ich irgendwann damit aufgehört und einfach irgendwo einen Job angenommen.« Der eine Partner nimmt hier die Aufgabe auf sich, den anderen vor Frustration zu schützen, auch wenn dies auf Kosten seiner eigenen Ideale oder seiner eigenen Entwicklung geht. Dadurch entsteht ein anderes Unbehagen, nämlich das Gefühl, dass »unsere Beziehung besser für dich als für mich ist« (Sternbergs Theorie zufolge: zwei unterschiedliche Dreiecke innerhalb einer Beziehung). Dieses Gefühl ist meist das erste Signal, dass die Beziehung Gefahr läuft, zu scheitern.

Wenn durch eine Beziehung die persönliche Entwicklung eines der Partner stagniert, sei es emotional, sozial oder auf erotisch-sexuellem Gebiet, dann stagniert auch die Beziehung selbst. Sie können sich damit abfinden, Sie können es außerhalb der Beziehung suchen, Sie können die Beziehung beenden oder, was die schwierigste Option von allen ist, Sie können die Beziehung zur Diskussion stellen. Für viele festgefahrene Kompromissbeziehungen heutzutage gilt meiner Erfahrung nach, dass sie nur zu retten sind, wenn sie zu Konsensbeziehungen umstrukturiert werden. Dieses Umstrukturieren ist ein mühsamer, schmerzhafter Kommunikationsprozess, bei dem Sie häufig Gefahr laufen, kurzfristig die Beziehung zu verlieren, um sie langfristig zu bewahren.

Eine Konsensbeziehung weist folgende Eigenschaften auf:

Es ist von einem ständigen Beziehungsdialog die Rede, bei dem alles zur Diskussion gestellt werden kann. Die Tatsache, dass einer der Partner etwas nicht gerne hört oder nicht darüber reden will, ist niemals ein hinreichender Grund, den anderen Partner zu hindern, dies besprechbar zu machen. Die Tatsache, dass einer der Partner darüber reden will, ist Grund genug, ein bestimmtes Thema auf die Tagesordnung zu setzen.

Der »fortlaufende« Charakter des Beziehungsdialogs bedeutet, dass Partner häufig und viel miteinander reden und, mindestens ebenso wichtig, dass sie bestimmte Zeiten oder Momente speziell dafür reservieren. Es bedeutet auch ein Bewusstsein beider Seiten für die Tatsache, dass Austausch und Diskussion mindestens so wichtig für die Beziehung sind wie die Suche nach Lösungsvorschlägen für praktische oder emotionale Probleme. Mit anderen Worten, eine Konsensbeziehung ist mindestens ebenso erfahrungs- wie lösungsorientiert.

Eine Beziehung hat drei Zielsetzungen: die Förderung der Entwicklung der Beziehung an sich, die Förderung der persönlichen Entwicklung des einen Partners und die Entwicklung der persönlichen Entwicklung des anderen Partners. In alle drei Zielsetzungen wird von jedem der Partner intensiv investiert.

Die Regeln, die innerhalb einer Beziehung gelten (Aufteilung der häuslichen Pflichten, Zeitaufwand des Jobs außer Haus, Beziehungen zu anderen Finanzen usw.), werden in gegenseitigem Einvernehmen getroffen und sind nicht »zufällig«. Das Gleiche gilt für Regeln für das Verändern von Regeln. Keiner der beiden Partner beansprucht das Privileg, gemeinsam vereinbarte Regeln selbstständig zu verändern.

Liebe wird innerhalb der Beziehung als emotionaler Gewinn aus Investition in mindestens zwei Winkel des Dreiecks aufgefasst (»commitment« + Intimität) und möglicherweise sogar in drei (»commitment« + Intimität + Leidenschaft). Letzteres, Leidenschaft, braucht absolut nicht mit Sexualität im eingeschränkten Sinn des Wortes identisch zu sein. Sinnlichkeit (regelmäßige Aufmerksamkeit durch körperliche Berührung oder Nähe) und die Investition in das eigene Äußere (Gewicht, Gesundheit, Fitness), um füreinander attraktiv zu bleiben, sind hier mindestens ebenso wichtig.

Schließlich noch dies: Obwohl in jeder Beziehung zwischenzeitlich auch Machtspiele stattfinden, steht in der Konsensbeziehung das Teilen von Macht und nicht das Haben von Macht im Mittelpunkt. Darüber hinaus ist eine der wichtigsten Regeln in Konsensbeziehungen, dass der eine Partner, auf welche Weise auch immer, dem anderen nicht zusteht, dass dieser auf dem Weg der Macht ein bestimmtes Verhalten oder bestimmte Sonderwünsche von ihm erzwingt.

Dass diese Regel den Unterschied zwischen Himmel und Hölle innerhalb einer Beziehung ausmachen kann, illustriert die folgende jahrhundertealte Geschichte.

Ein großer, ziemlich muskulöser Samurai (»Ritter« im Japan der Antike) besuchte eines Tages einen kleinen, zartgliedrigen Mönch. »Mönch«, sagte er mit einer Stimme, die daran gewöhnt war, dass man ihr gehorchte, »unterrichte mich über Himmel und Hölle.« Der Mönch blickte den mächtigen Krieger eine Zeit lang schweigend an und sagte dann mit einer Stimme, in der Verachtung mitschwang: »Ich soll dir erzählen über Himmel und Hölle? Ich werde den Teufel tun, mir von so 'nem Grobian, so 'nem Barbaren, so 'nem Hohn für die Menschheit befehlen zu lassen, meine Energie an ihn zu verschwenden. Mach, dass du verschwindest, Mann!«

Der Samurai wurde wütend, zog sein Schwert aus der Scheide und hob es empor, um dem Mönch den Kopf abzuschlagen.

»Dies«, sagte der Mönch leise, »dies ist die Hölle.«

Der Samurai zögerte. Die Haltung dieses kleinen Mannes, der bereit war, alles zu geben, notfalls sein Leben, um ihm klar zu machen, was Hölle war, brachte den Krieger aus der Fassung. Langsam ließ er sein Schwert wieder sinken und steckte es zurück in die Scheide.

»Und dies«, sagte der Mönch leise, »dies ist der Himmel.«[8]

4

Beziehung versus Familie?

Ich habe im vorherigen Kapitel mehr oder weniger heimlich ein Problem unter den Teppich gekehrt. Beim Beschreiben der Voraussetzungen einer Konsensbeziehung habe ich so getan, als betreffe diese lediglich zwei Menschen, die beiden Partner. Aber das ist natürlich häufig nicht so. In vielen Paarbeziehungen gibt es Kinder und die Beziehungsplanung ist dann meist etwas komplizierter. Es ist sogar nicht ausgeschlossen, dass Sie manchmal mit der Situation konfrontiert werden, zwischen Ihrem Partner und Ihrem Kind wählen zu müssen, und dann wird das Umsetzen von Konsens wirklich eine sehr schwierige Aufgabe.

Stellen Sie sich vor, dass Sie eines Tages vor die folgende Wahl gestellt werden: Ihr Partner und Ihr Kind sind beide als Folge eine Unglücks mehr oder weniger bewusstlos ins Wasser gestürzt. Sie sind in der Lage, einen, aber nur einen von ihnen zu retten. Wen würden Sie retten?

Diese »unmögliche« Frage war eine von zahlreichen schwierigen Fragen, die James Ramey für seine *Erforschung der Psychologie intimer Beziehungen* (Intimate Friendships, 1976), Paaren vorlegte. Viele Leute weigerten sich in erster, häufig auch in zweiter oder späterer Instanz, eine Wahl zu treffen. Wenn sie schließlich doch getroffen wurde, entschieden sich mehr Frauen als Männer für das Kind, auch wenn sie sagten, dass sie »nur eine beliebige Wahl getroffen hatten und mit der Frage absolut nicht einverstanden waren«. Glücklicherweise konfrontiert das Leben uns nicht so oft mit dieser Art physisch unwiderruflicher Wahlmöglichkeiten zwischen zwei Geliebten. Doch in psychologischer und emotionaler Hinsicht muss sehr oft zwischen dem Partner und dem Kind/den Kindern gewählt werden. Die Art, wie die Wahl getroffen wird, sagt viel über den Beziehungstypus, den Partner miteinander teilen.

In traditionellen Mann-Frau-Beziehungen, das heißt Beziehungen, in denen sich die Lebensbereiche und die Rollen von Männern und Frauen deutlich voneinander unterscheiden und getrennt sind, ist es in der Regel so, dass die Frau die Kinder zu ihrem wirklichen »emotionalen« Bezugspunkt macht – und nicht ihren Partner. Seine Rolle ist gewissermaßen vor allem diejenige dessen, der die Familie »erzeugt«, finanziert und entweder regelmäßig oder unregelmäßig »besucht«. Er hat eine andere Beziehung zu den Kindern, als seine Frau sie hat, und er hat auch ein anderes Verhältnis in Bezug auf die Beziehung als sie.

In einer »Wiederholung« von Rameys Studie durch den Soziologen Pepper Schwarz, die 1994 unter dem Titel *Love between Equals: How Peer Marriage really works* (Liebe unter Gleichberechtigten: Wie die Konsensehe wirklich funktioniert) publiziert wurde, wird auf der Grundlage einer Reihe von Interviews mit traditionellen und »progressiveren« Paaren die Schlussfolgerung gezogen, dass eines der typischsten Kennzeichen der traditionellen ehelichen Beziehung noch immer das folgende ist: der immense Unterschied zwischen Mann und Frau bei der Erziehung von Kindern, in der Elternschaft.

Dieser Unterschied kann die Folge einer Vielzahl von Faktoren sein. Einer davon ist möglicherweise, dass die Frau den Mann nicht im selben Maß wie sie selbst als Elternteil, Erzieher und Kompagnon ihrer Kinder agieren lässt. Ein anderer Faktor kann sein, dass der Mann sich ausschließlich diejenigen Aktivitäten innerhalb der Elternschaft herauspickt, die er in seine »Arbeits«-Planung einbauen kann, und den Rest – und das ist meist der weitaus größte Teil der Erziehung – ihr überlässt.

Eine solche, sehr gegensätzliche Rollenaufteilung – sie sorgt für die Kinder, er für das Einkommen – wird leicht, manchmal unterschwellig, eine Brutstätte für Machtkämpfe und mehr oder weniger chronische Wut zwischen Partnern. So wird in vielen traditionellen Beziehungen häufig stillschweigend davon ausgegangen, dass der Mann, weil er das »meiste« Geld nach Hause bringt, auch automatisch ein Vetorecht in Bezug auf die Ausgaben hat. Das bedeutet, dass er, sowohl in ihren Augen als auch in den Augen der Kinder, in der Regel die höchste Autorität innerhalb der Familie ist, und wie wir es auch drehen und wenden, es ist in unserer Gesellschaft nun einmal so, übrigens auch in den meisten anderen Gesellschaften, dass derjenige, der am Geldhahn sitzt, der Boss ist (»Wer bezahlt, bestimmt.«).

Für eine Paarbeziehung hat dies, psychologisch betrachtet, eine sehr entscheidende Konsequenz: Wenn Geld den Status oder die Entscheidungsbefugnis einer Person innerhalb einer Beziehung bestimmt, dann bedeutet dies unvermeidlich Unterminierung der Ebenbürtigkeit und auch, als Folge davon, der Freundschaft zwischen Partnern. Dies ist einer der Gründe, warum man in traditionellen Paarbeziehungen, den Beziehungen, die viele der heute 30-, 40- und 50-Jährigen bei ihren Eltern erlebt haben, so wenig echter Freundschaft zwischen Männern und Frauen begegnet. Dies wird meist auf desillusionierende Weise deutlich, wenn so eine traditionelle Beziehung schief geht und in einer Scheidung endet.

Vor allem sie hat dann oft ein für alle Mal die Nase voll vom Leben mit einem Mann und beschließt, in Zukunft immer einen großen Abstand zwischen sich und allen Männern zu halten. Die traditionelle Beziehung hat als gesellschaftliches Modell so gut wie ausgedient. Die jüngeren Frauen heute sind oft mindestens ebenso gut ausgebildet wie ihre Partner, sie sind häufig in der Lage, ihren eigenen Unterhalt und den ihrer Kinder komplett selbstständig oder zu einem Großteil selbst zu bestreiten und haben neben Plänen und Wünschen in Bezug auf Kinder auch Pläne und Wünsche in Bezug auf ihre eigene Persönlichkeit und berufliche Weiterentwicklung.

Das bedeutet unvermeidlich, dass eine Paarbeziehung ihnen viel mehr Raum bieten muss als bloß für die Gründung einer Familie und Kinder. Die Beziehung muss ihnen ermöglichen, sich sowohl als Mutter als auch als Person und beruflich zu entwickeln. Das ist nur möglich, wenn die Zeit und die Energie, die hierfür notwendig sind, und die Verantwortlichkeiten und Aufgaben, die in diesem Zusammenhang erfüllt werden müssen, zwischen der Frau und ihrem Partner gleichmäßig aufgeteilt werden.

So eine Aufteilung setzt voraus, dass man gut miteinander kommunizieren, verhandeln, Absprachen machen kann und dass man Zusammenstöße oder Konflikte in Bezug auf die jeweiligen persönlichen und sozialen Interessen und Wünsche des anderen auf eine freundschaftliche und vertrauensvolle Weise lösen kann. *So viel innerhalb einer Beziehung zu erreichen gelingt nur, wenn es sich um eine Beziehung zwischen zwei Menschen handelt, die wirklich die besten Freunde sind und sich der Tatsache bewusst sind, dass sie dies auch bleiben müssen. Und gute Freunde bleiben sie nur dann, wenn sie ihrer Beziehung die höchste Priorität einräumen. Priorität noch vor ihrer Arbeit und vor allen anderen Beziehungen, einschließlich der zu ihren Kindern.*

Kinder sind ein Teil ihrer Beziehung, aber ihre Beziehung ist nicht Teil ihrer Kinder. Es gibt demnach einen wichtigen Bestandteil ihrer Beziehung, der sich um ihr Leben mit den Kindern herum abspielt. Ihre gegenseitige Freundschaft bildet den befriedigendsten, wichtigsten Aspekt ihres Lebens. Diese Tatsache im Blick zu behalten ist sowohl für die Entwicklung und Stärke der Beziehung als auch für die Entwicklung von Kindern wichtig. Denn es ist zweifellos so, dass Kindern mit einer starken, glücklichen Beziehung zwischen ihren Eltern am meisten gedient ist.

Wir sahen bereits am Ende des vorigen Kapitels, was die wichtigsten Kennzeichen und Voraussetzungen für eine solche Beziehung sind.

Aus der Studie von Pepper Schwarz geht hervor, dass es noch zwei weitere wichtige Voraussetzungen gibt. Erstens, dass Partner nicht länger in Begriffen denken wie »typische Männer- und typische Frauenaufgaben« oder »das soll man von einem Mann oder das soll man von einer Frau nicht fordern oder verlangen«. Im Prinzip sind alle Aufgaben bzw. Verantwortlichkeiten innerhalb der Beziehung sowohl »Männer- als Frauenaufgaben«. Es gibt ein hohes Maß an Flexibilität in Bezug darauf, wer was macht. Zweitens finden beide Partner es sehr wichtig, dass nicht bloß sie, sondern auch er eine gute, stabile Beziehung zu den Kindern hat und, wo dies zu scheitern droht, beispringt, um die gegenseitigen Unterschiede in der Beziehung zu den Kindern so minimal wie möglich zu halten.

Kinder sind geteilte Liebe und geteilte Verantwortung. Und der Verlust eines Kindes, durch Tod oder andere Ursachen, ist ein geteilter Verlust.

Abschließend: Im Gegensatz zu meiner sonstigen Angewohnheit habe ich bis jetzt dem Begriff »Konsens«-Beziehung keine Aufmerksamkeit gewidmet. Dies möchte ich nun tun. Das Wort »Konsens« hat drei Bedeutungen und alle drei sind von Bedeutung in Bezug auf Beziehungen. Die drei Bedeutungen sind: »Gefühlsharmonie«, »eine ähnliche Weltanschauung« und »Geneigtheit«. In diesem und im vorhergehenden Kapitel sind wir allen drei Kennzeichen einer Konsensbeziehung begegnet. Partner empfinden ihre Beziehung auf identische Weise (»sich überschneidende Dreiecke«), ihre Auffassungen bezüglich der wichtigsten Ziele der Beziehung sind

dieselben und sie tun keine Dinge, die die Beziehung (wesentlich) beeinflussen, ohne Zustimmung oder Einverständnis des Partners.
Das bedeutet absolut nicht, dass beide Partner nicht selbstständig oder unabhängig entscheiden können. Es bedeutet lediglich, dass Konsens besteht.

Robert Sternberg hat genau an diesem Punkt seiner »Dreieckstheorie der Liebe« einen wesentlichen Aspekt hinzugefügt. Sternberg zufolge entspricht eine Beziehung eher eine Konsensbeziehung in dem Maße, wie die inneren Bilder, die jeder der Partner von der Beziehung hat, übereinstimmen. Das beinhaltet mehr als nur die Übereinstimmung des »inneren Dreiecks«. Es ist auch die Übereinstimmung der dazugehörigen Lebensgeschichten.

Liebe ist eine Geschichte

Dienstagabend, etwa neun Uhr, auf einer Terrasse, irgendwo an der südfranzösischen Küste. Ich sitze mit meiner Frau und zwei anderen Paaren an einem der Tische des Abschiedsdiners eines Symposions, an dem wir teilgenommen haben. Die Frau des jüngsten Paares erzählt, wie lange sie ihren Freund schon kennt und dass sie ihn zu Beginn überhaupt nicht mochte. Dies ist der Augenblick, in dem ich meine Chance wittere, doch noch einen psychologisch anregenden Abend zu gestalten. Ich frage sie, ob sie erzählen möchte, wie sie einander kennen gelernt haben. Sie lacht auf eine Weise, die ausdrückt, dass sie durchaus bereit ist, dies zu erzählen, wirft jedoch währenddessen ihrem Freund unschlüssige Blicke zu und sagt dann zu ihm: »Ich weiß nicht, ob du das gut findest, und außerdem hast du in diesem Zusammenhang ganz andere Erinnerungen als ich.«

Noch bevor er antworten kann, mische ich mich ein und sage: »Na, dann erzählen erst Sie Ihre Version der Geschichte und anschließend er …« Es folgt ein leicht verschmitztes Lachen, woraufhin sie provozierend reagiert mit: »Aber dann müsst auch ihr der Reihe nach eure Geschichte erzählen!« Das erfordert einiges Überlegen der anderen beiden Paare. Doch die Vereinbarung kommt zustande. In den darauf folgenden zwei Stunden machen sechs Erzählungen die Runde, denen alle Zuhörer mit großem Interesse folgen. Erstaunlich, denke ich, während ich zuhöre, wie drei Paare, die einander zuvor überhaupt nicht kannten, sich von einem Augenblick auf den anderen sowohl füreinander als auch für sich selbst öffnen. Denn es sind nur zum Teil fertige Geschichten, die erzählt werden.

Regelmäßig muss kurz nachgedacht, eine Äußerung korrigiert oder sogar ein Zusammenhang hergestellt werden, der zuvor nicht gesehen wurde. Noch erstaunlicher finde ich das, was geschieht, wenn beide Partner sich auf dieselbe Art an Ereignisse erinnern und ihnen dieselbe Bedeutung zuschreiben. Dann schauen sie einander mit weit geöffneten Augen an, tauschen ein Lächeln und scheinen sich einander emotional einen Augenblick lang zu berühren. Genau das Entgegengesetzte geschieht, wenn ihre Schilderungen in wichtigen Aspekten voneinander abweichen.

So erzählte einer der Männer, dass der erste Kuss bereits beim ersten Treffen stattgefunden hatte, nachdem er gefragt hatte: »Darf ich dir einen Kuss geben?« Dagegen lautete die Version seiner Frau: »Nein, er sagte am ersten Abend plötzlich verwegen ›Gib mir mal einen Kuss!‹ Zu meiner Überraschung habe ich das auch noch getan.« Man konnte deutlich an seinem Gesichtsausdruck sehen, dass er sich über ihre Enthüllung nicht freute. Als könne es den anderen einen falschen Eindruck von ihm vermitteln. Er rückte kurz mit seinem Stuhl ein Stück von ihr ab.

Derartige Beobachtungen evozieren eine interessante Frage. Nämlich, was sagen die Übereinstimmungen bzw. Unterschiede in den Erzählungen der Partner über die (Entstehungs-)Geschichte ihrer Beziehung, über deren Qualität und deren Zukunft? Robert Sternberg hat dieser Frage einen Teil seiner Arbeit gewidmet. 1998 schrieb er darüber ein Buch mit dem viel sagenden Titel *Love is a story* (Liebe ist eine Geschichte). Sternbergs Theorie ist erstaunlich simpel. Ein Großteil der Weltliteratur, der Groschenromane, der Schauspiele, Filme und Fernsehprogramme besteht aus Liebesgeschichten. So, wie der von Romeo und Julia, Tristan und Isolde, Kaiserin Sissi, Diana und Charles, Camilla und Charles und Alexander und Máxima. Der Grund hierfür ist, dass die Liebe zwischen zwei Menschen immer einen »Plot« hat, sich einem bestimmten Szenario, einem Drehbuch zufolge abspielt.

Menschen, die eine Liebesbeziehung miteinander haben, sind sich häufig des zugrunde liegenden Drehbuchs überhaupt nicht bewusst. Das liegt daran, dass das Drehbuch ihrer Beziehung aus zwei anderen Drehbüchern zusammengestellt ist, und zwar den Auffassungen und Erwartungen, die jeder als Kind für sich über die Liebe entwickelt hat. Wir sehen unsere Eltern, wir schauen Fernsehen und Filme, wir lesen Bücher und Zeitschriften und wir formen daraus unsere Vorstellungen im Hinblick darauf, was wir von einer Liebesbeziehung erwarten und deren Möglichkeiten. Mit diesen inneren Szenarien gehen wir als Jugendliche oder Erwachsene Beziehungen mit anderen ein. Sternberg fand in seiner Studie über Paare heraus, dass es ungefähr fünfundzwanzig Liebesszenarien gibt. Ich nenne einige Beispiele zusammen mit einer dafür typischen Auffassung.

Das »Reise«-Szenario: »Ich glaube, dass der Beginn einer neuen Beziehung so etwas ist wie eine Reise, bei der man einer Menge neuer spannender Dinge begegnet.«

Das »Instandhaltungs«-Szenario: »Ich glaube, dass jede Beziehung, an der nicht ununterbrochen gearbeitet wird, zum Untergang verurteilt ist.«

Das »Prinzessinnen«-Szenario: »Ich glaube, dass es irgendwo auf der Welt eine Person gibt, die vollkommen zu mir passt.«

Das »Aufopferungs«-Szenario: »Ich glaube, dass es ein wesentliches Merkmal echter Liebe ist, wenn man seine eigenen Interessen zugunsten anderer zurückstellt.«

Das »Retter«-Szenario: »Ich genieße Beziehungen, in denen der andere mich braucht, um bestimmte Probleme zu überwinden.«

Das »Humor«-Szenario: »Ich finde, dass eine Beziehung schnell keinen Spaß mehr macht, wenn man sie zu ernst nimmt.«

Das »Sammler«-Szenario: »Ich habe gerne verschiedene Partner; jeder Partner erfüllt ein bestimmtes Bedürfnis.«

Das »Offiziers«-Szenario: »Ich finde, dass es wichtig sein sollte, dass eine Person in einer Beziehung die Verantwortung für alle wichtigen Entscheidungen trägt.«

Das »Kriegs«-Szenario: »Ich finde es wichtig, dass man in einer Beziehung regelmäßig Konflikte miteinander anpackt und austrägt.«

Und zum Schluss, denn auch dieses gibt es, das »Pornographie«-Szenario: »Es ist für mich wichtig, die sexuellen Wünsche und Launen meines Partners zu befriedigen, auch wenn andere das schmierig finden.«

Verschiedene Untersuchungen Sternbergs zeigen, dass Partner umso glücklicher miteinander sind, je mehr ihre Szenarios einander gleichen. Das verdeutlicht beispielsweise das eigenartige Phänomen, dass zwei Partner, die in der Öffentlichkeit ständig streitend miteinander im Clinch liegen (»Kriegs«-Szenario), doch sehr aneinander hängen und glücklich miteinander sein können. Es erklärt auch, warum einige Leute immer wieder in ihren Beziehungen scheitern. Sie entscheiden sich für Partner, mit denen sie ihr eigenes Szenario verwirklichen können, aber in einer Konstellation, in der sie sich im Lauf der Zeit immer mehr voneinander unterscheiden. Ein klassisches Beispiel hierfür ist die Konstellation aus »Offiziers«-Szenario und »Aufopferungs«-Szenario. Ein weiteres Beispiel ist auch die Konstellation »Humor«- und »Prinzessinnen«-Szenario.

Wie können Menschen sich bewusst werden, welches das für sie typische Liebesszenario ist? Sternberg gibt hierzu einige nützliche und meiner Erfahrung nach auch sehr schockierende Ratschläge. Stellen Sie sich zuerst die Frage, sagt er, wie und von wem Sie als Kind lernten, zu lieben. Untersuchen Sie danach, was für Liebeserfahrungen Sie gehabt haben. Stellen Sie sich hierbei auch die Frage, welche Menschen Sie attraktiv fanden und welche ihrer Eigenschaften Sie am anziehendsten fanden. Untersuchen Sie ferner, welche Eigenschaften oder Merkmale bei anderen dazu führten, dass Sie kein Interesse an ihnen hatten oder dieses rasch verloren. Auch die Beantwortung der Frage, welche Menschen mit welchen Eigenschaften sich von Ihnen angezogen fühl(t)en, ist wichtig. Und schließlich stellen Sie sich selbst die Frage, welche Ideale oder Fantasien in Bezug auf Liebesbeziehungen Ihr Herz noch stets begeistern.

Sternberg sagt, dass er nicht daran glaubt, dass Beziehungsprobleme dadurch effektiv zu lösen sind, dass man den Partnern beibringt, ihr Verhalten und ihre Angewohnheiten zu verändern. Beziehungskrisen entstehen seiner Meinung nach beinahe immer aus der Unvereinbarkeit der Szenarien. Er schreibt: Ein Paar, dessen Szenarien nicht zueinander passen, ist vergleichbar mit zwei Schauspielern auf derselben Bühne, jedoch in einem anderen Schauspiel. Äußerlich können sie scheinbar sehr gut zueinander passen. Man kann sie vielleicht sogar lehren, dieselben Gesten zu machen. Doch das Gefühl, dass da etwas nicht stimmt, bleibt. Sie werden nämlich nicht von derselben inneren Gesinnung geleitet. Kurz und gut, wenn Liebe eine Geschichte ist und wenn diese Geschichte zu einem Happy End kommen soll, dann gibt es nur ein Rezept: die Drehbücher vergleichen.

5

Beziehungsregeln für Paare

Lassen Sie mich an diesem Punkt einmal versuchen, alles, was wir in den vorangegangenen Kapiteln über Paarbeziehungen erörtert haben, in den wichtigsten Beziehungsregeln für Paare zusammenzufassen. Mit dem Vermerk, dass ich mich dabei vor allem auf die Regeln konzentriere, die zum Aufbau und zur Pflege von Konsensbeziehungen beitragen. Das bringt bereits vorab ein gewisses Problem ins Spiel. Denn Sie können nicht so einfach mit diesem Buch in der Hand Ihrem Partner zu Leibe rücken und sagen: »Hör mal zu, du hältst dich nicht an diese oder jene Regel.« Bevor Sie einander daraufhin ansprechen können, müssen Sie erst gemeinsam Konsens, Übereinstimmung, in Bezug auf die Regeln erreichen.

Betrachten Sie deswegen die folgende Aufzählung auch vor allem als eine eigenständige Vorlage, eine Liste mit Gesprächsthemen für Ihre Beziehung. Vielleicht sieht es auf den ersten Blick nicht so aus, doch die Erfahrung hat uns gelehrt, dass sie sich für sehr viele Beziehungen als wertvolle Arbeitsgrundlage erwiesen hat.

Die folgenden Regeln sind außer den vorangegangenen Kapiteln und meinen eigenen Erfahrungen als Psychotherapeut auch diversen Studien über Paare entlehnt, hauptsächlich von Psychologen aus Oxford[9] und aus Seattle[10].

Beziehungsregeln für Paare:

* Sorgen Sie dafür, dass der durchschnittliche Zeitaufwand pro Woche, den Sie innerhalb Ihrer Beziehung für Gespräche aufwenden, für Sie selbst und Ihren Partner in angemessenem Verhältnis zu dem Zeitaufwand steht, den Sie für Ihre Arbeit und andere Aktivitäten außerhalb der Beziehung aufwenden.
* Sorgen Sie dafür, dass Sie gemeinsam mit Ihrem Partner bestimmte gemeinschaftliche Interessen entwickeln, handele es sich nun um Religion, ehrenamtliche Arbeit, Politik, Sport oder was auch immer, solange es bloß etwas ist, was nichts mit Haushalt, Familie oder dem täglichen Schlamassel zu tun hat.
* Reservieren Sie regelmäßig Zeit für sinnlichen, erotischen oder sexuellen Kontakt miteinander (sorgen Sie dafür, dass dieser nicht immer das Schlusslicht bei der Planung ist).
* Sprechen Sie regelmäßig über den Sinn Ihrer Beziehung und achten Sie auf die Unterschiede.
* Sprechen Sie mit Ihrem Partner über persönliche Probleme und Gefühle (unter anderem über körperliche Beschwerden, die Sie haben, und über Dinge, die Ihnen Sorgen bereiten).
* Stützen Sie einander emotional.
* Reden Sie mit Ihrem Partner über Sex, Tod, Religion und Politik.
* Fragen Sie Ihren Partner um Rat.
* Zeigen Sie Ihrem Partner, wenn Sie ängstlich oder überreizt sind.
* Berühren Sie Ihren Partner bewusst.
* Schauen Sie Ihren Partner während eines Gesprächs an.
* Sprechen Sie über (Ihre eigenen) finanzielle(n) Angelegenheiten.

* Informieren Sie Ihren Partner über Dinge, die Sie vorhaben.
* Hüten Sie die Geheimnisse und vertraulichen Angelegenheiten des anderen.
* Kritisieren Sie einander regelmäßig, doch deuten Sie dabei immer auch an, auf welche Weise Ihr Partner auf diese Kritik reagieren kann (»Es passt mir oft nicht, wenn du ... Aber es würde schon helfen, wenn du ...«).
* Führen Sie, wenn Sie Streit haben, nicht den Vater oder die Mutter Ihres Partners/Ihrer Partnerin an, »der (die) es auch nie lassen konnte ...«.
* Kritisieren Sie einander nicht in der Öffentlichkeit.
* Sprechen Sie Ihren Partner/Ihre Partnerin mit dem Vornamen an (also nicht mit »Mutter« oder »Vater«).
* Scherzen und juxen Sie mit Ihrem Partner (necken Sie einander).
* Seien Sie tolerant (und höflich) den Freunden des anderen gegenüber.
* Respektieren Sie das Recht auf eine Intimsphäre (= Freiheit) Ihres Partners.
* Seien Sie treu, halten Sie sich an Versprechen und erklären Sie es, wenn Sie das nicht können oder nicht (mehr) wollen.
* Kreieren Sie eine häusliche Atmosphäre.
* Denken Sie an Geburtstage/Hochzeitstage und kaufen Sie Geschenke zu solchen Tagen (oder tun Sie etwas anderes, was zeigt, dass diese eine besondere Bedeutung haben). Denken Sie auch an besondere Tage (wie den Sterbetag der Eltern, des Bruders, der Schwester Ihres Partners) und lassen Sie Ihren Partner wissen, dass Sie daran gedacht haben.
* Lassen Sie Ihren Partner an Ihren Erfolgen, den Dingen, die gut gegangen sind, teilhaben.

* Lassen Sie Ihren Partner an Misserfolgen, den Dingen, die nicht gut gegangen sind oder die schief zu gehen drohen, teilhaben.
* Bitten Sie Ihren Partner bei praktischen Arbeiten um Hilfe.
* Bezahlen Sie Schulden an Ihren Partner zurück, sorgen Sie dafür, Gunstbeweise und Komplimente zu erwidern.
* Verteidigen Sie Ihren Partner/Ihre Partnerin während seiner/Ihrer Abwesenheit.
* Zeigen Sie Zuneigung Ihrem Partner gegenüber, auch im Beisein anderer.
* Nehmen Sie sich Zeit, um Ihren Körper gesund und fit zu erhalten, unter anderem, weil Sie für Ihren Partner äußerlich anziehend bleiben wollen, aber vor allem auch, weil Sie so lange und so gesund wie möglich miteinander leben wollen.
* Zwingen Sie Ihren Partner/Ihre Partnerin niemals, sich zwischen Ihnen und Ihren (oder seinen bzw. Ihren) Kindern zu entscheiden.
* Machen Sie Ihrem Partner klar, dass Sie Gerechtigkeit, Wohltätigkeit, Würde und Freiheit als Grundwerte Ihrer Beziehung betrachten und anstreben.
* Seien Sie bereit, zu akzeptieren und zu artikulieren, dass bestimmte Probleme in Ihrer Beziehung nicht lösbar sind.

Und zum Schluss: Gehen Sie gelegentlich allein und dann wieder gemeinsam mit Ihrem Partner die Beziehung auf Basis dieser Regeln durch. Bereits die Tatsache, dass man regelmäßig an die Regeln denkt und darüber spricht, hilft einem, sie zu befolgen. Wie so viele andere menschliche Aktivitäten, beispielsweise Politik oder Sport, ist auch eine Beziehung ein Spiel. Und genau wie bei jedem anderen Spiel gilt auch für eine Beziehung, dass sie nur dann angenehm und von Dauer ist, wenn die Spieler sich zumindest ein wenig an die Regeln halten.

Ich kann mir übrigens vorstellen, dass Sie nach dem Lesen all dieser Beziehungsregeln für Paare denken: »Das ist aber eine Menge!« Und das stimmt, es ist eine sehr ausführliche Liste. Doch lassen Sie mich einen Vergleich ziehen, um deutlich zu machen, dass es wichtig ist, dass es eine sehr ausführliche Liste ist. Wenn Sie Ihr Auto zu einer Inspektion in die Werkstatt bringen, dann hoffen Sie, dass die Monteure dort alle Checkpunkte genauestens überprüfen. Und wenn die Monteure dies tun, dann haben sie viel zu tun. Frage: Was finden Sie in Ihrem Leben am wichtigsten: Ihre Beziehung oder Ihr Fahrzeug? Wenn die ehrlich gemeinte Antwort »meine Beziehung« lautet, dann wird die Antwort auf die folgende Frage ebenfalls deutlich sein müssen: In welches von beiden, Ihre Beziehung oder Ihr Fahrzeug, wollen Sie am meisten investieren?

Lassen Sie mich noch kurz bei dem Vergleich einer Beziehung mit einem Auto verweilen. Wenn Sie Ihr Auto nicht gut warten, dann kann es doch noch eine ganze Zeit lang gut funktionieren. Bis eines Tages die Verhältnisse heikler werden, beispielsweise durch einen plötzlichen Wintereinfall, und das Auto auf einmal zu stottern beginnt oder überhaupt nicht mehr startet. Meist haben Sie das absolut nicht erwartet, denn es funktionierte bis dahin immer gut, ließ Sie niemals im Stich. So geht es häufig auch mit einer Beziehung. Sie können sie lange vernachlässigen, ohne viel davon zu spüren oder ohne dass es Konsequenzen zu haben scheint. Bis eines Tages etwas zu rattern beginnt oder, noch schlimmer, einfach nicht mehr funktioniert.

Vielleicht befindet sich Ihre Beziehung bereits an diesem gefährlichen Punkt. Lassen Sie uns, wenn Sie einverstanden sind, darüber reden. Das ist selten angenehm, häufig schmerzhaft, aber deswegen sehr wichtig.

6

Beziehung: Instandhaltung und Pflege

Wie groß, glauben Sie, ist die Chance, dass die Paarbeziehung, die Sie jetzt haben, scheitert? Und wie groß ist die Chance, dass, wenn dies zu geschehen droht, die Beziehung, eventuell mithilfe anderer, Freunde, eines Psychologen, wieder in Gang kommen kann? Ich bin mir ziemlich sicher, dass Sie es vorziehen, derlei Fragen nicht täglich zu stellen. Doch gibt es ziemlich viele Gründe, warum es sinnvoll ist, sich damit zu beschäftigen, zumindest einige Male im Jahr, beispielsweise um Ihren Hochzeitstag herum oder das Datum, an dem Sie begannen zusammenzuleben. Für Beziehungen gilt dasselbe, was auch für zahlreiche andere Prozesse gilt: Wenn sie sich nicht entwickeln, stagnieren sie, und wenn sie stagnieren, laufen sie fest, scheitern sie.

Psychologen haben sich mit der Frage beschäftigt, ob es möglich ist, vorherzusagen, welche Beziehungen über einen längeren Zeitraum, fünf Jahre oder mehr, zerbrechen und welche nicht. Sie haben unter anderem darauf geachtet, wie Partner in stabilen, glücklichen Beziehungen miteinander umgehen, und dies mit den Verhaltensmustern von Partnern in instabilen, unglücklichen Beziehungen verglichen. Dabei sind sie besonders auf die Punkte gestoßen, die wir im vorangegangenen Kapitel als Beziehungsregeln für Paare formuliert haben. Anschließend haben sie untersucht, was geschieht, wenn Partner, die in instabilen, unglücklichen Beziehungen leben, den

Regeln mehr Beachtung schenken. Es zeigt sich, dass die Qualität und die Überlebenschancen dieser Beziehungen dann zunehmen. Zumindest bei einem beträchtlichen Teil.

Aber nicht alle Beziehungen überleben dadurch oder werden dadurch glücklicher. So kann man bei einigen Beziehungen von einem Problem bei der Partnerwahl ab dem allerersten Augenblick sprechen. Das bedeutet, brutal ausgedrückt, dass die Partner aufgrund ihrer Persönlichkeit so unterschiedlich sind, dass die Beziehung nie harmonisch werden wird. Es gibt Männer und Frauen, die chronisch untreu sind und dies auch bleiben, während ihr Partner nicht anders kann, als eine exklusive Beziehung zu führen. Wird die Beziehung dennoch fortgesetzt, ist auf alle Fälle einer sehr oft unglücklich. Es sei denn, die Person entscheidet sich, die Vorstellung einer exklusiven Beziehung mit dem anderen aufzugeben und, die Beziehung aufrecht erhaltend, die Situation zu akzeptieren, oder sie beschließt, selbst mit einer dritten und exklusiv erotischen Beziehung auf der Grundlage von »living apart together« zu beginnen.

Aber dieses Letzte ist und bleibt in den meisten Fällen ein Provisorium. Wenn es halbwegs möglich ist, ist eine Beendigung der Beziehung zumeist das kleinere Übel. Es sei denn, der chronisch untreue Partner ist bereit, sich behandeln zu lassen, obwohl auch dies nicht immer Aussicht auf Erfolg bietet.

Es gibt auch Partner, meist Männer, die strukturell nicht in der Lage sind, empathisch zu reagieren. Sie können sich nicht oder kaum in die Gefühle anderer hineinversetzen, haben diesbezüglich auch kein Interesse und werden dies in den meisten Fällen auch in Zukunft nicht haben. Emotionale Intimität, eine der Stützen für eine liebevolle Paarbeziehung, ist mit einem solchen Partner nahezu ausgeschlossen. Wenn der andere Partner sich dennoch danach sehnt, bleibt dies innerhalb der Beziehung meist ein für immer unerfüllter Wunsch und es sitzt wiederum nur einer am längeren Hebel. Entweder wird dann die

Sehnsucht außerhalb der Beziehung mit einer dritten Person befriedigt oder die Beziehung zerbricht. Übrigens ist bei mangelhaftem Einfühlungsvermögen in der Hälfte der Fälle mithilfe psychologischer Behandlung durch Empathietraining noch eine Menge zu verbessern.

Zumindest, wenn bei dem betreffenden Partner nicht auch noch von chronischer Untreue die Rede ist, denn dann haben wir es meist mit jemandem zu tun, den man früher als psychopathische und gegenwärtig häufig als dissoziale Persönlichkeit bezeichnet(e).[11] Derartige Persönlichkeiten sind beinahe per definitionem für eine dauerhafte Paarbeziehung ungeeignet.

Wenn von einem Problem bei der Partnerwahl keine Rede ist, dann scheitern Beziehungen meist aus einem der folgenden Gründe. Über den ersten haben wir bereits gesprochen, er lautet: Vernachlässigung. Der zweite Grund – und der kommt häufiger bei Männern vor, ist jedoch auch bei Frauen keine Ausnahme – ist das Bedürfnis nach Erneuerung. Einer der beiden Partner will einfach etwas anderes, etwas Neues und meist auch etwas Jüngeres. Die Luft ist sozusagen aus der Beziehung raus.

Die beiden Gründe, Vernachlässigung und Erneuerung, hängen übrigens häufig miteinander zusammen. Das Bedürfnis nach Erneuerung tritt eher in einer Beziehung auf, in der wesentliche Aspekte oder Regeln vernachlässigt werden. Vernachlässigen heißt, dass die Regeln früher befolgt wurden, im Verlauf der Jahre ist es jedoch damit bergab gegangen oder die Regeln waren nie strukturierend für die Beziehung.

Vernachlässigen bedeutet auch, dass die vier essenziellen Beziehungswerte, über die wir bereits sprachen – Gerechtigkeit, Wohltätigkeit, Würde und Freiheit –, in zu geringem Maße beachtet wurden, nicht gut unterhalten wurden. Zwischen diesem Unterhalt und der Bereitschaft oder der Fähigkeit zur Empathie gibt es einen wesentlichen Zusammenhang.

Empathie

Machen Sie einmal folgendes Experiment: Betrachten Sie Ihren Partner oder Ihre Partnerin aufmerksam, während er oder sie ganz in einer Sache aufgeht und nicht mitbekommt, dass Sie ihn oder sie beobachten. Und stellen Sie sich dann die folgende Frage: Wie gut erfühle ich im normalen Leben, was in diesem Kopf, in diesem Körper, was in ihm bzw. ihr vorgeht? Wahrscheinlich können Sie auf diese Frage keine klare Antwort geben. Warum nicht? Die Antwort finden Sie rasch dadurch, dass Sie sich selbst die folgende Frage stellen: Wie oft frage ich ihn oder sie: »Was beschäftigt dich gerade?« Ich bin kein Gedankenleser, doch die Chance, dass Sie antworten müssen: »Selten oder nie«, ist groß.

Seltsam eigentlich. Sie leben Tag für Tag mit jemandem, seit Gott weiß wie vielen Jahren schon, und auf eine der elementarsten Fragen – die Frage danach, was Ihren Partner für gewöhnlich beschäftigt und wie er oder sie sich mit dem, was Sie tun und lassen, fühlt, – können Sie keine klare Antwort geben. Wenn dies bereits für Lebenspartner gilt, so gilt es sicherlich für den Umgang zwischen Eltern und Kindern, Brüdern und Schwestern und zwischen anderen Familienangehörigen.

Wenn Sie gemeinsam mit Ihrem Partner und Ihren Kindern bei Ihren (Schwieger-)Eltern zu Besuch sind und Ihre Schwäger oder Schwägerinnen mit ihren Angehörigen sind ebenfalls dort, haben Sie dann irgendeine Vorstellung, wie diese sich während des Besuchs fühlen? Ob sie es nett finden oder es mehr als eine lästige Aufgabe betrachten? Und haben Sie eine klare Vorstellung dahingehend, wie sie Sie wahrnehmen? Finden sie es wirklich nett, Sie zu sehen, oder sind Sie für sie ein Familienrelikt, um das man gelegentlich nicht umhinkann? Haben Sie eine Vorstellung davon, was sich in den Köpfen Ihrer (Schwieger-)Eltern abspielt? Finden sie das Treffen wirklich nett? Oder ist es für sie mehr etwas, worum sie als Großeltern nun einmal nicht herumkommen, weil die Enkel es so toll finden? Kurz und gut, was wissen Sie eigentlich darüber, wie Leute aus Ihrem direkten Umfeld, Leute, die Sie sozusagen schon ein Leben lang »kennen«, das Leben, sich selbst und Sie erleben?

In meinem Behandlungszimmer sitzt mir ein Paar gegenüber. Sie berichtet, dass sie bestimmte Dinge ihm gegenüber nicht erwähnt, weil sie Angst hat, dass er dann wütend wird oder sich schuldig fühlt und dann in eine depressive Stimmung verfällt. Er sagt, dass er von der Tatsache, dass sie häufig nicht deutlich mitteilt, was sie will, die Nase voll hat. Ich sage, dass sie sich anscheinend in der Beziehung zu ihm unsicher fühlt. Sie denkt nach und sagt dann: »Ja, das stimmt, ich fühle mich unsicher.« Er reagiert darauf mit: »Aber warum bloß, ich tu dir doch nichts!«

Ich greife ein und bitte sie, einen Augenblick bei dem, was jetzt zwischen ihnen geschieht, zu verweilen. Ich erkläre, dass sie zeigt, dass sie sich in der Beziehung unsicher fühlt und dies zum Ausdruck bringt und dass er signalisiert, ihr Gefühl nicht zu begreifen, weil er dafür keinen Grund sieht. Doch sie hat dieses Gefühl, und demnach gibt es einen Grund oder mehrere Gründe, warum sie es hat. Die Frage lautet also, lege ich ihm aus, ob er die Gründe kennen lernen möchte, warum sich die Beziehung aus ihrer Perspektive unsicher anfühlt. Er antwortet, dass er das gerne möchte. Darauf sage ich zu ihm: »In Ordnung, dann finden Sie's heraus.«

Verständnislos schaut er mich an und fragt: »Wie soll ich das herausfinden?«

»Nun«, antworte ich, »Sie sagen, dass Sie ihre Gründe, warum sie sich in der Beziehung zu Ihnen unsicher fühlt, kennen lernen möchten, also ...?«

Er schaut mich noch immer forschend an und sagt: »Warum ...? Muss ich es sie dann fragen ...?«

»Das müssen Sie nicht«, erwidere ich. »Die Frage ist, ob Sie das wollen, sie fragen.«

Er seufzt einmal tief, sehr tief, stellt dann aber doch die Frage.

Als sie kurze Zeit später ihren Standpunkt auseinander gesetzt hat, beginnt er sofort, sich zu verteidigen: »Aber weißt du ... das brauchst du überhaupt nicht, das siehst du falsch.«

Ich unterbreche ihn und frage ihn, ob er sie verstanden hat. Er reagiert mit: »Selbstverständlich.« Ich sage darauf: »In Ordnung, wollen Sie jetzt, bevor Sie sich verteidigen, erst in Ihren eigenen Worten zusammenfassen, was sie gesagt hat, und sie dann fragen, ob das ungefähr dem entspricht, was sie gemeint hat?«

Es kostet ihn viel Mühe, das, was sie gesagt hat, adäquat in Worte zu fassen, und sie muss ihm dabei helfen. Als er so weit ist und sie bestätigt: »Ja, so ist es etwa, so sieht es in mir aus«, versinkt er in Nachdenken. Dann sagt er schließlich: »Ich war mir eigentlich nie bewusst, dass diese Dinge (bestimmte Ausbrüche seinerseits, seine depressiven Stimmungen und die Tatsache, dass er ein- oder zweimal weggelaufen war) einen so großen Eindruck bei dir hinterlassen haben und dass sie noch immer eine so große Rolle für dich spielen.«

Was für die Beziehung dieser beiden Leute gilt, gilt für die Beziehungen sehr vieler Menschen: Partner, Eltern und Kinder, Familienangehörige. Wir alle tragen eine unsichtbare Last, stecken bis obenhin voll mit negativen Gefühlen und Gedanken und schmerzlichen, erschütternden Erfahrungen. Abhängig vom Ausmaß und Gewicht dieser »Last« fühlen wir uns bei Begegnungen mit anderen Menschen mehr oder weniger »bedrückt«.

Meist können wir dem Druck eine Zeit lang gut standhalten. Indem wir ihn ignorieren, uns ablenken oder die Zähne zusammenbeißen. Haben wir die anderen jedoch zu lange oder zu oft am Hals, dann spüren wir den Druck deutlicher, beginnt er, uns zu irritieren, und die Wahrscheinlichkeit, dass Verstimmungen und Unannehmlichkeiten auftreten, nimmt zu. Wir befinden uns dann alle mehr oder weniger im selben Dilemma: Müssen wir in einem solchen Fall die Last abwerfen und in die Offensive gehen? Oder hat es keinen Sinn, dies zu tun, und Sie gestalten die Beziehung dadurch bloß noch schwieriger? Das ist denkbar, zumindest kurzfristig. Und häufig auch notwendig. Oft müssen Situationen erst schlechter werden, bevor Besserung eintritt.

Es gibt unterschiedliche Arten, Lasten abzuwerfen, und oft erweist es sich als sinnvoll, schrittweise vorzugehen. Es hat sich gezeigt, dass ein wichtiger erster Schritt – allerdings ist der Erfolg nicht immer garantiert – folgender ist: Schreiben Sie einen Brief an den anderen. Nicht unbedingt, um ihn dem anderen zu geben oder ihn an ihn zu schicken, das ist später immer noch möglich. Tun Sie es in erster Linie, um für sich persönlich Klarheit darüber zu gewinnen, was Sie alles zu tragen haben. Teilen Sie den Brief in drei Kapitel ein. Im ersten schreiben Sie alles auf, was Sie in der Vergangenheit haben einstecken müssen und was Sie jetzt noch einstecken müssen und worunter Sie leiden. Erklären Sie, worunter Sie leiden und dass Sie das dem anderen zurückschicken. Im zweiten Kapitel schreiben Sie auf, was Sie alles vom anderen bekommen haben und noch bekommen und was für Sie in Ordnung ist. Was Sie gerne bewahren möchten. Im dritten Kapitel schreiben Sie, auf dem Hintergrund der ersten beiden, welchen Platz Sie dem anderen in Zukunft in Ihrem Leben einräumen wollen, und ebenfalls, welche Grenzen Sie ziehen und auf welche Weise Sie diese überwachen werden.

Schließen Sie mit der Bitte, die Grenzen zu respektieren, und fordern Sie ihn auf, seine Kapitel in Bezug auf Sie neben Ihre zu legen. Meist müssen Sie ein paar Anläufe nehmen, bevor der Brief genau wiedergibt, was Sie empfinden, denken und wollen. Wenn Sie schließlich eine Fassung haben, die das alles ausdrückt, lassen Sie dem anderen dann den Inhalt zukommen. Dies kann auf unterschiedliche Weise geschehen: in einem Gespräch, per Post oder per E-Mail. Oder erst per Post oder E-Mail und anschließend in einem Gespräch. Glauben Sie es oder glauben Sie es nicht, aber Sie machen dem anderen damit das wertvollste Geschenk, das Sie geben können: Authentizität.

Authentizität ist: Aufhören, Dinge vorzutäuschen, und dem anderen klar machen, dass die Beziehung für Sie so wichtig ist, dass Sie darin so wenig Missverständnisse wie möglich weiterbestehen lassen wollen. Wer einem Partner ein aufrichtiges, authentisches »Feedback« gibt, der, das Wort sagt es bereits, nährt die Beziehung zumeist.

Doch die Ehrlichkeit gebietet mir zu sagen, dass selbst in einer Beziehung, die gut unterhalten wird, trotzdem einer der Partner bisweilen versucht, sein Glück woanders zu finden. Das braucht nicht immer zu einer Katastrophe zu führen oder das Ende der Beziehung zu bedeuten, aber es erfordert sicherlich die nötige Weisheit, damit umzugehen.

Ehebruch-Weisheit

Der Name Robert Sternbergs wurde in diesem Buch häufig genannt und so auch jetzt wieder. Denn außer mit der Liebe hat sich dieser geniale Psychologe auch mit Weisheit beschäftigt, vor allem mit der Frage, was Weisheit genau ist, und vor allem, wie man sie in Beziehungen praktizieren kann. Und wenn dies irgendwo von Nutzen ist, dann sicherlich im Fall von Ehebruch. In sein Buch *Wisdom: Its Nature, Origin and Development*, das Sternberg 1990 zusammen mit einigen anderen Psychologen schrieb, hat er einen ausgesprochen interessanten Beitrag von zwei Frauen aufgenommen: Karen Kitchener und Helene Brenner.

Ihnen zufolge besitzt Weisheit vier Aspekte. Zum ersten bedeutet Weisheit, zu erkennen, dass es im Leben jedes Erwachsenen unvermeidlich schwierige und schmerzhafte Probleme gibt, für die keine fertigen Lösungen vorliegen. Ein Beispiel: Sollen Sie nun bei einem Partner bleiben, der sagt, dass er Sie noch immer liebt, der jedoch ohne Ihr Wissen eine Zeit lang eine Liebesbeziehung mit jemand anderem unterhielt, die Sie zufällig entdeckten? Weisheit bedeutet, einzusehen, dass so eine Situation sich auch in Ihrem Leben ereignen kann. Dummheit bedeutet, sich auf den Standpunkt zu stellen: So etwas kommt in unserer Familie nicht vor. Weisheit bedeutet, erkennen, dass es für so ein Problem keine Standardantwort gibt.

Dummheit bedeutet, eine Standardantwort zu geben: Wenn so etwas passiert ist, kann man ihm oder ihr nie wieder vertrauen, also am besten gleich abschreiben.

Zweitens erfordert Weisheit, Kitchener und Brenner zufolge, die Bereitschaft, nach Weisheit zu streben und Kompetenz im Hinblick auf wichtige Lebensfragen zu erwerben. Bleiben wir beim Beispiel Ehebruch. Weisheit bedeutet, dass man wissen will, wie andere Paare, die mit einer solchen Situation konfrontiert werden, diese meistern. Man will die Gründe dafür kennen, die dazu führen, dass eine Beziehung im einen Fall Ehebruch überlebt, im anderen Fall nicht. Aber Weisheit bedeutet auch, dass man die Kompetenz besitzt, das beschädigte Vertrauen zu verarbeiten und sich aktiv dafür einzusetzen, dass es wieder wachsen kann. Oder es bedeutet zumindest, den Wunsch zu haben, eine solche Kompetenz zu erwerben.

Dumm zu sein bedeutet: »Es interessiert mich nicht, ob andere Paare das überwunden haben und wie sie es geschafft haben. Das brauche ich nicht zu wissen, darüber will ich nichts lesen und dafür gehe ich sicherlich nicht zu einem Therapeuten. Für mich kommt so etwas nicht in die Tüte, Punktum.«

Das dritte Kennzeichen von Weisheit ist, einzusehen, dass menschliches Wissen, und demzufolge auch Ihr eigenes Wissen, beschränkt ist. In Sternbergs Worten: Weise Menschen wissen, was sie wissen, wissen, was sie nicht wissen, wissen, was sie wissen können eingedenk der Begrenztheit der vorhandenen Einsichten und Kenntnisse und wissen, was sie nicht wissen können, eingedenk ihrer eigenen Begrenztheiten.

Bleiben wir noch eine Weile beim Thema Ehebruch. Weisheit bedeutet einzusehen, dass Ihr Wissen in Bezug auf die Chancen einer Beziehung, in der Untreue stattgefunden hat, beschränkt ist. Natürlich werden Sie Paare kennen, bei denen es, auch nachdem sie es danach noch eine Zeit lang miteinander probiert haben, doch wieder schief gegangen ist, weil der »ehebrecherische Partner« wieder fremdgegangen ist. Aber Sie sind sich dessen bewusst, dass Sie nicht wissen, was außerdem innerhalb der Beziehung eine Rolle spielte, und Sie demnach auch nicht wissen, ob die Beziehung überhaupt mit der Ihren vergleichbar ist. Darüber hinaus wird es auch Paare geben, bei denen die Beziehung anschließend doch gut und vielleicht sogar besser als zuvor gelaufen ist. Aber auch in diesem Fall sind Sie sich dessen bewusst, dass Sie nicht genau wissen, inwieweit diese mit Ihrer eigenen Situation zu vergleichen ist. Und Sie erkennen, dass Sie niemals wissen werden, was in Ihrer speziellen Situation möglich ist, wenn Sie es nicht versuchen.

Dumm zu sein bedeutet, dass man den Standpunkt einnimmt, dass niemand einem etwas weismachen kann, dass man genau weiß, was man mit seinem Partner noch teilen kann und was nicht. Es bedeutet auch, dass Sie wissen, ob Ihre Beziehung mit der eines anderen vergleichbar ist oder nicht. Es bedeutet außerdem, dass Sie Ihrem Partner nichts zu erzählen brauchen. Denn Sie wissen genau, warum er oder sie »es« getan hat. Das vierte und letzte Kennzeichen von Weisheit, das Kitchener und Brenner nennen, ist die Fähigkeit, sich ein gesundes Urteil zu bilden und Entscheidungen in Bezug auf Lebensprobleme im vollen Bewusstsein der bestehenden Unsicherheiten zu treffen. Im Fall von Ehebruch bedeutet das: Ich erkenne, dass, wenn ich diese Beziehung fortsetze, ich vorläufig keine andere Garantie habe als die Zusage meines Partners, dass er bzw. sie versuchen will, in Zukunft treu zu bleiben, aber jetzt nichts garantieren kann. Das ist ein Risiko, das ich bewusst eingehe. Dumm zu sein bedeutet, dass man Schluss macht, wenn man vom anderen nicht die absolute Sicherheit erhält, dass er nie wieder fremdgehen wird. Und zu glauben, wenn er sagt, dass er diese nicht geben kann, er habe sicherlich schon wieder einen anderen Partner im Auge.

Kurz und gut, echte Weisheit innerhalb von Beziehungen erfordert Wirklichkeitssinn, Mut, die Fähigkeit, nicht unnötig schroff zu sein, und sie erfordert einen klaren Blick für die Unwägbarkeiten im Verhalten des anderen.

7

Die Kunst, loszulassen

Aus all dem, was bisher gesagt wurde, könnten Sie leicht den Eindruck gewinnen, dass Weisheit im Falle eines Ehebruchs vor allem vom »betrogenen« Partner ausgehen muss. Es scheint, als werde derjenige, der Opfer ist, auch noch mit der Aufgabe belastet, das Problem lösen zu müssen. Das ist natürlich nicht meine Absicht und es würde, abgesehen davon, dass es ungerecht ist, auch nicht sehr viel weiterführen. Ebenso wie Liebe muss auch Weisheit von beiden Seiten kommen.

Eine wesentliche Ursache von Dummheit und demzufolge von Kummer und Schmerz in vielen Beziehungen ist, dass einer der Partner sich nicht entscheiden kann. Oder genauer ausgedrückt, dass er bzw. sie den damit einhergehenden Schmerz bzw. die Frustration so lange wie möglich vermeiden will. Die simple Wahrheit lautet, dass, entscheidet man sich für eine Beziehung zu einem Menschen, dies nahezu immer bedeutet, dass man sich gegen die Beziehung zu einem anderen entscheidet. Für die meisten Leute gilt, dass sie in ihren Entscheidungen frei sind. Wählen bedeutet sowohl nehmen als auch loslassen. Nehmen ist keine solche Kunst, loslassen umso mehr.

»Eine der frustrierendsten Erfahrungen in diesem Leben ist, dass, wie auch immer wir uns entscheiden, der Verlust immer impliziert ist. Wenn wir uns für eine Liebesbeziehung entscheiden, bedeutet dies beinahe immer, dass wir alle anderen potenziell möglichen Liebesbeziehungen loslassen müssen.«

Einer meiner besten Freunde, gut 15 Jahre verheiratet, verliebte sich eines Tages bis über beide Ohren in eine andere Frau. Natürlich eine Frau, die bedeutend jünger war als seine Ehefrau. Und natürlich eine Frau, die mehr oder weniger verfügbar war, denn ihre eigene Ehe war bereits im Begriff zu scheitern.

Das Szenario der Fortsetzung ist bekannt. Es entwickelte sich eine geheime Beziehung, in der Arbeit und Dienstreisen den Vorwand für Treffen bildeten, wofür wiederum die notwendigen Lügen konstruiert werden mussten, um nicht erwischt zu werden. Aber das Unvermeidliche geschah doch, diesmal wegen eines Liebesbriefs, der aus der Innentasche eines Anzugs, der zur Reinigung musste, zum Vorschein kam. Die Spannung erreichte sofort ihren Siedepunkt. Da seine Frau schlagartig erkannte, dass ihr Bild der Beziehung in den vergangenen sechs Monaten absolut nicht mit der Vorstellung, die er von der Beziehung hatte, übereinstimmte, wollte sie alle Details seiner außerehelichen Aktivitäten wissen. Ihr »Also auch in diesem Punkt hast du gelogen!« wiederholte sich Mal um Mal in ihren traurig-bösen Dialogen, immer, wenn es ihr gelungen war, ihm trotz seines Widerstands ein Bruchstück geheim gehaltener Information zu entreißen. Gerührt durch ihre innerliche Gebrochenheit, sich angesichts ihrer Verzweiflung schuldig fühlend und ängstlich, was das Ganze bei den Kindern auslösen würde, wenn diese da hineingezogen würden, tat er verständlicherweise hin und wieder sein Bestes, sich um sie zu kümmern und sie zu trösten. Doch noch begreiflicher ist es, dass er der Letzte war, von dem sie sich Verständnis und Unterstützung wünschte für das, was er ihr angetan hatte. Das wäre etwa dasselbe, um es in ihren Worten wiederzugeben, als bekäme man von seinem Vergewaltiger Hilfe angeboten.

Etwa zwei Wochen, nachdem dies »ans Licht gekommen war«, traf ich ihn irgendwo auf einem Kongress. Das erste, was er tat, nachdem wir einander begrüßt und uns von der übrigen Gesellschaft gelöst hatten, war, dass er mich in eine Ecke zog und über sein häusliches Elend erzählte. Während der folgenden Tage sprachen wir kaum über etwas anderes als über sein Verhaltensmuster, emotional zwischen zwei Frauen hin- und herzupendeln. Dabei kamen wiederholt einige Aspekte zur Sprache, die man bei dieser Art von Beziehungen als nahezu klassisch betrachten kann.

Das erste ist die Schuldfrage: Wessen Schuld ist es eigentlich? Er drückte es zu Beginn folgendermaßen aus: »Es ist wirklich nicht allein meine Schuld, dass das passiert ist. Es ging die letzte Zeit, das letzte Jahr oder so, schon nicht mehr so gut zwischen uns. Jeder lebte stets mehr sein eigenes Leben.« Es ist bei Menschen, die beschuldigt werden und sich schuldig fühlen ziemlich verbreitet, dass sie sich auf die Suche nach einem Sündenbock machen mit dem Ziel, auf dessen Rücken einen Teil ihrer Last abladen zu können. Und im Fall von Ehebruch ist der einzige auf der Hand liegende Kandidat für die Mitschuld der eigene Ehepartner. Doch sehr häufig, und so auch im Fall meines Freundes, ist die Verteilungs- bzw. Vernebelungsstrategie von Verantwortung ein unappetitlicher Trick, der eigentlich auf die Bezichtigung des Opfers hinausläuft.

Wenn es innerhalb einer Beziehung nicht so gut läuft, dann sind eine Reihe von Antworten möglich. Zum Beispiel, dass man die Unzufriedenheit innerhalb der Beziehung zur Sprache bringt und nach Wegen sucht, dies zu verändern. Wenn es einem auf diese Art nicht gelingt, kann man Hilfe bei Dritten suchen, etwa bei einem guten Freund oder einer Freundin oder einem Therapeuten. Mein Freund hatte diese Reaktionen, diese Antworten, die eigentlich von einem verlangen, dass man den Blick intensiv nach innen, auf die Beziehung richtet, nicht gewählt. Anstelle dessen hatte er den Blick nach außen gerichtet. Er hatte stets mehr Zeit in Aktivitäten außerhalb seiner Beziehung investiert, wie Arbeit und Umgang mit Kollegen und Freunden, und schließlich in eine Beziehung mit einer anderen

Frau. Das war seine Reaktion auf die stets dröger werdende Ehe und damit seine eigene Verantwortung.

Ich riet ihm dringend, die Verantwortung dann auch wirklich anzunehmen und aufzuhören, seine Frau für seine Entscheidungen mitverantwortlich zu machen. Und sei es nur, um zu verhindern, dass sie ihm zu Recht vorwürfe: »Also bekomme ich auch dafür, dass der Herr mit einer anderen ins Bett steigt, die Schuld.«

Das zweite Thema bezog sich auf den Grund, warum er diese Freundin gewählt hatte. Ich zitiere meinen Freund an dieser Stelle noch einmal: »Du weißt natürlich, dass ich in meinem Leben, bevor ich heiratete, sehr viele Frauen gehabt habe. Aber so jemanden wie sie, so jemand Außergewöhnlichen, das habe ich noch nie erlebt, und ich glaube auch nicht, dass ich noch einmal in meinem Leben so jemandem begegnen werde.« Auf meine Frage, ob er seine eigene Frau noch liebe, antwortete er: »Ja schon, aber anders, nicht auf die Art, wie ich sie [und hier folgte der Name der Freundin] liebe. Das funkt auf eine Weise, das ist wirklich ... außergewöhnlich ... so ganz und gar anders.«

Wie so viele Männer bewegte er sich zwischen zwei Frauen. Eine, mit der er eine alte Beziehung hatte, mit vielen guten Erinnerungen und Kindern, doch auch mit allen Banalitäten und Irritationen, die der Alltag mit sich bringt. Und eine, mit der er eine total andere Beziehung hatte, mit ausschließlich besonderen Erfahrungen, frei von alten Mustern und praktischen Verantwortlichkeiten. Und wie so viele Männer und Frauen wollte er eigentlich beide, doch dann ohne den Stress einer erzwungenen Entscheidung.

Seine Antwort auf meine Frage, ob er bereit sei, an der Beziehung zu seiner Frau zu arbeiten, war typisch: »Ja, aber wenn ich das tue, dann muss ich sie (die Freundin) natürlich aufgeben. Und was mache ich, wenn der Kontakt mit meiner Frau schließlich doch nicht besser wird? Oder wenn ich die andere doch nicht wirklich vergessen kann? Ich glaube, dass ich, wenn ich sie jetzt gehen lasse, dies mein ganzes Leben lang bereuen werde. Und dann? Oft denke ich, wäre ich ihr nur zwanzig Jahre früher begegnet!«

Mit dieser letzten Bemerkung traf er den psychologischen Kern dieser Art emotionaler Konflikte. In dem Film *The Prince of Tides*, nach dem gleichnamigen Buch von Pat Conroy, wird die Situation eines Mannes beschrieben (gespielt von Nick Nolte), der bereits seit vielen Jahren verheiratet und Vater ist, der sich in eine Psychiaterin (Barbara Streisand) verliebt, mit der er verschiedene Gespräche führt. Die Psychiaterin verliebt sich ihrerseits in ihn. In dem Augenblick, in dem er gezwungen wird, zu wählen, entscheidet er sich für Frau und Kinder und erklärt der Psychiaterin die Entscheidung mit folgenden Worten: »I love you more, but I love her longer.« (»Ich liebe dich stärker, aber sie liebe ich länger.«) Der Film zeigt am Ende, dass er mit seiner Wahl zufrieden ist, obwohl er auch darunter leidet. Denn jeden Tag denkt er mindestens einmal an die Liebe, die er losgelassen hat, und krampft sich sein Herz kurz zusammen.

Eine der frustrierendsten Erfahrungen dieses Lebens ist, dass, wie auch immer man sich entscheidet, dies immer auch Verlust impliziert. Wenn wir uns für eine Liebesbeziehung entscheiden, bedeutet dies so gut wie immer, dass wir andere Liebesbeziehungen loslassen müssen, dass wir uns von anderen potenziell möglichen Liebesbeziehungen verabschieden müssen. Einer der Zwänge unserer Zeit besteht darin, dass wir es als nicht »natürlich« und selbst als nicht ehrlich betrachten, wenn wir auf spezielle Gelegenheiten, besondere Möglichkeiten, verzichten müssen. Wir wollen überall dabei sein, und sei es nur einmal. Wir sind Erfahrungsjunkies, Gefühlskonsumenten geworden, die ständig verschiedene Optionen offen halten wollen. Zu sagen, »meine Entscheidung für sie bedeutet, dass ich auf dich verzichte«, erfordert häufig mehr von uns, als wir überhaupt leisten können.

Und doch, die einzige Art, uns in einer Beziehung zu verlieren, besteht darin, den anderen loszulassen. Oder um es mit den Worten des Tao te King zu sagen: »Die Welt wird von denjenigen erobert, die sie loslassen«.

Übrigens, mein Freund hat sich tatsächlich für das *Prince-of-Tides*-Szenario entschieden. Er hat seine Geliebte aufgegeben und ist bei seiner Frau geblieben. Aber für sie, seine Frau, ist es seither doch die Frage, ob er, emotional betrachtet, wirklich bei ihr ist. Sie zweifelt. Und das nicht ohne Grund, wie beide wissen. Aber sie können nicht wirklich darüber reden. Es ist zu schmerzhaft. Demnach ist es ein Schmerz geworden, vor dem beide ständig zu fliehen versuchen. Er sagt, dass es so wahrscheinlich besser ist, obwohl es nicht gut ist.

Ich weiß inzwischen, dass der Schmerz, der *Prince-of-Tides*-Schmerz, wie ich ihn einmal nennen möchte, in vielen Beziehungen vorkommt.

8

Wenn die Liebe schmerzt

Ist die Person, mit der Sie im Augenblick zusammenleben, die große Liebe Ihres Lebens? Diese Frage habe ich im Lauf der Zeit oft an Menschen gestellt und häufig lautete die Antwort »Nein«. Auf die sich logisch daraus ergebende Frage »Denken Sie noch regelmäßig an Ihre verlorene große Liebe?« habe ich als Antwort häufig »Ja« gehört. Stellen Sie sich einmal vor, Sie müssen am Ende Ihres Lebens die Schlussfolgerung ziehen, dass Sie nicht mit Ihrer großen Liebe gelebt haben, sondern stattdessen mit einer Kompromissbeziehung. Wie haben Sie dann gelebt? Unglücklich? Unerfüllt? Unzureichend? Es ist so verlockend romantisch, mit einem dreifachen »Ja« zu antworten. Aber so einfach verhält es sich nicht mit dem Glück. Einer großen Liebe zu begegnen kann, wenn man zuvor seine Beziehung nicht sorgfältig gepflegt hat, bedeuten, dass man seinem großen Unglück in die Arme läuft.

Einer meiner früheren Kollegen, ein ruhiger, vertrauenswürdiger und etwas langweiliger Mann, stellte eines Tages einen Studenten als Assistenten ein. Kurze Zeit später kauften er und seine Frau ihr Wunschhaus, renovierten es ihren Vorstellungen entsprechend und gaben eine »Housewarming«-Party. Neben ein paar Kollegen lud er auch den Assistenten ein. Das hätte er besser nicht getan. Denn noch am selben Abend funkte es zwischen dem Studenten und seiner Frau. Innerhalb eines Monats verließ sie das neue Familienheim und mietete fortan mit dem Studenten ein Zweizimmerappartement, ihren Mann und zwei Kinder fassungslos zurücklassend. Die Beziehung mit dem Studenten dauerte ein Jahr. Dann verließ er sie für eine gleichaltrige Frau. Sie war todunglücklich. Doch wollte sie nicht zurück zu ihrem Mann, der gerne wieder mit ihr gelebt hätte. »Ich finde, er ist ein lieber Mann«, sagte sie. »Er ist eigentlich viel besser als ich, aber ich weiß jetzt, was Leidenschaft ist, und ohne die will ich keine Beziehung mehr eingehen.«

Das Opfer, das sie für ihre Wahl bringen musste, war nicht von Pappe: ein großer finanzieller Abstieg, das Verlassen eines großen Hauses, das sie selbst liebevoll eingerichtet hatte, eine mühsame Beziehung mit einem ihrer Kinder, einem Sohn, der fand, dass sie seinen Vater nicht gut behandelt hatte, und natürlich Krach mit ihrer (Ex-)Schwiegerfamilie und auch mit ihrer eigenen Familie, jedenfalls mit ihrem Vater. Vor die Wahl zwischen Sicherheit und Leidenschaft gestellt, hatte sie die Leidenschaft gewählt. Und dessen war sie sich bewusst.

Die Mehrzahl der Menschen hätte sich nicht so entschieden. Warum nicht? Greifen wir für eine Antwort noch einmal auf Sternbergs Dreieckstheorie der Liebe zurück. Auffallend ist, so Sternberg, dass, zumindest in den Vereinigten Staaten und Großbritannien und für unser Land gilt wahrscheinlich dasselbe, die meisten Leute, die im ehefähigen Alter heiraten, glauben, dass ihre Beziehung hinsichtlich aller Ecken des Dreiecks erfolgreich ist, nämlich in Bezug auf »commitment«, Intimität und Leidenschaft. Und nach zwei Jahren Ehe ist das meistens noch immer so. Was jedoch emotionale Intimität betrifft, sieht die Situation komplett anders aus. Sie sind bereits im Rathaus nicht gut imstande, ihre Gefühle im Hinblick aufeinander deutlich zu artikulieren. Das ist etwas völlig anderes, als zu sagen: »Ich liebe dich.« Nach zwei Jahren Ehe stellt sich heraus, dass sie meist das, was sie nicht gut finden, besser zum Ausdruck bringen können als das, was sie gut finden. Und das tun sie dann auch öfter.

Außerdem zeigt es sich, dass die meisten Paare keine sonderlich großen Fortschritte gemacht haben, was den wechselseitigen Austausch in Bezug auf emotionale Probleme betrifft oder eine offene Aussprache darüber, was sie als gut bzw. nicht gut innerhalb ihrer Beziehung erfahren. Für körperliche Anziehung bzw. Leidenschaft gilt, dass diese, was den sexuellen Verkehr im ersten Ehejahr betrifft, hoch ist, danach jedoch relativ schnell abnimmt. Am Ende des zweiten Jahres ist die Koitus-Frequenz um gut die Hälfte bis zwei Drittel zurückgegangen auf das Niveau, auf dem sie sich oft Jahrzehnte später noch befindet, nämlich die Standardfrequenz von ungefähr sechsmal pro Monat. Für Sinnlichkeit, das heißt die Häufigkeit körperlicher Berührung oder Streicheln als Ausdruck von Zuneigung, unabhängig von Sexualität im strikten Wortsinn, gilt ebenfalls, dass diese bei den meisten Menschen rund um die Zeit der Eheschließung zweimal so hoch ist wie zwei Jahre nach der Hochzeit.

Die sich hieraus ergebende Schlussfolgerung ist, dass die zwei schwächsten Glieder im Geflecht einer Paarbeziehung meist emotionale Intimität und Leidenschaft sind. Genau die Kombination, die Sternberg mit *romantic love* präzisiert. Das stärkste Glied ist häufig »commitment« oder die Bereitschaft, die Beziehung aufrechtzuerhalten. Wenn Partner zusammenbleiben, geschieht das häufig nicht so sehr, weil sie eine emotional-intime und leidenschaftliche Beziehung haben, sondern weil die Beziehung ihnen gleichsam ein großes Maß materieller und sozialer Sicherheit bietet, sodass sie die beiden anderen beiden Aspekte in Kauf nehmen. Wenn Beziehungen zu Ende gehen, geschieht dies meist aufgrund unzulänglicher (intimer) Kommunikation und unbefriedigender Sinnlichkeit/Sexualität und vor allem aufgrund einer Kombination aus beiden.

Während eine Scheidung meist ein großer finanzieller, sozialer und emotionaler Aderlass ist, investieren Verheiratete dennoch häufig viel zu wenig in die beiden Faktoren, die ihre Beziehung am meisten bedrohen: mangelhafte Kommunikation und fehlende Sinnlichkeit/Sexualität. Stattdessen sind sie unablässig damit beschäftigt, Haus und Garten schöner und komfortabler zu gestalten und allerlei Sachkundige in Dienst zu nehmen, die ihnen dabei mit Rat und Tat zur Seite stehen. Und wenn das Haus dann endlich fertig ist, gehen sie auseinander, wie mein Kollege und seine Frau. Und warum? Meist, weil einer von ihnen irgendwo anders Leidenschaft oder emotionale Intimität gefunden hat.

Die psychologische Forschung der letzten zehn Jahre hat gezeigt, dass emotionale Intimität und Leidenschaft, kombiniert mit der notwendigen Aufmerksamkeit, der notwendigen Pflege und sachverständigen Beratung, in sehr vielen Beziehungen ein hohes Maß an Entwicklung erreichen können.[12] Doch zeigt es sich, dass viele Menschen, die vor die Wahl zwischen einem großen Haus und einer großen Liebe gestellt werden, noch immer Ersteres vorziehen. Die Konsequenzen dieser Entscheidung sind vorhersehbar: Ein wachsendes Heer Haus- und Obdachloser, was die Liebe angeht.

Übrigens ist dies das einzige Heer auf der Welt, in dem viel mehr Frauen als Männer dienen.

9

Jung anstelle von Alt

Eine der Gesetzmäßigkeiten des Lebens ist, dass Alt gegen Jung ausgewechselt wird. Der ernüchterndste und verletzendste Beweis für dieses Gesetz ist sicherlich, dass ältere Frauen durch jüngere ersetzt werden. Es ist eine Tatsache, dass ein Großteil der älteren Frauen damit konfrontiert wird und der Rest sich dadurch bedroht fühlt.

Die Verbreitung dieses Musters, das überall auf der Welt bei allen Klassen und Rassen zu beobachten ist, zeigt zumindest die »halbe Wahrheit« dessen, was Ernest Becker in seinem Buch *Die Dynamik des Todes* so hart ausdrückt: »Es verhält sich nun einmal so, dass der Mann normalerweise nur den Körper will und dass die gesamte Persönlichkeit der Frau auf ihre Animalität reduziert wird.« Selbst in Fällen, in denen Männer mehr Bewunderung für die Persönlichkeit ihrer älteren Frau aufbringen als für die Persönlichkeit einer jüngeren, hindert dieser Umstand sie häufig nicht, die Beziehung mit Ersterer zu beenden und sich der jüngeren Frau zuzuwenden.

Die meisten Frauen sind sich von jung ab mehr oder weniger bewusst, dass dasjenige, was eine Frau, jede Frau, zu einem einzigartigen Wesen macht, nämlich ihre Geschichte und Persönlichkeit, in der Wahrnehmung vieler Männer häufig viel weniger wichtig ist als ihr Körper und die Versprechen, die dieser in Bezug auf Lustbefriedigung und Fortpflanzung suggeriert. »Darum«, so Becker, »verlangt eine Frau die Versicherung, dass der Mann sie begehrt und nicht ihren Körper; sie ist sich schmerzlich bewusst, dass die ihr eigene charakteristische innere Persönlichkeit während der Geschlechtsgemeinschaft überflüssig ist.«

Die Natur bzw. die Evolution oder vielleicht sogar die menschliche Kultur hat für dieses Problem eine äußerst intelligente Lösung gefunden: die Liebe. Wenn ein Mann einer Frau in aller Aufrichtigkeit sagen kann: »Ich liebe dich«, auch wenn die solcherart signalisierten Gefühle sich überwiegend auf ihre körperliche Attraktivität beziehen, kann die Frau sich hingeben. Laut Becker kann sie sich nun ohne Angst und Schuldgefühle der Sexualität mit dem Mann hingeben, weil sie das Vertrauen und die Versicherung zu haben scheint, dass die »körperliche Lustbefriedigung« keine Leugnung ihrer Einzigartigkeit beinhaltet. In gewisser Weise geht es hier dann auch schief. Denn Leidenschaft und »commitment«, die Dreieckskombination, die viele Männer bevorzugen, bietet keinerlei Garantie, dass die dritte Ecke des Dreiecks, in der es vor allem um Interesse und Wertschätzung der Persönlichkeit geht, nämlich Intimität, zustande kommt.

Das, was die Situation für eine ältere Frau, die durch eine jüngere ersetzt wurde, vor allem traumatisch macht, ist die Vermutung, dass sie sich getäuscht hat. Dass sie sich selbst betrogen hat, als sie dachte, es ginge um ihre Persönlichkeit und nicht um ihren Körper.

Solange sie jung war, keine Falten hatte, eine straffe, glatte Haut besaß und ihre Brüste, Bauch und Gesäß sich fest anfühlten, solange sie fortpflanzungsfähig war, auch wenn sie kein Kind geboren hatte, war sie für ihren Mann »einzigartig«. In dem Maß jedoch, in dem ihr Körper alterte, nahm auch ihre persönliche Attraktivität ab, so scheint es zumindest, und die Chance, dass sie ausrangiert wurde, nahm zu. Finanzielle Regelungen im Falle einer Scheidung sind deswegen, hart ausgedrückt, größtenteils nicht viel mehr als das Auskaufen von Alter und das Einkaufen von Jugend.

Übrigens wird auch die jüngere Frau, die »eingekauft« wird, auf beinahe dieselbe Art durch den Mann und ebenso durch sich selbst irregeführt. Hierzu ein Beispiel. Als Diana Kronprinz Charles heiratete, war sie, wie Andrew Morton[13] in seiner Biografie über Diana schrieb, so sehr in ihren Ehemann verliebt, dass sie ihre Augen kaum mehr von ihm abwenden konnte. Doch seine Liebeserklärungen ihr gegenüber, sein »Ich liebe dich«, waren zu einem wesentlichen Teil Formeln, notwendig, um Zugang zu einem jungen und für die königliche Fortpflanzung geeigneten Körper zu erhalten. Denn er liebte damals bereits eine andere (Camilla Parker-Bowles). Aber für Diana hatten Charles' Formeln die Bedeutung einer königlichen Erklärung ihrer Einzigartigkeit. Er war »die Sonne in ihrem Leben, die ihren Blick auf die Wirklichkeit verstellte«. Diana erlebte etwas Ähnliches wie der Schmetterling in der Fabel Leonardo da Vincis, die von Drewermann so schön nacherzählt wurde:[14]

Eines Abends, als er in der Dunkelheit hin- und herschwirrt, sieht der Falter ein kleines Licht. Er nimmt es als ein großes Wunder wahr. Er flattert um es herum und bewundert es. Was für ein herrliches Licht, denkt er, während er mit seinen Flügeln noch näher herankommt. Er will sich darauf niederlassen, wie auf einer großen duftenden Blüte, und berührt die Flamme. Betäubt kommt er wieder zu sich und entdeckt zu seinem großen Schrecken, dass ihm ein Bein fehlt und dass die Spitzen seiner Flügel versengt sind. Unfähig zu begreifen, dass etwas so Schönes wie die Flamme ihm so schaden konnte, versucht er erneut, sich auf der Flamme niederzulassen. Er verbrennt und fällt schließlich ins Öl der Lampe, das die Flamme nährt.

Sterbend seufzt der Falter: »Verfluchtes Licht, ich glaubte, in dir mein Glück zu finden, doch was ich fand, war mein Untergang.«

»Ach, armer Falter«, antwortete die Flamme, »ich bin nicht die Sonne. Wie einfältig von dir, so zu denken. Ich bin nur eine Lampe und wer mich für die Sonne hält, verbrennt.«

Damit ist das Dilemma vieler zerrütteter Beziehungen treffend umschrieben. Die Sonne können wir nicht erreichen – andere Menschen können nicht Sonne und Sinn unseres Lebens sein –, obwohl wir auch nicht vollständig ohne Licht existieren können, sonst wäre unser Leben ganz und gar dunkel. Aber die kleinen Lichter, die wir dennoch erreichen können, die Partner, die wir doch finden können, benötigen selbst Brennstoff und stellen sicherlich keine Orte dar, an denen wir uns risikolos niederlassen können. Eine Beziehung beginnen ist deswegen per Definition ein Dilemma: Es erfordert Vertrauen zu schenken in dem Bewusstsein, große Risiken einzugehen: ganz kühl zu wählen mit der Möglichkeit, zu verlieren und sich Schmerz zuzuziehen.

Und dennoch: Es gibt keine gesunde Alternative für Vertrauen.

10

Vertrauen oder nicht: Das ist die Frage

Samstagmorgen, ungefähr Viertel vor neun. Ich befinde mich in einer Maschine von Amsterdam/Schiphol auf dem Weg nach Frankfurt, wo ich um 11 Uhr einen Vortrag halten soll, als der Flugkapitän durch die Sprechanlage mitteilt, dass es einen technischen Defekt gibt. Der Defekt, erläutert er, ist der Grund, warum wir nicht auf normaler Flughöhe, sondern viel tiefer fliegen. Weil der Schaden besser in Amsterdam als in Frankfurt zu beheben ist, werden wir, so beendet er seine Ansage, nach Schiphol zurückfliegen. Während ich noch intensiv beschäftigt bin, seine Worte zu verarbeiten, zieht die schwarze, wie sich später herausstellt, aus Ghana stammende Frau neben mir mit einem Ruck an meinem Arm und fragt mit einer Stimme, die verrät, dass sie Gefahr wittert: »What did he say?« (Was hat er gesagt?)

Noch bevor ich meinen Satz zu Ende gebracht habe, schlägt sie beide Hände vors Gesicht und ruft: »Oh god, my children!« (O Gott, meine Kinder!) Der Ausruf alarmiert eine zweite ghanesische Frau, wahrscheinlich ein Familienmitglied der ersten, die auf der gegenüberliegenden Seite des Gangs sitzt. »What's wrong?« (Was ist los?), fragt sie erschrocken. Daraufhin entspinnt sich ein Gespräch zwischen beiden Frauen, das ausgesprochen emotional gefärbt ist.

Dann dreht sich meine Stuhlnachbarin wieder zu mir und fragt: »Are you not afraid?« (Haben Sie keine Angst?) Die Frage überrascht mich, ich bin noch stark damit beschäftigt, mir über meine Gefühle klar zu werden. Ohne meine Antwort abzuwarten, bekennt sie, dass sie selbst große Angst hat, schlägt ihre Hände wieder vors Gesicht, zieht anschließend erneut heftig an meinem Arm und fragt mit tränenerstickter Stimme: »Do you think we are going to make it back to Amsterdam?« (Glauben Sie, dass wir es zurück bis Amsterdam schaffen werden?)

Dies ist genau die Frage, die mich wirklich zum Nachdenken bringt. Ich beginne zu erkennen, dass ich, psychologisch betrachtet, zwei Möglichkeiten habe: Entweder ich entscheide mich, dem Flugkapitän zu vertrauen und seinen Worten Glauben zu schenken, oder ich entscheide mich, zu zweifeln, ob er wirklich die Wahrheit gesagt hat. Entscheide ich mich für Letzteres, beschließe ich, ihm nicht zu vertrauen und anzunehmen, dass die Sache wesentlich dramatischer ist, als er sagt, dann beschließe ich ebenfalls, mich sehr ängstlich und angespannt zu fühlen, und zwinge ich mich selbst, ständig auf alles zu achten, was auch nur im Entferntesten mein Misstrauen bestätigt. Entscheide ich mich für Ersteres und vertraue ihm, dann kann es sein, dass ich dennoch ein gewisses Maß an Panik spüre. Es ist schließlich eine ungewöhnliche Erfahrung und mein ganzer Reiseplan ist im Eimer, aber ich gerate nicht in Panik wegen eines Flugzeugs, von dem ich ohne jeglichen Beweis annehme, dass es kaputter ist, als es den Anschein hat, und zudem über einen Piloten verfügt, dem nicht zu vertrauen ist.

»I decide to trust the pilot« (Ich entscheide mich dafür, dem Piloten zu vertrauen), sage ich daraufhin zu der Frau. Auf der Stelle wendet sie sich ihrer Reisegefährtin zu und ich höre sie flüstern: »Er entscheidet sich dafür, dem Piloten zu vertrauen.« Anschließend reden sie eine Weile heftig miteinander. Und dann höre ich sie zu meinem Erstaunen plötzlich etwas murmeln, als sei es eine Art Mantra: »We decide to trust the pilot.« Bevor wir in Amsterdam landen, ist es mir, als vernähme ich es noch einige Male. Als die Maschine wieder auf dem Flugsteig steht und wir uns erheben, um unsere Sachen aus den Gepäckbehältern zu holen, schauen beide Frauen mich lachend an und sagen: »We all decided to trust the pilot, no?« (Wir alle haben uns dafür entschieden, dem Piloten zu vertrauen, nicht wahr?)

Ich werde noch oft an dieses Ereignis zurückdenken, denn es berührt den Kern der entscheidenden Frage, mit der das Leben uns ununterbrochen konfrontiert: Vertrauen wir oder vertrauen wir nicht. Und es ist jedes Mal wieder neu eine Wahl, die entscheidende Folgen in Bezug darauf hat, wie wir uns fühlen und wie wir uns in einer bestimmten Situation verhalten. Und vor allem auch in Bezug darauf, wie stark wir uns mit anderen verbunden fühlen oder nicht. Vertrauen, schreibt Fukoyama in seinem Buch *Trust* ist »the glue of society«, das Bindemittel der Gesellschaft.[15]

Untersuchungen, die vor allem der Psychologe Julian Rotter schon vor längerer Zeit durchgeführt hat, zeigen, dass man die Menschheit gewissermaßen in zwei Gruppen unterteilen kann: diejenigen, die vertrauen, und diejenigen, die misstrauen.[16] Diejenigen, die vertrauen, haben, so Rotter, im Allgemeinen die Erwartung, dass sie sich auf das gesprochene oder geschriebene Wort anderer verlassen können, während die Gruppe derer, die misstrauen, im Allgemeinen glaubt, dass sie sich nicht darauf verlassen kann.

Im Volksmund werden diejenigen, die hundertprozentig dazu neigen, anderen aufs Wort zu glauben, häufig für naiv, wenn nicht dumm, leicht zu beeinflussen und zu betrügen (»gullible«, wie Rotter dies nennt) gehalten. Derselbe Volksmund sagt auch, dass eine tüchtige Portion Misstrauen anderen gegenüber einem eine Menge Kummer ersparen kann. »Halte zuerst jeden für einen Dieb«, lautet sowohl ein japanisches als auch ein deutsches Sprichwort. Aber stimmt es auch wirklich, dass wir das anfänglich in andere gesetzte Vertrauen in vielen Fällen teuer bezahlen müssen?

Rotters Arbeit hat, was diesen Punkt betrifft, meiner Ansicht nach ein wesentliches Missverständnis ausgeräumt. Leute, die im Allgemeinen dazu neigen, anderen zu vertrauen, sind, so weisen seine Forschungsergebnisse und IQ-Tests aus, nicht weniger intelligent und auch nicht beeinflussbarer als diejenigen unter uns, die misstrauisch sind. Doch es trifft zu, dass sie im Allgemeinen glücklicher sind als die Misstrauischen. Noch wichtiger ist, so Rotter, dass diejenigen, die vertrauen, auch selbst vertrauenswürdig sind. Auch das Gegenteil entspricht der Wahrheit: Es zeigt sich, dass diejenigen, die davon ausgehen, dass man anderen im Allgemeinen nicht vertrauen kann, auch selbst wenig vertrauenswürdig sind und auch tatsächlich häufig lügen.

Das Sprichwort: »Wie der Herr, so's Gescherr«, scheint demnach, wissenschaftlich betrachtet, korrekt zu sein. Außerdem, so stellte Rotter fest, dass, wenn der Wirt seinen Gästen nicht vertraut, er in höherem Maß riskiert, von denselben Gästen geprellt oder betrogen zu werden als ein Kollege, der vertraut. Der Grund hierfür ist eigentlich ziemlich einfach zu erklären, legt Rotter aus. Wenn in einer Beziehung der eine Partner immer nur misstrauisch dem anderen gegenüber auftritt, bringt er so viel Spannung in die Beziehung, dass die Chance groß wird, dass sein Partner plötzlich entdeckt, wie entspannend es sein kann, sich in die Arme eines nicht misstrauischen Fremden zu begeben.

Warum bringen einige Leute mehr Vertrauen auf als andere? Rotter zufolge spielen zwei Faktoren die Hauptrolle. Der eine ist die Erfahrung. Namentlich, aber nicht ausschließlich, die frühkindliche Erfahrung. Der andere ist die Persönlichkeit. Was Letztere betrifft, so gibt es Hinweise, dass die Veranlagung zu misstrauischem Verhalten unter anderem genetisch bedingt sein kann. Dabei liegt der Nachdruck hier ausschließlich auf dem Wort »Veranlagung«. Ob die Neigung sich dann auch wirklich entwickelt, hängt unter anderem von den praktischen Erfahrungen, die jemand in seinem Leben macht, ab. Es scheint, als spielten die Erfahrungen unserer ersten Lebensjahre eine wesentliche Rolle bei der Bildung dessen, was Psychologen »basic trust« (Urvertrauen) nennen: der grundlegende Glaube an die Gutheit anderer und der Glaube an das Wohlwollen der Welt, der Schöpfung.

Es ist besser, betrogen zu werden, als niemals vertraut zu haben

Der bekannte Psychologe Erik Erikson hat Vertrauen einmal folgendermaßen definiert: »Ein fundamentaler Glaube an die Gutheit anderer und an das Wohlwollen der Welt, in der wir leben.« Er umschreibt diese Haltung mit dem viel sagenden Begriff *basic trust*. Erikson ist der Ansicht, dass die ersten Lebensjahre entscheidend sind in Bezug darauf, ob ein Mensch fähig ist, *basic trust* zu entwickeln oder nicht. Eine Reihe wissenschaftlicher Studien weist jedoch darauf hin, dass die Grundlage, ob jemand Vertrauen oder Misstrauen entwickelt, wahrscheinlich über einen viel längeren Zeitabschnitt geprägt wird. In einem Artikel, der in einer amerikanischen Psychiatriezeitschrift erschien, gibt John Livesley auf Basis der Zwillingsforschung eine Übersicht über die Beiträge, die Vererbung und Milieu bei der Entstehung von Persönlichkeitseigenschaften liefern, und zeigt, dass für eine Eigenschaft wie Misstrauen beide Faktoren ungefähr gleich sind. Anders ausgedrückt, wir werden offenbar mit einer mehr oder weniger starken Anlage im Hinblick auf Vertrauen bzw. Misstrauen geboren, doch was dann tatsächlich aus unserer Anlage wird, hängt von einem Großteil von den Ereignissen ab, denen wir auf unserm Lebensweg begegnen.

Zwei wesentliche Unterschiede in Bezug auf Reaktionsmuster zwischen Menschen mit Vertrauen und Menschen ohne Vertrauen sind die folgenden: An erster Stelle gibt es einen großen Unterschied, was die Bereitschaft betrifft, einem verhältnismäßig unbekannten anderen zu vertrauen. Der Vertrauensvolle vertritt die Haltung desjenigen, der sagt: »Ich werde ihm vertrauen bis zum Beweis des Gegenteils.« Der Misstrauische verkörpert die Haltung desjenigen, der sagt: »Ich vertraue ihm nicht, bis ich Grund zur Annahme habe, dass ich ihm doch vertrauen kann.« Der zweite Unterschied besteht darin, dass der Vertrauensvolle stärker dazu tendiert, einem anderen eine zweite Chance zu geben und damit die Rechte des anderen, wie das Recht auf eine faire Behandlung, zu respektieren. Doch können Menschen, die vertrauen, genauso fähig sein, zuverlässige bzw. unzuverlässige Leute zu erkennen, wie Menschen, die nicht vertrauen.

Dies impliziert zwar, dass Vertrauensvolle eher von Betrügern hereingelegt werden. Aber Skeptiker machen sich mindestens ebenso oft selbst etwas vor, indem sie zuverlässigen Menschen misstrauen und sie abweisen und sich damit die Vorteile verscherzen, die ihnen eine vertrauensvolle Haltung gebracht hätte. Samuel Johnson drückte diesen Sachverhalt einmal folgendermaßen aus: »Menschen, die manchmal betrogen werden, sind glücklicher als Menschen, die nie vertraut haben.«

Einige Kinder haben das Glück, bei Eltern aufzuwachsen, die in der Lage sind, ihnen eine vertrauensvolle Grundhaltung mitzugeben, während anderen dieses Glück nicht zuteil wird. Rotter stellte fest, dass spätere Lebenserfahrungen dieses Urvertrauen zerrütten können. Es zeigte sich, dass Kinder zwischen fünf und zehn Jahren, deren Eltern sich scheiden ließen, bei denen Vater oder Mutter eines Tages den Koffer packten und für immer verschwanden, in ihrem späteren Leben häufig große Mühe haben, dem eigenen Partner zu vertrauen. Auch andere traumatische Erfahrungen, wie Selbstmord eines Elternteils oder sexueller Missbrauch eines Kindes durch Vater oder Mutter, können eine Jahre und manchmal sogar lebenslang andauernde Phase von Vertrauensmangel und Misstrauen anderen gegenüber einläuten.

Es gibt übrigens keinerlei Hinweise darauf, dass das auf diese Art ruinierte Vertrauen für immer irreparabel ist. Einer der Faktoren, die in dieser Hinsicht präventiv oder kurativ wirken können, ist die Wahl eines Lebenspartners, der genau die entgegengesetzte Haltung hat, nämlich die *Basic-trust*-Haltung. Anders ausgedrückt, wer selbst die Tendenz hat, misstrauisch zu sein, tut gut daran, einen Partner zu finden, der das nicht ist. Oder sich, falls das nicht auf Anhieb gelingt, auf die Suche nach einem Therapeuten zu machen, der fähig und bereit ist, über einen längeren Zeitraum vertrauensvoll zur Verfügung zu stehen, auch wenn der Patient ihm permanent mit Misstrauen begegnet. Oder, wenn das alles nicht gelingt, sein Misstrauen selbst zu kurieren.

Als Rotter in einem Interview gefragt wurde, was er jemandem raten würde, der Probleme hat, anderen zu vertrauen, antwortete er ungefähr Folgendes: »Ich würde sagen: ›Experimentiere.‹ Wenn jemand etwas zu Ihnen sagt, was Sie nicht glauben, ohne dafür einen Beweis zu haben, dann sage ich: ›Verhalten Sie sich so, als glaubten Sie ihm doch, und schauen Sie mal, was passiert.‹ «

Anschließend erzählte Rotter, dass er sich selbst auf diese Weise beigebracht hatte, anderen stärker zu vertrauen: »Wenn ich einen Handwerker mit einer Arbeit beauftrage und er beginnt, mir, wenn ich nach dem Preis frage, zu erzählen, was die Materialien kosten, die er verwenden muss, dann unterbreche ich ihn und sage: ›Hören Sie, ich vertraue Ihnen. Machen Sie es so, wie Sie glauben, dass es am besten ist.‹ Obwohl ich es nicht beweisen kann, bin ich bis zum heutigen Tag noch immer davon überzeugt, dass mein Vertrauen niemals beschämt worden ist.«

Rotter drückte hier auf seine Weise eines der Lebensmottos des Schriftstellers Henri David Thoreau, Autor des Romans *Walden*[17], aus: »Wir müssen einander unbegrenzt vertrauen. Wenn wir das nicht können, sollten wir das nicht zeigen. Das Leben ist zu kurz für langfristiges Misstrauen.«

11

Das Vertrauen aufkündigen

Im Lauf der Zeit habe ich erlebt, dass viele Leute mein Plädoyer für Vertrauen mit der Einstellung gleichsetzen, dass man immer alles akzeptiert, was andere von einem verlangen. Doch das ist ein Missverständnis. Wenn das Vertrauen, das man in jemanden gesetzt hat, verletzt wird, dann kann es sehr vernünftig sein, den Kontakt zu dieser Person abzubrechen. Dies ist dann kein Zeichen von Misstrauen, sondern von Realitätssinn.

Aber was bedeutet es, wenn man jemandem das Vertrauen aufkündigt? Lassen Sie mich ein Beispiel nennen. Stellen Sie sich vor, dass Sie Ihrem Hausarzt das Vertrauen aufkündigen. Was übermitteln Sie ihm oder ihr dann eigentlich? Trudy Govier erläutert dies in ihrem Buch *The Dilemmas of Trust*[18] sehr deutlich. Vertrauen, so sagt sie, ist im Grunde eine positive Einstellung anderen Menschen gegenüber, sowohl in Bezug auf deren Absichten als auch auf deren Möglichkeiten und Kompetenzen. Die meisten Leute vertrauen ihrem Hausarzt, weil sie glauben, dass er gute Absichten und fachliche Kompetenz besitzt. Entziehen Sie Ihrem Hausarzt das Vertrauen, dann können dieser Entscheidung drei Ursachen zugrunde liegen: Mangel an guten Absichten, fehlende Kompetenz oder beides. Deswegen ist das Aufkündigen von Vertrauen meist auch so ein einschneidendes Ereignis. Denn Sie sagen damit dem anderen entweder: »Du hast zwar gute Absichten, aber du kannst sie nicht in die Tat umsetzen (also nützt du mir wenig)« oder: »Du weißt, was in diesem Moment gut oder notwendig ist, aber du tust es nicht, weil du keine guten Absichten hast (= du schädigst mich wissentlich)«. Schließlich kann es auch bedeuten: »Nicht nur deine Absichten sind unlauter, sondern du bekommst auch nicht einmal etwas auf die Reihe.«

Wenn wir unseren Partnern oder Freunden unser Vertrauen entziehen, gilt genau dasselbe. Ein Partner kann gute Absichten haben, lieb und freundlich sein, aber dennoch unfähig, sich in Sie einzufühlen oder Leidenschaft mit Ihnen zu teilen. Oder ein Partner kann negative Absichten hegen, dafür aber sehr leidenschaftlich mit Ihnen umgehen, wodurch Sie ihm immer wieder neu verfallen, obwohl Sie sich damit letztlich immer wieder selbst schädigen bzw. verletzen. Ein Partner kann durchaus gute Absichten haben, aber sich dennoch nicht beherrschen können, zusätzlich mit anderen eine Beziehung anzuknüpfen. Dies alles können berechtigte Gründe sein, das Vertrauen in eine Beziehung mit dieser Person aufzukündigen. Wenn ich es präzise formuliere, gibt es ausreichend Grund, zu erwägen, einem anderen das Vertrauen zu entziehen:

* wenn der andere wiederholt bewiesen hat, dass er keine guten Absichten hat;
* wenn der andere wiederholt bewiesen hat, dass er nicht über die Möglichkeiten oder Kompetenzen verfügt (was »commitment«, Intimität oder Leidenschaft angeht), die für Sie in einer Beziehung unabdingbar sind; und vor allem:
* wenn beides wiederholt klar geworden ist.

Übrigens, zwischen der Folgerung, dass Sie das Vertrauen aufkündigen und die Beziehung beenden müssen, und der praktischen Umsetzung klafft oft ein Abgrund. Ein Abgrund, der nicht nur sehr tief ist, sondern dessen Überbrückung auch sehr zeitraubend sein kann. Manche Leute verbringen damit ihr ganzes Eheleben. Der Grund ist meist ganz einfach folgender: Sie vermeiden dadurch den Trennungsschmerz. Aber die Folgen, wenn man sich nicht entscheidet, eine Beziehung zu beenden, liegen ebenfalls auf der Hand: Man wird nie entdecken, was die Akzeptanz des Verlusts an neuen Möglichkeiten, neuen Erfahrungen und neuen Beziehungen bietet.

Ich denke häufig, dass Menschen nicht dafür geschaffen sind, Abschied zu nehmen, was dasselbe ist wie seine Verluste annehmen, und dass darum das schwierigste Wort für sie ist: Lebewohl. Aber wenn dies das schwierigste, schmerzhafteste Wort ist, dann ist es wahrscheinlich auch das wichtigste.

12

Das schwierigste Wort: Lebewohl

Vor einiger Zeit erhielt ich einen Brief, in dem unter anderem Folgendes stand: »Ich bin eine Frau, 52 Jahre alt, und ich sehe nicht mehr ganz taufrisch aus. Etwa vor einem Monat hat mein Mann mich um einer viel jüngeren Frau willen verlassen. Ich bin in den letzten Jahren, seit die Kinder aus dem Haus sind, wegen meiner Wechseljahre und anderer Beschwerden sicherlich nicht die liebe, anpassungsfähige Partnerin für ihn gewesen, die ich früher war. Ich fürchte, dass ich es mir selbst zuzuschreiben habe, dass er fortgegangen ist. Ich bedaure es unendlich, denn ich bin mir sicher, dass es für mich niemals einen anderen Mann geben wird.«

Das Ende des Briefs beschrieb die Mutlosigkeit, emotionale Einsamkeit und Reue, die ihr Leben seither prägten, und ließ nur eine klare Schlussfolgerung übrig: Für diese Frau war mit dem Auszug ihres Mannes auch jegliche Zukunftsperspektive aus ihrem Leben verschwunden. Sie war, wie sie es selbst beschrieb, in der immensen Kälte der sie umgebenden Gegenwart erstarrt.

Wenn wir von jemandem, den wir lieben, verlassen oder abgewiesen werden, ist dies beinahe immer eine Kränkung, ein Anschlag auf unsere Psyche, weil wir dadurch gezwungen werden, uns mit der Frage auseinander zu setzen, ob wir es verdienten, im Stich gelassen zu werden und ob wir uns überhaupt darüber beklagen dürfen. Dieser innere Kampf ist die Folge von Schmerz und Erniedrigung, die das Gefühl, verlassen oder abgewiesen zu werden, mit sich bringt. Wenn wir Schmerz empfinden, während unser früherer Partner mit einer anderen Person glücklich ist und mit dieser Dinge teilt, die wir, als wir noch beieinander waren, nie miteinander geteilt haben, dann ist es nahe liegend, dass wir nach unserer Unzulänglichkeit, unserem Versagen suchen. Und das werden wir zweifellos finden. Die Konfrontation vergrößert den Schmerz nur noch. Denn wir ringen in diesem Moment nicht bloß mit der Wut auf den anderen, der uns verlassen hat, sondern auch mit der Wut auf uns selbst. Weil auch wir ein Stück weit verantwortlich dafür sind, dass es so weit hat kommen können. Jedenfalls sieht es so aus.

Nicht nur unser Vertrauen in andere, sondern auch unser Selbstvertrauen, insbesondere der Aspekt, der unsere »Beziehungskompetenz« betrifft, erleidet einen schweren Schlag. Dies ist das Schwierige an Verlusten. Sie kommen niemals allein. Verlieren wir einen anderen, verlieren wir auch einen Teil unseres Selbst. Verlieren wir das Vertrauen in andere, verlieren wir meist auch einen Teil unseres Selbstvertrauens.

Das gilt nicht bloß für Situationen, in denen wir von einem Partner verlassen oder abgewiesen werden, es gilt in gleichem Maße für das Verlassen- oder Abgewiesenwerden in anderen Beziehungen. Viele Leute haben ihre Eltern oder einen Elternteil vor allem als verurteilend oder kritisch-negativ in Erinnerung. Oft geht diese Erinnerung mit einem Gefühl von Wut einher oder dem Gefühl, »Opfer« gewesen zu sein. Doch Wut ist nahezu immer doppelbödig. Sie beinhaltet selten bloß die Wut auf die Eltern. Sie beinhaltet meist auch Wut auf die eigene Person.

Der Autor Franz Kafka, meiner Meinung nach der größte, nicht universitär geschulte Psychologe des vergangenen Jahrhunderts, hat einen Großteil seines Lebens mit diesem Konflikt gerungen. In einem langen Brief an seinen Vater brachte er alle

Fragen zur Sprache, die ihre Beziehung verdarben. Am Ende des Briefs, den er übrigens nie abgeschickt hatte, sagt er, er wisse, wie die Antwort seines Vaters laute. »Er wird sagen: ›Im Grunde aber hast du hier und in allem anderen für mich nichts anderes bewiesen, als dass alle meine Vorwürfe berechtigt waren und dass unter ihnen noch ein besonders berechtigter Vorwurf gefehlt hat, nämlich der Vorwurf der Unaufrichtigkeit, der Liebedienerei, des Schmarotzertums.‹ « In seiner Antwort auf diese unterstellte Reaktion seines Vaters schreibt Kafka an ihn: »So groß ist ja nicht einmal dein Misstrauen gegen andere wie mein Selbstmisstrauen, zu dem du mich erzogen hast.«

Die letzten Worte sind ein treffendes Beispiel dafür, dass viele Leute sich dasselbe antun wie das, was andere ihnen zuvor angetan haben. Andere weisen sie ab und folglich weisen sie sich selbst auch ab. Andere misstrauen ihnen und folglich misstrauen sie auch sich selbst. Andere kritisieren sie und folglich kritisieren sie sich selbst.

Aber gerade dieses: Die kritiklose Übernahme dessen, was eine ihnen nahe stehende Person ihnen antut und was sie in der Folge auch sich selbst zufügen, bedeutet, dass sie an einer Beziehung festhalten, sie nicht aufgeben können. Für viele Menschen, die die Tatsache, dass sie von einem anderen verlassen oder abgewiesen wurden, als Beweis für ihre eigene Minderwertigkeit interpretieren, gilt, dass sie die Beziehung zu demjenigen, der sie abweist, wie schlecht diese auch sein mag, nicht beenden können, weil sie damit ihr Verlangen, dass eines Tages ... eines Tages die Zurückweisung zurückgenommen wird, für immer aufgeben müssen. Lieber eine negative, schlechte oder destruktive Beziehung als gar keine, denn das bedeutet das Ende aller Hoffnung.

Kafka mied seinen Vater im täglichen Leben, doch innerlich unterhielt er weiterhin eine intensive Beziehung zu ihm. Er war wütend auf seinen Vater, richtete seine Wut aber nicht gegen ihn. Franz konnte die Beziehung zu seinem Vater, wie schlecht diese auch war und blieb, nicht beenden. Auf diese Weise werden andere für uns zur Hölle.

Der New Yorker Psychiater Christ Zoist schreibt irgendwo, dass das schwierigste Wort in unserer Sprache »goodbye«, »Lebewohl«, ist. Doch unsere Fähigkeit, Abschied nehmen zu können, ist einer der Eckpfeiler unserer psychischen Gesundheit. Die Fähigkeit, die unvermeidlichen Verluste, die wir im Laufe unseres Lebens erleiden, anzunehmen. Wer »Lebewohl« sagen kann, akzeptiert den Schmerz und den Kummer, den das Verlassen- und Abgewiesenwerden begleitet, akzeptiert jedoch nicht, dass sie gleichfalls ein Beweis für die eigene Minderwertigkeit sind. Wer es wagt, einem anderen »Lebewohl« zu sagen, kreiert damit die Leere, den Raum, um neue Ladung, neue Passagiere an Bord zu nehmen und zu neuen Horizonten aufzubrechen.

Wer es wagt, einem anderen »Lebewohl« zu sagen, bezieht dies auch auf sich selbst. Ermutigt sich gleichsam selbst, künftig mit anderer Bemannung so gut wie möglich weiterzufahren.

Lebewohl!

Nachwort

Aus Angst vor der Leere

> *»Man formt Ton zu einem Gefäß,*
> *doch erst durch das Nichts im Innern*
> *kann man es gebrauchen.«*
>
> *Tao Te King, Vers 9*[1]

Dieses Buch ist von Anfang bis Ende anders als ein früheres, 1990 erschienenes Buch, das sich unter anderem auch mit Depression und Verlust beschäftigte. Das vorliegende Buch endet nicht mit dem Tod oder der Angst vor dem Tod. Offenbar habe ich in den dazwischen liegenden Jahren zu viel mit dem Thema Tod zu tun gehabt, um noch Angst davor zu empfinden. Mehr noch, für mich stellt der Tod kein sonderlich interessantes Thema mehr dar. Ich glaube auch nicht mehr, dass er die Wurzel der Existenzangst bildet.

Was dies angeht, so verhält es sich seltsam mit dem Ausdruck »Todesangst«. Für alle Ängste, ganz gleich, ob es sich um Phobien in Bezug auf Tiere, Blut oder Gewitter handelt oder um allgemeinere Ängste wie Kontrollverlust oder Schmerz, gilt, dass sie sich auf erfahrbare »Dinge« beziehen. Todesangst hingegen ist die einzige Angst vor dem nicht Erfahrbaren. Könnte man den eigenen Tod erleben, wäre man nicht tot. Man kann sich demnach auch nicht vor dem Tod fürchten. Man kann sich bloß fürchten, bevor vom Tod die Rede ist. Die Angst vor dem Tod ist eine antizipierende Angst.

Ein fabelhaftes Wort: »Antizipation«. Es kommt vom lateinischen *anticipare*, was so viel wie der »Zukunft vorgreifen« bedeutet. Angst vorm Tod ist »vorgreifende Angst«. Es ist Angst, die an der Gegenwart vorbeizielt, die man glaubt, haben zu müssen, wenn ...

Doch im Tod gibt es keine Gefühle, kein »Wenn«. Angst vorm Tod ist Angst vor dem Nichts, vor dem allumfassenden Verlust.

Das ist der Grund dafür, dass Leute, die glauben, alles verloren zu haben, auch oft denken, dass sie ebenso gut tot sein können. Dies galt auch für mich in einer Phase meines Lebens, in der ich im Begriff war, alles zu verlieren, oder jedenfalls dachte, dass dies passieren würde. Obwohl, ich dachte eigentlich nicht, dass ich ebenso gut tot sein könnte. Ich dachte, es sei besser für mich, tot zu sein. Wenn das eigene Leben seinen Sinn verliert und man lebt, dann muss man auch den Schmerz, den dies mit sich bringt, ertragen. Im Tod, so ahnte ich, gibt es keine Schmerzen. Gibt es absolute Leere. Schmerzlose Leere.

Verglichen mit der Schmerz bereitenden Leere des Lebens eine verlockende Perspektive. Die selbst in der Sprache zum Ausdruck kommt. Ich war scheinbar nicht der Einzige, der das damals so sah. Auch andere, die mir über diese Einsicht auf eine Weise schrieben, die an die Art erinnerte, wie die Philosophen der Stoa römische Bürger aufklärten, waren ähnlicher Meinung.

»In welche Richtung du auch schaust, gibt es einen Weg, dem eigenen Schmerz ein Ende zu bereiten. Siehst du den Abgrund dort? Da hinab verläuft der Weg in die Freiheit. Siehst du das Meer, den Brunnen? Auf ihrem Grunde ruht Freiheit. Siehst du den Baum, gestutzt, zerzaust, kahl? Doch seine Zweige weisen den Weg in die Freiheit. Siehst du deine Kehle, deine Speiseröhre, dein Herz? Dies sind Wege, der Sklaverei zu entfliehen. Sind die Fluchtwege, die ich dir weise, zu schwierig, erfordern sie zu viel Mut oder Kraft? Fragst

du dann, welcher Weg direkt in die Freiheit führt? Jede Arterie deines Körpers.«[2]

Wenn das Leben schmerzt, und vor allem dann, wenn der Schmerz groß ist, ist dies ein Angebot, das man beinahe nicht ablehnen kann. Beinahe. Denn der Tod ist kein einmaliges Angebot. Der Tod ist eine Option, die immer da ist. Das Leben nicht. Das Leben ist eine einmalige, eine einzigartige Option. Es findet bloß einmal statt, danach nie wieder. Darüber hinaus muss es früher oder später der Realität des Todes weichen. Das Leben ist demzufolge nicht bloß wehrlos, es ist auch kostbarer als der Tod. Es ist demnach besser, nicht tot zu sein. Vorausgesetzt, Sie beherrschen die Kunst, mit Schmerz, mit Verlust, mit Leere umzugehen, denn das ist Lebenskunst: mit Leere umgehen zu können, sie schätzen und lieben zu können.

Für die meisten Leute ist Leere ein Wort, mit dem sie nahezu instinktiv einen dubiosen und sogar negativen Klang verbinden. Wie etwa die Leere in einem Haus, in einem Bett oder die innere Leere. Wir unterscheiden Menschen sogar häufig auf Basis dessen, wie sie mit Leere umgehen. Ob sie sagen, ein Glas ist halb voll oder halb leer. Letztere nennen wir Pessimisten, Misanthropen, Menschen, die es sich selbst unnötig schwer machen. Diejenigen, die sagen, das Glas sei halb voll, werden für ihren Optimismus gelobt, dafür, dass sie überwiegend die positive Seite der Welt sehen.

Doch, wie so oft, ist die Zweiteilung irreführend, liegt die Wahrheit in der Mitte. Die Essenz eines Glases ist die Leere, die es umfasst, die Möglichkeit, die es bietet, um es zu füllen, die Möglichkeit, Erfüllung zu finden. Ohne Leere keine Erfüllung.

Ohne Leere auch keine Freiheit. Was diese betrifft, so macht es Sinn, den Ursprung des Wortes aufzusuchen. Das niederländische Wort »leeg« (leer) leitet sich etymologisch aus den altniederländischen, friesischen und norwegischen Begriffen für »frei«, »ungehindert«, »offen« her. Freiheit und Leere ergänzen sich hervorragend.

Mein Leben war lange Zeit zu voll. Es bot kaum noch Raum für Neues und auch das, was hinzukam, bot wenig Befriedigung. Zu wenig Leere bedeutet zu wenig Freiheit, zu wenig Weisheit. Als mein Glas umgestoßen wurde und der Inhalt in alle Richtungen ausströmte, konnte ich die Leere denn auch bloß als ungeheuer großen Verlust und schmerzhafte Niederlage erleben.[3]

Ich fürchtete mich, wie vermutlich viele meiner Altersgenossen, immer vor der Leere. Ich musste aktiv sein, immer etwas zu tun haben. Deswegen fürchtete ich mich so vor dem Tod, dem Inbegriff der absoluten Leere. Und darum auch bekam die Angst einen so prominenten Platz am Ende des früheren Buches.

Ich ängstige mich nicht mehr in dem Maße vor dem Tod, denn ich fürchte mich nicht mehr so stark vor der Leere. Die Ereignisse haben mich gezwungen, oder eigentlich muss ich sagen, dazu gebracht, zu lernen, damit umzugehen. Ich leugne nicht, dass es anfänglich Probleme gab. Ich weiß noch genau, wie schmerzlich es beispielsweise war, als mein Freund mir einen Brief zu lesen gab, den eine ehemalige Kollegin und damalige gute Bekannte von mir an ihn geschickt hatte. Darin äußerte sie ihr Erstaunen über die Tatsache, dass er mich noch immer traf, und behauptete, dass ich innerhalb der Niederlande nie wieder eine Stelle bekommen würde. Ich begriff, dass diese Worte nicht bloß als Prophezeiung gemeint waren. Es war auch ihre Absicht. Die Leere, die ihre Worte schufen, bewirkte, dass meine Gedanken und Gefühle sich tatsächlich auf den Tod zubewegten.

Sie und andere waren tatsächlich in der Lage, dafür zu sorgen, dass mein Leben seinen Sinn verlor. Und es gelang mir nicht, die Leere zu füllen, weil ich das zurückhaben wollte, was mir zu Unrecht abgenommen worden war. Weil ich meine Verluste rückgängig machen wollte. Die Frage, ob dies die beste, die vernünftigste Art war, mit dem Sinnverlust umzugehen, kam mir einfach nicht in den Sinn.

Dies wurde anders, als meine Frau eines Tages die einzig vernünftige Frage stellte: »Wenn du das, was du verloren hast, niemals zurück bekommst«, fragte sie, »aber dir auch nicht das Leben nehmen darfst, wie würdest du dann am liebsten die restliche Zeit deines Lebens verbringen?«

Meine Antwort kam direkt, noch bevor ich recht begriff, was ich sagte.

»Schreibend«, sagte ich.

»Tu es dann«, sagte sie.

Ich habe heftig protestiert und unter anderem gesagt, dass ein prominenter Medienberater mir geraten hatte, das Schreiben aufzugeben. Denn genau an diesem Punkt war ich ins Kreuzfeuer der Kritik geraten. Aber sie war unerbittlich: »Wenn du frei wählen kannst, dein restliches Leben schreibend zu verbringen – und diese Wahl hast du –, und wenn dies dein Herzenswunsch ist, dann ist doch klar, was du tun musst?«

Es hat noch ein paar Tage gedauert. Dann akzeptierte ich meine Verluste und meine Freiheit.

Anhang

Anmerkungen

Vorwort

1 Die beiden Männer gab es wirklich

Teil 1:
Was Sie persönlich angeht

1 Ernst, H.: »Das Immunsystem der Psyche«. In: *Psychologie Heute*, Nr. 6, 2001
2 Vaillant, G.: *Adaption to Life*. Verlag Little Brown & Co., New York 1977; Vaillant, G.: *The Wisdom of the Ego*. Harvard University Press, 1995; Vaillant, G.: *Aging Well. Surprising Guideposts to a Happier Life from the Landmark*. Harvard Study of Adult Development. Little Brown & Co., New York 2002
3 Cousins, N.: *The Anatomy of an Illness*. Bantam Books, New York 1981
4 Cousins, N.: *The Healing Heart*. Verlag W.W. Norton, New York 1983
5 Vgl. Kapitel 1: *Die Notwendigkeit von Zerstörung*
6 Nach dem Roman *Der Graf von Monte Christo* von Alexandre Dumas
7 Gay, P.: *The Cultivation of Hatred*. Verlag W.W. Norton, New York 1993
8 Goethe, J.W. von: *Die Leiden des Jungen Werther*. Leipzig 1774
9 Hier handelt es sich um das Institute for Advanced Study in Rational Psychotherapy von Dr. Albert Ellis
10 Eine Beschreibung ihres Lebens finden Sie in: Jacobs, M.A.: *Carry van Bruggen, haar leven en literaire werk*. Hasselt, Heideland 1962
11 World Health Organisation: *Mental Health: New Understanding. New Hope* (World Health Report 2001), Genf 2002
12 Eine Untersuchung, die in sieben verschiedenen Ländern stattfand, wies aus, dass von den Personen, die an einer Depression litten, 38% nikotinabhängig waren, 21% alkoholabhängig, 15% drogenabhängig und dass 13% an einer Essstörung litten (wie sporadisch wiederkehrenden Fressanfällen). Datamonitor, London, Januar 2003

13 Vaillant, G.: *Adaption to Life.* Verlag Little Brown & Co., New York 1977
14 Mann, K.: *Der Wendepunkt.* Rowohlt Taschenbuch Verlag, Reinbek 1984
15 Aus: Fromm, E.: *Psychoanalyse und Religion.* Deutscher Taschenbuch Verlag, München, 6. Aufl. Juli 2004, S. 40-41
16 Améry, J.: *Hand an sich legen.* Klett-Cotta Verlag, Stuttgart, 10. Aufl. 1999
17 Marc Aurel: *Wege zu sich selbst.* Serie Piper, Bd. 3816, München 2003
18 Aus: Xin Zhou Li: *Tao of Life Storys: Chinese Language, Poetry and Culture in Education.* Lang, Peter Publishing, Incorporated, 2002
19 National Institute for Mental Health, Depression, NIH publication nr. 00-3561, 2002
20 Rutter, M./Smith D. (Hg.): *Psychosocial Disorders in Young People: Time Trends and their Causes.* Wiley, Chichester 1994
21 Es handelt sich hier um eine Abweichung, bei der abwechselnd manische (überaktive) und depressive (inaktive) Stimmungsschwankungen auftreten. Vgl.: Wilson, T. u.a.: *Abnormal Psychology Integration Perspectives.* Allyn und Bacon, Boston 1996
22 Cohn, I./Tronick, F.: »Three Month-Old Infant's Reaction to Simulated Maternal Depression«. *Child Development 54*, no. I, 1983
23 Fromm, E.: *Die Kunst des Liebens.* Deutscher Taschenbuch Verlag, München, 11. Aufl. 2004
24 Anderson, D.L.: *Muscle Pain Relief in 90 seconds. The Fold and Hold Method.* Chronimed Publishers, Minneapolis 1995
25 Vgl. das Kapitel über »Emotionale Weisheit« und dort vor allem die Beschreibung des psychischen Abwehrmechanismus: Suppression

Teil 2:
Beziehungen: Glück und Scherereien, Himmel und Hölle

1 Fromm, E.: *Die Furcht vor der Freiheit.* Deutscher Taschenbuch Verlag, München 1990
2 Freud, S.: *Das Unbehagen in der Kultur.* S. Fischer Verlag, Frankfurt 1994
3 Vgl. Dosick, W.: *Kinder brauchen Werte.* Scherz Verlag, Bern/München/Wien 1996

4 Cleiren, M.: *Adaption after Bereavement.* DSWO Press, Leiden 1991
5 Lazarus, R.S.: *Emotion and Adaption.* Oxford University Press, 1991
6 Vgl. Loeber, R./Farrington, D.P.: *Serious and Violent Juvenile Offenders: Risk Factors and Successful Intervention.* Sage Publications 1998
7 Osherson, S.: *Die ersehnte Begegnung. Männer entdecken ihre Väter.* EHP (Edition Humanistische Psychologie), Köln, 12. Aufl. 2003
8 Winsey, V.R.: *Yourself as a History.* Pace University Press, New York 1992
9 Vgl. Fokkink, P.: *Integriteit en verantwoordelijkheid in het Openbaar Bestuur.* Syllabus, Universiteit Twente, 2000
10 Kant, I.: *Metaphysik der Sitten,* 1797
11 2. *Mose* Kap. 21:24,25
12 Cicero, M.T.: *Laelius. Über die Freundschaft* (ca. 45 v.Chr.). Verlag Philipp Reclam jun., Stuttgart 1970
13 Vgl. Sie hierzu meine Ausführungen zum Thema »Elterntypen«
14 Rijdes, B.: *Bitterkoekjes,* 1968
15 Schopenhauer, A.: *Parerga und Paralipomena,* 1851
16 Camus, A.: *Tagebücher 1935–1951, Tagebuch 1951–Dez. 1959.* Rowohlt Taschenbuch Verlag, Reinbek 1972
17 William, J.: »The Will to Believe« (1896). In: *Pragmatism.* Hg.: Louis Messand, Vintage Books, New York 1997
18 Argyle M./Henderson, M.: *Die Anatomie menschlicher Beziehungen.* Junfermann-Verlag, Paderborn 1993
Vgl. Sie ebenfalls Argyle, M./Henderson, M.: *The Anatomy of Relationships. And the Rules and Skills to Manage them Successfully.* Penguin Books, Middlessex 1985, 1990
Vgl. Sie auch: Argyle, M. und Henderson, M.: »The Rules of Friendship«, 1984. In: *Journal of Social and Personal Relationships,* 1 (S. 211-237).
Und vgl. Sie: Argyle, M./Henderson, M.: »The Rules of Relationships«. In: Duck, S.W./Perlman, D. (Hg.): *Understanding personal Relationships: An Interdisciplinary Approach.* Beverly Hills/CA 1985, S. 63-84
19 Drewermann, E.: *Die Bergrede. Das Matthäus-Evangelium, Teil 1.* Herder, Freiburg 1992
20 Becker, E.: *Die Dynamik des Todes. Erzählungen über Abschied, Trauer und Tod.* Schwabenverlag, Ostfildern-Ruit 1991

Teil 3: Über Freundschaft und Paarbeziehungen

1 Cicero, M.T.: *Laelius, Über die Freundschaft.* Philipp Reclam jun., Stuttgart 1970

2 Vgl. Dosick, W.: *Kinder brauchen Werte.* Scherz Verlag, a.a.O.

3 Rutter M./Quinton D.: »Long-term Follow-up of Women Institutionalized in Childhood: Factors Promoting Good Functioning in Adult Life.« In: *British Journal of Developmental Psychology,* Nr. 18. 1984, S. 225-234

4 Morowitz, H.: »Hiding in the Hammond Report«. In: *Hospital Practice.* August 1975, S. 39

5 Fromm, E.: *Die Kunst des Liebens.* a.a.O.

6 Sternberg und Grajek identifizierten zehn Aspekte von Intimität, darunter die im Text aufgeführten. Vgl. Sternberg, R.J./Grajek S.: »The nature of love«. In: *Journal of Personality and Social Psychology,* 47. 1984, S. 313-329

7 Die Begriffe Kompromiss- und Konsensbeziehung und die Art, worauf sie hier angewendet werden, habe ich J. Rameys *Intimate Friendships* (Prentice Hall, 1976) entnommen

8 Vgl. Dass, R./Gorman P.: *How can I help you?* Knopf, New York 1985

9 Argyle, M./Henderson, M., a.a.O.

10 Gottman, J.: *Die 7 Geheimnisse der glücklichen Ehe.* Ullstein Verlag, München 2002

11 Die dissoziale Persönlichkeit (vgl. Diekstra, R.F.W.: *Persoonlijk onderhoud*, Utrecht, 1994) weist mindestens drei der folgenden Eigenschaften auf:

- Zeigt Große Gleichgültigkeit in Bezug auf die Gefühle anderer
- Legt wiederholt sozial unverantwortliches Verhalten an den Tag und kümmert sich wenig um soziale Normen, Regeln und Verpflichtungen
- Ist unfähig, Schuldgefühle zu entwickeln und von negativen Erfahrungen, insbesondere Strafen, zu lernen
- Neigt stark dazu, anderen die Schuld zu geben bzw. Ausflüchte/Ausreden zu ersinnen für Ereignisse, die zu Zusammenstößen mit anderen bzw. der Gesellschft (Polizei, Justiz) geführt haben

12 Gottman, J.: *Die sieben Geheimnisse der glücklichen Ehe,* a.a.O.

13 Morton, A.: *Diana: Sie suchte die Liebe.* Droemer Knaur, München 2004

14 Drewermann, E.: a.a.O.

15 Fukoyama, F.: *Trust. The Social Virtues and the Creation of Prosperity.* Free Press, New York 1995
16 Rotter, J.B.: »Trust and Gullibility«. In: *Psychology Today*, Oktober 1980; Rotter, J.B.: »Impersonal Trust, Trustworthiness and Gullibility«. In: *American Psychologist.* 1,4, 1980
17 Thoreau, H.D.: *Walden. Ein Leben mit der Natur,* Deutscher Taschenbuch Verlag, München, 5. Aufl. 1999
18 Govier, T.: *The Dilemmas of Trust.* Mc Gill's-Queen University Press, 1998

Nachwort

1 Lao Tse: *Tao Te King.* Diogenes Verlag, Zürich 1985
2 Seneca: *De Ira.* 3.15.4 (eigene Übersetzung)
3 1996 hatte der Autor unter politischem Druck seine Universitätskarriere aufgegeben und das stürzte ihn in eine tiefe persönliche und berufliche Krise. Inzwischen ist er wieder als Universitätsprofessor tätig.